Angelika Aliti
Das Maß aller Dinge

Angelika Aliti

Das Maß aller Dinge

Die dreizehn Aspekte
weiblichen Seins

Frauenoffensive

Ich bin eine freie Tochter dieser Erde und als diese
geliebt, willkommen, sicher und geborgen.

Allen Frauen gewidmet, die in ihrem Herzen eine
tiefe Sehnsucht nach der wahren Frau verspüren, die
sie selbst hinter allen Masken und Tarnungen sind.

1. Auflage, 2000
© Verlag Frauenoffensive
(Metzstr. 14 c, 81667 München)

ISBN 3-88104-323-3

Druck: Clausen & Bosse, Leck
Umschlaggestaltung: Erasmi & Stein, München

Dieses Buch ist gedruckt auf Papier aus chlorfrei gebleichtem Zellstoff.

INHALTSVERZEICHNIS

DAS SCHIFF LEGT AB   9
Erste Betrachtung an Deck
Über Wandlung und die Ordnung
der inneren und äußeren Welt

I. INNEN UND AUSSEN   23
Das Schiff erreicht das offene Meer

1. Sein und Tun – ein wesentlicher Unterschied   25
2. Patriarchale Glaubenssysteme   37
3. Von der Überlebensstrategie   46
   zum bewußt erfahrenen Lebensprozeß
4. Das Ende von „Gut gegen Böse"   58
5. Das eigene Maß oder: Mach dich nicht so klein,   67
   denn so groß bist du gar nicht
6. Weibliches Potential und weibliche Identität   78
7. Eigene Erfahrung und Abstraktionsvermögen   88
8. Das Ich, das wahre Selbst und das kosmische Selbst   94
9. Das Unbewußte, das Vorbewußte, das Bewußte   108
10. Altes Wissen, Ahnungen und Erinnerungen   115
11. Aspekte weiblichen Seins –   121
    was sie sind und was sie können
12. Meisterinnenschaft – der Sinn des Lebens   128
13. Verändere die Strukturen,   133
    und du veränderst die Welt

II. INNEN   139
Willkommen an Bord
Das wahre Selbst und seine dreizehn Aspekte

1. Die Amazone   141
   Ich bin. Ihr Tier ist das Pferd.
   Sie gibt dir Initiative und Kampfkraft.

2. Die Bäuerin   147
   Ich habe. Ihr Tier ist die Kuh.
   Sie gibt dir Sicherheit.

3. Die Denkerin   152
   Ich erkenne. Ihr Tier ist die Ratte.
   Sie gibt dir die Sprache.

4. Die Liebende   157
   Ich fühle. Ihr Tier ist die Wölfin.
   Sie gibt dir Liebesfähigkeit.

5. Die Königin   161
   Ich handle. Ihr Tier ist die Löwin.
   Sie gibt dir Eigen-Macht.

6. Die Wissende   166
   Ich ordne. Ihr Tier ist die Biene.
   Sie gibt dir Klarheit.

7. Die Händlerin   171
   Ich wäge ab. Ihr Tier ist die Krähe.
   Sie gibt dir dein Maß.

8. Die Heilerin   177
   Ich transformiere. Ihr Tier ist die Schlange.
   Sie gibt dir die Fähigkeit zu verändern.

9. Die Künstlerin   183
   Ich ehre. Ihr Tier ist der Schmetterling.
   Sie gibt dir die Fähigkeit, den Sinn zu finden.

10. Die alte Weise   188
    Ich prüfe. Ihr Tier ist die Ziege.
    Sie gibt dir die Fähigkeit zur Verkörperung.

11. Die Priesterin   194
    Ich sehe. Ihr Tier ist die Adlerin.
    Sie zeigt dir den Weg in die Anderswelt.

12. Die Mutter   199
    Ich bin all-eins. Ihr Tier ist Delphin.
    Sie gibt dir die Freiheit.

13. Die wilde Frau   203
    Ich vollende. Ihr Tier ist die Sau.
    Sie gibt dir die Unbezähmbarkeit.

III. AUSSEN 207
In jedem Hafen kannst du was erleben
*Wahr-Sagen, Tatsachen schaffen und
andere Spiele mit der Wirklichkeit*

1. Wie Frau ihr Sein in die Welt bringt 209
2. Kommunikation ist ein anderes Wort für Berührung, 224
   vielleicht auch Magie?
3. Alles was geschieht, geschieht gleich siebenfach 235
   Die Inhaltsebene
4. Die Meta-Ebene 238
5. Die Energie-Ebene 246
6. Die Befindlichkeitsebene 252
7. Die Beziehungsebene 256
8. Die Schicksalsebene 260
9. Die historische Ebene 263

DAS SCHIFF KOMMT AN 265
Schlußgesang
*mit Begleitung aller Schiffsirenen
und Nebelhörner*

Das Schiff legt ab
ERSTE BETRACHTUNG AN DECK
Über Wandlung und die Ordnung der inneren und äußeren Welt

Am Anfang hatte ich einen Traum. Es war mir nach dem Erwachen vollkommen klar, daß es sich um einen sogenannten Schlüsseltraum handelte, also einen dieser Träume, die so etwas wie ein Wegweiser in die Zukunft sind. In diesem Traum war ich mit einem alten schäbigen Koffer in der Hand auf dem Weg, um ein Schiff zu erreichen, mit dem ich auf eine weite Reise gehen wollte. Die Landschaft, in der ich mich bewegte, ähnelte der meiner griechischen Heimat. Durch die Eile schon leicht außer Atem, sah ich auf eine Bucht mit tiefblauem Wasser, sah die gebirgige Küste mit den weißen Häusern, die in den Hang hineingebaut waren. Plötzlich hob ein unbeschreiblich starker Sturm an. Windböen fegten über das Wasser. Regen peitschte beinahe waagerecht. Die Erde begann zu beben. Voller Angst beobachtete ich, wie ganze Berghänge abbrachen und ins Meer stürzten. Menschen um mich her rannten in Panik hierhin und dorthin. Interessanterweise waren die Männer in der Menge so winzig wie Zwerge, während die Frauen von normaler Größe waren. Ärgerlich dachte ich, daß an ein Fortkommen nicht zu denken war, was bedeutete, daß ich mein Schiff verpassen würde. (Ich hasse es, einen Zug, ein Schiff, ein Flugzeug zu verpassen.) Der Sturm nahm derartige Ausmaße an, daß es mir ratsam schien, irgendwo Schutz zu suchen. Also schaute ich mich um und entdeckte eine Kapelle, eine von diesen kleinen griechischen Kapellen, in denen höchstens sechs oder sieben Stühle vor dem Altar Platz haben und eine Fensterscheibe in der Tür die einzige Lichtquelle ist. Mich gegen den Wind stemmend, öffnete ich die Tür und schlüpfte hinein. Naß und fröstelnd ließ ich die Tür wieder ins Schloß fallen und war mit einem Mal ergriffen von der großen Ruhe, die im Inneren fühlbar war. In der Kapelle waren keine Utensilien des christlichen Glaubens zu sehen. Einzig eine Göttinnenfigur stand auf dem Altar. Sie schien mir mitzuteilen, daß es diesen Raum der Ruhe immer gibt, wenn ich seiner bedarf. Durch das Glas in der Tür starrte ich hinaus in den tobenden Sturm und wartete auf sein Ende. Als er nachließ, verließ ich die Kapelle, nicht ohne die Tür sorgfältig zu versperren und den Schlüssel für meine Nachfolgerin stecken zu lassen, und machte mich auf den Weg zu meinem Schiff.

Das ist viele Jahre her. Kurz darauf verließ ich tatsächlich geistig, seelisch und vor allem auch buchstäblich den Teil der Welt, in dem es üblich ist zu glauben, daß Frauenleben ohne Anpassungsleistung und Kompromisse an das Patriarchat nicht möglich ist, und machte mich auf die Reise ins Anderswo. Das hat mir den Ruf einer gewissen Radikalität eingetragen. Ich würde es allerdings eher als Hang zur Gründlichkeit bezeichnen. Ich habe mein „Schiff" erreicht und bin weit herumgekommen. Alles hat sich seit damals dramatisch verändert, so sehr wie es die abbrechenden Berghänge in meinem Traum angedeutet haben, und tut es noch. Seit damals habe ich acht Bücher geschrieben, dies hier ist mein neuntes. Die Zahl der Briefe, in denen Leserinnen mir schreiben, wie sehr diese Bücher ihr Leben verändert haben, wächst mit den Jahren stetig. Ich weiß mich dadurch bestätigt in meiner Auffassung, daß das wahre Glück des Lebens darin besteht, daß Energie im Fluß bleibt.

Nichts findet mittlerweile so schnell Zustimmung wie diese Erkenntnis. Nichts jedoch macht auch mehr Angst als die Gewißheit, daß nichts so bleiben darf, wie es ist. Wenn auch die Vorstellung von der Welt als einem riesigen mechanischen Uhrwerk, in dem alles seinen Platz hat, längst überholt ist und ein Weltbild von einem beseelten, lebendigen und daher sowohl bewußten als auch unberechenbaren Universum nicht mehr automatisch als Beweis für geistige Verwirrung gilt, steigt doch Furcht vor Chaos und Überwältigung auf, wenn wir den Puls des Lebens fühlen, der kommt und geht wie Ebbe und Flut. Menschen brauchen, scheint es, Ordnung, um nicht in einem grenzenlosen Universum verlorenzugehen. Fließende Veränderung gut und schön, aber keine will das Eichenblatt sein, das auf dem reißenden Wasser dahintreibt. Muß sie auch nicht, wie ich herausgefunden habe.

Es gibt eine Ordnung in dynamischen Prozessen, und das Wissen darüber ist älter als Newtons Weltbild von einem mechanistischen Universum und auch älter als der Kampf von Gut gegen Böse aus der Trickkiste der monotheistischen Religionen. Kenntnis über diese Ordnung kann dir dienen, den Fluß deiner (Lebens-) Energie bewußt zu lenken und die Welt nach deinem Bild zu verändern. Es ist viel leichter, als du befürchtest (leider aber auch viel schwerer, als du erhoffst), dir das Wissen über dieses Ordnungsprinzip anzueignen. Wenn du ein bißchen wach im Kopf bist und ein heißes Herz hast, wirst du das eines Tages in völliger Klarheit erkennen, und dann wirst du lauthals lachen. Wann das sein wird, weiß keine wirklich so genau. Spätestens im Augenblick deines Todes. Die Chance, daß du früher draufkommst, wie es funktioniert, ist durchaus gegeben. Es liegt an dir, sie zu ergreifen. Aber glaub nicht, daß du es wie ein Geheimrezept geliefert bekommst, nach dem du dir dein Leben in Zukunft bequem und gemütlich zusammenkochst. Du mußt es erfahren, erleben, oder du wirst es niemals wissen.

Ich halte fortwährende Wandlung und Veränderung für das Prinzip des Lebens. Diese Sicht steht im Gegensatz zur patriarchalen Auffassung linearer Zielstrebigkeit, die das Leben in einzelne Einheiten und Phasen aufteilt und als ununterbrochenes Rattenrennen auf die unterschiedlichsten Ziele begreift. Im Patriarchat sind alle beseelt von einer zukünftigen Seligkeit, die nach dem Prinzip „wenn – dann" funktioniert. „Wenn ich fleißig arbeite, dann kann ich mir einen schönen Urlaub gönnen." – „Wenn ich ein Kind hätte, dann würde ich endlich wichtig sein." – „Wenn ich einen Job habe, dann gehöre ich auch dazu." – „Wenn ich das Rentenalter erreicht habe, dann kann ich jeden Tag machen, was ich will." So geht es dahin, das Leben, und hat nie stattgefunden, denn es war eine einzige Warteschleife auf zukünftiges Glück, das niemals kommt. Und käme es, würde es kaum erkannt werden. Patriarchaler Sinn des Lebens besteht im Erreichen von Zielen: Werde erwachsen, mach eine Ausbildung, such dir einen guten Job, finde einen Mann, gründe eine Familie. Und dann? Das sind Weisheiten für Biomaten.

Worin bestehen die Weisheiten für echte, wahre, ganze Frauen?

Einmal kam eine Frau zu uns auf den Schlangenberg und fragte: „Wie haltet ihr euch denn so über Wasser?" Ich sah durch die Augen dieser Frau, und da war es wieder, das weite Meer, voller kleiner Rettungsboote; manche schon leckgeschlagen. In jedem saß eine Frau und hielt sich verzweifelt über Wasser. Manchmal rauschte ein riesiger Luxusliner vorbei. Darauf saßen Herren in Mausgrau und gedecktem Dunkelblau – Marke Admiral mit Goldknöpfen – und machten wichtige Gesichter. Daß ich den Namen *Titanic* entziffern konnte, bevor eines dieser Schiffe im Nebel verschwand, machte die Sache auch nicht besser.

Ich schaute wieder durch meine eigenen Augen, tauchte in die Fluten und ertrank. Ich tauchte wieder auf und erhob mich in die Luft. Als ich zu Boden stürzte, zerschellte mein Leib auf den kantigen Felsen. Jemand sammelte meine Knochen ein und warf sie ins Feuer. Neugeboren stand ich wieder auf und tanzte in der Asche. Ich spreche von Transformation.

Es geht um die ewig wechselnden Konfrontationen, die das Leben dir bringt, damit du dir der wesentlichen Dinge bewußt wirst, die dich in die Verantwortung dem Leben gegenüber führen. Es gibt nichts Wesentliches dafür aufzugeben, wenn du dich ihnen aussetzt, nur Überflüssiges und Torheiten. Diese Konfrontationen ereilen uns ein Leben lang und immer dann, wenn wir sie – wie wir meinen – gerade überhaupt nicht gebrauchen können. Während ich an diesem Vorwort schrieb, brach über Nacht meine Welt zusammen, die ich so lange gehütet und genährt hatte. Pluto, die Göttin der Transformation, erteilte ihrer Tochter mal wieder eine Lektion.

Da saß ich mit herausgerissenem Herzen, in der blutigen Höhle steckte ein kaltes Eisen, während grelles Licht auf die vergangenen acht Jahre meines Lebens fiel. Klagend ging ich mit einer gewaltigen Meereswelle unter und wußte, nichts wird wieder gut. „Aber es wird auch nicht schlecht, wie du vielleicht jetzt glauben möchtest", sagte Pluto ungerührt. „Alles wird verändert sein, du wirst sehen." Ich sehe es. Und doch ist es jedesmal wie sterben.

„Du bist mutig", höre ich eine andere Frau sagen. Erschöpft späht sie über den Rand ihres zerfledderten Rettungsbootes, das mit altem Kram randvoll gepackt ist, und erklärt mir, daß es ihr sicherer erscheint, im Boot zu bleiben. Vielleicht schafft sie es, sagt sie mit müdem Gesicht, bis dorthin zu rudern, wo es vielleicht neue Rettungsboote gibt. Auch habe es manche Frau geschafft, wenigstens auf dem Unterdeck der *Titanic* einen Platz zu ergattern, ob ich schon davon gehört hätte? Sie bedauerte sehr, daß ich keinen Bootsverleih betreibe.

Sich zu wandeln, ohne zu wissen, wie, woher und wohin, ist eine ziemlich unerfreuliche Angelegenheit, dem Treiben in unbekanntem Meer vergleichbar. So manche hat nicht mal ein Rettungsboot, aber in jeder Hand einen Koffer. Nach meiner Erfahrung ist dies die Ursache für viele Gefühle von Unzufriedenheit, Depression, Ausweglosigkeit und Unglück, die Frauen empfinden. Dies über lange Jahre zu ertragen, ohne auch nur in Erwägung zu ziehen, etwas daran zu ändern, scheint mir nach meiner Erfahrung soviel Mut zu erfordern, wie ich schon lange nicht mehr aufzubringen imstande bin.

Zur Transformation braucht eine keinen Mut. Transformation passiert sowieso. Kein Rettungsboot ist jemals durchgekommen. Ich könnte auch sagen, keine hat es jemals geschafft, sich durchzumogeln. Heute sage ich das leichten Herzens, auch wenn es mir zur Zeit gebrochen ist. Aber es gab eine Zeit, da hielt ich es auch für wahrscheinlich, mich durchmogeln zu können. Was es mir leichter gemacht hätte, wäre eine Art wissende Anleitung gewesen oder doch wenigstens Kenntnis über die Ordnung der inneren und äußeren Welt. Ich meine eine Ordnung, die weder wissenschaftlich noch pragmatisch ist. Ich hatte keine, aber ich will mich nicht beklagen. Ich suchte sie, und ich fand sie.

Wandlung wird bei uns nicht gelehrt und daher nicht gelernt, d.h. jede, die bereit ist, sich dem Leben hinzugeben, muß sich selbst zusammenschustern, wie sie mit den inneren und äußeren Wandlungen zurechtkommt. Das kostet jede einzelne Frau genau die Energien, die sie benötigt, um ihr Leben kraftvoll wandelnd zu leben. Ich muß es nicht noch groß betonen, daß dieses Ergebnis der seelischen Isolation der Frauen voneinander im Patriarchat Methode hat. Ich arbeite seit vielen Jahren mit meiner ganzen Kraft und meinem schon erwähnten Hang zur Gründlichkeit daran, diese Isolation wieder aufzuheben, um zu erreichen, daß Frauen zu ihrer persönlichen Kraft finden, damit sie eine politische Kraft werden. Im Schatten der Männermacht ist jede Frau isoliert und muß den Eindruck gewinnen, daß es an ihrer persönlichen Unzulänglichkeit liegt, wenn sie nicht wirklich froh und glücklich ist. Tritt sie aus diesem Schatten heraus, kann sie sehen, daß wir alle höchst ähnliche Probleme haben. Die größte Schwierigkeit, mit der Frauen dabei zu kämpfen haben, ist die in einem patriarchalen Leben andressierte Selbstverachtung, die sich in einem eigentümlich zerstörerischen Umgang mit Frauen und Weiblichkeit, vor allem anderen Frauen und anderer Weiblichkeit zeigen kann. Diese aufzulösen und zur eigenen Würde zurückzufinden, ist ein steiniger Weg. Auf dem Weg zum wahren Selbst kommt eine um die Erfahrungen mit Selbstverachtung und Selbsthaß nicht herum. Wie sonst könnte sie sich von ihnen befreien?

Alle meine Bücher haben dazu gedient, Wandlung zu erleichtern, damit eine versteht, worum es im Leben geht. In diesem Buch soll Wissen über die Ordnung der inneren und äußeren Welt hinzugefügt werden, damit eine erfahren kann, wozu Strukturen gut sind und was sie bedeuten. Energie ist körperlos. Willst du etwas über sie und ihre Gesetze wissen, mußt du dich den Strukturen zuwenden. Strukturen sind die Formen, die der Energie ihren Wirkungsraum, ihren Zusammenhang, ihre Bedeutung geben. Sie sind das Flußbett, in dem das Wasser zum Meer fließt. Sie sind das Ufer, an dem du aus dem Wasser steigst, der Fels, auf den du klettern und von dem aus du losfliegen kannst. Sie sind das Holz, das dein Feuer auflodern läßt. Sie sind die Membran, die die sichtbare von der unsichtbaren Welt trennt. Es ist das, was stirbt.

Darum erfahren Strukturen niemals die anerkennende Achtung, die wir – vor allem in spirituellen Kreisen – der Energie entgegenbringen. Energie ist unsterblich. Das scheint sonderbarerweise etwas so Besonderes zu sein, daß wir alles, was sterblich ist, geringer achten. Das ist nicht gerecht. Ohne Strukturen kann Energie nicht sein, zumindest könnten gerade wir sie nicht erfahren. Wenn du beginnst, mit Energie zu arbeiten, mußt du bei den Strukturen anfangen. Nur wenn du diese änderst, fließt die Energie dorthin, wo du sie haben willst. Du bist immer dann erfolgreich, wenn Energie sich von der Schwingung zu Materie verdichtet. Das dokumentieren wir mit der Bekräftigung „so sei es" und nennen diesen Prozeß schöpferisch.

Das gilt es zu bewundern und zu feiern., denn das gibt der Form ihre große Bedeutung. Es ist wesentlich, etwas von der Form zu verstehen. Das Wesentlichste ist, Form und Inhalt, Struktur und Energie voneinander unterscheiden zu können. Die Fähigkeit zu unterscheiden, ich könnte auch sagen Wissen *über* und Verständnis *für* das Leben, ist etwas, das wir uns im Lauf des Lebens aneignen. Je mehr eine davon hat, desto leichter fällt ihr das Leben. Und darum geht es doch die ganze Zeit: Das Leben ist zum Leben da, und Leben bedeutet, sich in der Materie zu bewegen. Ein Grundsatz, den vor allem Lichtgestalten ohne Bodenhaftung aus den Augen verloren haben.

Wie hilflos und unwissend wir dem angeblichen Eigensinn der Energien ausgeliefert sind, nur weil wir nichts von der Macht der Strukturen verstehen, zeigt sich in dem immer gleichen Elend in Frauenprojekten, die alle einmal so hoffnungsvoll und enthusiastisch begonnen wurden und landauf landab immer an denselben Schwierigkeiten scheitern oder erstarren. Nur: Welche Schwierigkeiten sind das eigentlich? Es ist ganz simpel. Frauen haben egalitäre Ideen, beginnen sie egalitär umzusetzen, und dann gründen sie einen Verein, weil sie sonst nicht an staatliche Gelder herankommen oder weil sie keine andere Projektform kennen. So ein Verein aber ist als ein Lieblingskind des Patriarchats granatenmäßig hierarchisch strukturiert, und schon ist es passiert. Die Gruppe der Frauen verändert sich. Die Frauen vom Vorstand sind gleicher als die anderen. Die Geschäftsführerin ist die Chefin vom Ganzen. Sie muß sich gegen die Vorstandsfrauen durchsetzen. Die Vereinsfrauen sind das Fußvolk von ganz unten. Irgendwann ist die Elite durch Selbstausbeutung energetisch am Ende und böse und frustriert. Die Vereinsfrauen verwandeln sich in Karteileichen bis auf ein paar, die nicht wissen, was sie sonst in ihrer Freizeit machen sollen. Die Gelder tröpfeln nurmehr, was die Geschäftsführerin persönlich nimmt. Alle fühlen sich als Versagerinnen, hassen sich, geben sich gegenseitig die Schuld, und fragt man sie einzeln, äußern sie Unmut und Hoffnungslosigkeit.

Woran liegt's? An der Struktur, d.h. an der Form, die sich ein Projekt gegeben hat in der naiven Annahme, die würde sich auf den Inhalt der Arbeit nicht auswirken. Sie wirkt sich immer aus, denn das Flußbett bestimmt, wohin das Wasser fließt. Der Verein wurde erdacht, um konkurrenzkeilende Testosteronträger im Griff zu behalten. Die in solchen Formen leben und arbeiten, werden durch die Formen verändert. Frauenenergie braucht andere Formen, um frei und fruchtbar fließen zu können. Aber bevor eine bis zu dieser Erkenntnis vordringt, zuckt sie mit den Schultern und sagt frustriert: So sind sie, die Frauen, oder so isses, das Leben.

„Das Leben", das ist so eine Sache. Versuch es in wenigen knappen Sätzen zu benennen, und du wirst merken, daß dir die Worte fehlen, weil es soviel zu sagen gäbe. Saturnia, die weise alte Großmutter (das ist die, die in der Astrologie die Strukturen hütet), sagt: „Hast du mal eben vierundachtzig Jahre Zeit? Ich würde dir gern in einer kleinen Zusammenfassung rasch das Wichtigste über das Leben und seine Gesetze erzählen." Seit einigen Jahren bemühe ich mich, soweit es geht, die Essenz daraus weiterzugeben, um die Sache voranzubringen. Das Essentiellste ist, daß es eine innere und eine äußere Welt gibt, sobald du den Bauch deiner Mutter verlassen hast. Und ob es dir nun paßt oder nicht, das bleibt die nächsten plus minus vierundachtzig Jahre so.

Das Leben ist in erster Linie die Ausbildung eines komplizierten Geflechts von Beziehungen zwischen den einzelnen Teilen der Gesamtpersönlichkeit, ich könnte auch sagen zwischen ihren einzelnen Aspekten, sowie zwischen der Person selbst und anderen Personen, Dingen und Ereignissen, denen sie begegnet, während ihr mit der Geburt begonnener Lebensprozeß seine Potentiale entfaltet. So ungefähr drückt es die psychologische Astrologin Liz Greene aus. Ich könnte es nicht treffender sagen.

Um dich in deiner inneren Welt bewegen zu können, brauchst du Bewußtheit, sonst nützen dir sämtliche Potentiale nichts. Für die äußere Welt brauchst du Orientierung. Du mußt ein Selbst sein, und du mußt wissen, wo und mit wem sich dein Selbst befindet, wie es da draußen zugeht und was das für dich, also für das Selbst bedeutet. Wenn Innen und Außen in Kontakt kommen – und sie müssen in Kontakt kommen, sonst stirbst du seelisch und manchmal auch körperlich, noch bevor du zu leben begonnen hast –, nennen wir es Kommunikation, Interaktion oder Berührung. Auf jeden Fall fangen dann die Probleme an.

Es sind die wunderbarsten Probleme der Welt, finde ich. Aber es gibt Frauen, die dabei überwiegend Angst verspüren. Ihre Angst ist so groß, daß sie lieber darauf verzichten, ein Selbst zu werden. Andere gibt es, die verschanzen ihr Selbst hinter dicken unsichtbaren Mauern oder tarnen es hinter törichten, albern lackierten, aufgeputzten Fassaden, um nicht wahrnehmen zu müssen. Aus diesen Erfahrungen resultieren dann diese traurigen und vor allem völlig nutzlosen Weltbilder, in denen eine sich über Wasser hält.

So etwas mag für eine Weile gutgehen, aber irgendwann fordert das Leben Transformation. Besser, du bist darauf vorbereitet, denn aus keinem anderen Grund lebst du, als daß du viele tausend Male stirbst, bevor du stirbst. Dies ist wahrlich keine Metapher. Du fühlst den Sturm kommen, während du an der Reling stehst, und weißt auf einmal, wie lächerlich sinnlos Kotztüten auf stürmischen Kreuzfahrten sind.

Wenn wir uns auch daran gewöhnt haben, daß es innere und äußere Strukturen gibt, ist in Wahrheit das Innen und das Außen ein und dasselbe. Aber Menschen sind so, daß sie das Innere und das Äußere als unterschiedlich erleben, d.h. sich selbst als getrennt von der Außenwelt wahrnehmen müssen. Aus dem Außen treten uns die Personen und Schwierigkeiten entgegen, die uns zwingen, in unserem Inneren die jeweils passenden Aspekte erblühen zu lassen. Aspekte sind Teilbereiche oder Bewußtseinsqualitäten unseres wahren Selbst, mit deren Hilfe wir wahrnehmen und uns ausdrücken. Sind sie uns noch nicht bewußt, werden sie durch äußere Ereignisse in unser Bewußtsein katapultiert. Auch dazu ist das Leben da. Es sieht so aus, als ließen sich gewisse Dinge nicht anders erfahren. Wenn das Wasser wissen will, was Wasser ist, muß es sich in einzelne Tropfen trennen, und die können dann was erleben.

Manche von uns Wassertropfen haben ihre Probleme mit der Innenwelt, manche mit der äußeren, andere mit beiden. Das hat schlicht und einfach damit zu tun, daß du lebst, um dich zu erfahren, und das geht offenbar nie ohne Initiationen und InitiatorInnen ab, was eine andere Bezeichnung für Transformation und deren Auslöser ist. Auslöser von Transformation können Ereignisse wie Personen sein. Die Schwierigkeiten und Personen, die scheinbar ohne unser Zutun – meist machen wir dafür unser Schicksal verantwortlich – in unser Leben treten, drangsalieren oder beleben uns so lange von außen, bis in unserem Inneren der entsprechende Aspekt unseres Selbst erwacht ist und zu handeln beginnt, d.h. daß dein Selbst mit neuen Identifikationen versehen wird. Diese Sichtweise relativiert so einiges, das du dem Schicksal oder widrigen Umständen zuschreibst. Es besagt überdies, daß die Treue zu einem einzigen Liebesobjekt auf Mangel an Transformation hinweisen kann und darüber hinaus über die Liebe und ihre Bedeutung schon wieder einmal nachgedacht werden muß. Und als sei dies noch nicht genug, liefert diese Aussage keineswegs die Rechtfertigung für die Existenz so unnatürlicher Zustände wie die Dominanz des männlichen Prinzips, sondern birgt den Weg und vor allem die kosmische Aufforderung zur Veränderung eben dieser Zustände. Die Göttin ist eine waschechte Emanze, glaubt es mir.

Ich könnte statt von Innen und Außen auch von Oben und Unten sprechen, wenn diese Unterscheidung nicht ein wenig aus der Mode gekommen wäre, seit wir wissen, daß die Erde keine Scheibe ist, folglich der Himmel auch nicht oben und die Erde nicht unten sein kann. Selbstverständlich ist die Ansicht, daß die Erde eine Scheibe ist, nicht ganz falsch. Jede kann sich jederzeit davon überzeugen, wenn sie sich um ihre eigene Erfahrung bemüht, d.h. vor ihre Haustür tritt und in den Himmel, also nach oben schaut. Das ist unsere subjektive Erfahrung, und sie ist von ebenso großer Bedeutung wie das abstrakte Wissen über Planeten, Umlaufbahnen, Sonnensysteme, Milchstraßen und Galaxien.

Wir sind also keine hoffnunglos einfältigen Wesen, wenn wir die Erde als Scheibe und Zentrum der Welt betrachten, sondern vielfältige. Es bedeutet, den eigenen Erfahrungen ebensoviel Wert beizumessen wie den objektiven Tatsachen, von denen wir nicht einmal wissen, wie objektiv sie wirklich sind. Die Gedankenwelt des Patriarchats hat ein überrationales Reich begründet, das sich auf die Fähigkeit zu Abstraktion, Intellektualisierung und Konzeptionalisierung beschränkt und die Bedeutung der/des Einzelnen negiert. Das ist – wie alle Beschränktheit – eine bedauerliche Sackgasse, denn dieser Versuch, die Welt zu begreifen und zu beschreiben, endet damit, daß nur das physisch Existente und vom Intellekt Erfaßbare als „real" angesehen werden darf. Die leiblich-sinnliche Erfahrung einer Person, eines Tieres, eines Baums, eines Planeten war und ist kein Maßstab. Diese patriarchale Gedankenwelt führte zu der unsinnlichen, lieblosen und gefühlsarmen Welt, in der Tiere in Massenlagern gehalten werden, Kinder sexuell mißbraucht, Frauen geringgeachtet werden, um nur ein paar der heimlichen Greuel unserer Gesellschaft zu benennen, von den unheimlichen wie der Kernspaltung ganz zu schweigen.

Damit will ich die Fähigkeit zur Abstraktion nicht negieren oder etwa doch noch eine Art feindseligen Gegensatz zwischen

Abstraktionsvermögen und leiblich-sinnlicher Erfahrung aufbauen, sondern darauf hinweisen, daß es darauf ankommt, die eigene sinnliche Erfahrung mindestens so hoch zu bewerten, wie wir die Ratio zu verehren gelernt haben. Erst ein authentisches, d.h. auf Übereinstimmung von Theorie und Praxis oder von Gefühl und Verstand basierendes Leben kann ein gelungenes Leben genannt werden. Was du nicht sinnlich erfahren kannst, hat letztlich für dein Leben keine wesentliche Bedeutung, denn es schließt dich selbst als Wirklichkeit aus. Das ist das Gefährliche und Lebensfeindliche an einer rein vernunftbetonten Einstellung zum Leben. Was du andererseits aus deiner Wirklichkeit nicht ins Verstehen heben kannst, schließt aus, daß du jemals von deinen Erfahrungen Gebrauch machen kannst. So läuft letztlich alles darauf hinaus zu wissen, was du tust, und zu tun, worin du dich auskennst.

Auf diese Weise wirst du selbst zum Maßstab deines Lebens, und dieser Maßstab ist so veränderlich, wie deine Lebensreise durch die Zeit es ist. Es bedeutet, daß du jederzeit imstande bist, eine eigene, unabhängige Einstellung zu den Personen und Ereignissen zu erlangen, die dir aus dem Außen entgegentreten. Und weiter, daß diese Einstellung sich immer wieder ändert. Standpunkte werden zu Fließpunkten. Das Maß aller Dinge ist nichts Feststehendes, Ewiges. Und dieses Maß aller Dinge bist immer nur du selbst.

Es gab Menschen in den alten, alten Zeiten, die machten den Himmel, d.h. den Sternenhimmel zum Maßstab für das Erdenleben. Das funktioniert noch immer ganz überraschend, aber nur, wenn wir der subjektiven Erfahrung von oben und unten nachgeben, wogegen nichts spricht, denn wir haben deshalb dem Wissen von Astronomie nicht abzuschwören. In so einem Fall ist der Sternenhimmel ein Lichterteppich über unseren Köpfen und die Erde eine Scheibe. Die Anordnung dieser Lichter, so wie sie sich zufälligerweise von der Erde aus betrachtet zeigen, läßt eine (symbolische) Ordnung erkennen, die helfen kann, das Chaos im persönlichen Leben einer Erdenfrau zu regeln.

Woher die Sumerer dieses Wissen hatten, ist uns unbekannt. Daß es funktioniert, ist frappierend, hat aber weniger mit dem Himmel als mit Erdenweisheit zu tun. Wir nennen es Astrologie. Ich könnte auch sagen, zu psychologischen Zwecken angewandte Astronomie. Wie oben, so unten, sagten die Alchemisten, was sie aus der Astrologie übernommen hatten – und wenn sich unter ihnen auch gewaltige Dummköpfe befanden, von Transformation verstanden sie etwas. Nun ist dies hier kein Buch über Astrologie, aber diejenigen, die sich mit ihr auskennen, werden bemerken, daß astrologisches Wissen und Symbolbilder mit hineingeflossen sind. Das liegt daran, daß ich die Astrologie für eine faszinierende Schnittstelle zwischen intellektuellem Abstraktionsvermögen und subjektiver Erfahrung halte, eine von vielen möglichen Orientierungshilfen, wenn wir uns mit unserem Schiff nachts auf dem weiten Meer bewegen.

Wie oben, so unten, sagten sie. Wie innen, so außen, sage ich und daß sich das im Patriarchat zumeist unerfreuliche Außen nur dann verändern läßt, wenn wir das Innen verändern. Worauf warten wir also noch?

Ach! Das ist es ja gerade. Wenn sich das Außen so verändern ließe, daß wir in unserem Innersten völlig unbehelligt blieben, wären wir alle schnell dabei. Das ist der Traum aller RevolutionärInnen. (Der Traum der anderen ist, daß die RevolutionärInnen es für sie tun, ohne daß sie selbst irgend etwas dazu beitragen müssen.) Eine Reise in die Selbstehrlichkeit ist jedoch gefragt. Davor schreckt auch die hartgesottenste Überlebenskünstlerin immer wieder zurück. Darum sind wir nicht so schnell mit den Taten, wie wir gern behaupten, daß wir es wären, wenn wir nur wüßten wie. Vielleicht ist es gar nicht so falsch, daß jede sich ihre eigene Zeit dabei läßt, denn die Sache ist kompliziert.

Es mache eine nur ein einziges Mal eine ehrliche Innenschau, und sie wird sich nicht mehr auskennen. Wer ist sie wirklich? Was ist angeboren, was hormonell bedingt? Was schleppt sie aus früheren Leben mit sich herum? Oder ist alles sozial erlernt? Was ist eine Frau? Ein Mann? Eine Fämme? Butch? Lesbe? Hete? Sind wir alle eine Art Transen? Sie mag nach Definitionen suchen und endet dabei, daß weiblich einfach unbeschreiblich ist. Wieviel mehr das Ich, das Selbst. Es soll Leute geben, die haben sogar ein Über-Ich.

Was behilflich sein kann, Klarheit über das Innen, die Seele, das Selbst zu erlangen, ist die Umkehrung dieses Grundsatzes, der also jetzt besagt: wie außen, so innen. Demnach spiegelt sich in der Außenwelt wieder, was mit deinem Innenleben los ist oder auch gerade nicht los ist. Die Dominanz männlicher Energie in dieser Welt erzählt also beispielsweise, daß dein Selbst keine Eigen-Macht hat. Eigentlich haben wir kein absolutes Wissen darüber, was die Außenwelt ist. Wir sehen in ihr nur das, was wir sehen können. Das bedeutet, daß insbesondere die Außenwelt höchst subjektiv ist. Was nichts anderes heißt, als daß es eine unendliche Anzahl von Wirklichkeiten gibt. Wir leben zwar alle auf derselben Erde, haben aber nun mal nicht alle denselben Horizont. Das ist eine Tatsache, die mittlerweile von mehr und mehr Menschen verkraftet wird. Aber die Frage ist, was fangen wir mit diesem Wissen an? Was ist das Maß aller Dinge? Was tun, wenn andere Wirklichkeiten genauso wahr sind wie die eigene und die eigene auch ständig über den Haufen geworfen wird?

Eine Welt, in der nichts mehr falsch ist, ist auch eine, in der nichts mehr richtig ist. Es gibt Frauen, denen ist dieser Gedanke sehr unangenehm, denn er führt schnurstracks in die Unsicherheit. Ein Schreckgespenst des Patriarchats, das uns Lebensversicherungen, Deodorants und den Hafen der Ehe eingebracht hat. Wie dieses Gespenst zum Verschwinden gebracht wird, hat mir meine alte Freundin, die Sphinx, verraten. Du stellst einfach die richtige Frage. Die für alle Lebenslagen passende richtige Frage ist die nach dem Sinn. Die ist zugegebenermaßen sehr unbequem, aber die beste Einübung in Eigen-Verantwortung. Wenn die gute alte Polarität von „Entweder-oder" nicht mehr gilt und die esoterische Weisheit von „Sowohl-als-auch" in ebenso schwammige wie politisch nicht ungefährliche Beliebigkeit führt, was dann? Wie wäre es mit dem Grundsatz „Mehr-oder-weniger"?

„Mehr oder weniger" ist ein Grundsatz, der alles im Fluß hält und sich ausschließende Gegensätzlichkeit aufhebt. Er hilft dir, dein Leben als sich entfaltenden bzw. sich entwickelnden Prozeß zu verstehen. Allerdings verhindert er auch, daß du die Gute bist und die anderen die Bösen sind. Die Grenzen sind fließend. Das hat Folgen. Wenn diese Ab-Grenzungen aufgehoben sind, tritt an ihre Stelle die freiwillige Verantwortlichkeit. Dies setzt voraus, Achtsamkeit zu üben, Tun und Sein nicht zu verwechseln, und benötigt Bezogenheit, d.h. einen hohen Grad an Kommunikation.

Die Kunst der gelungenen Kommunikation ist reine Magie. Als wir jünger waren, ungefähr eineinhalb Jahre alt, wußten wir ziemlich genau, daß es sich um eine große Kunst handeln muß. Alle anderen konnten es, nur wir nicht. Später glaubten wir, daß es ausreicht, sich mit Hilfe eines ausreichenden Wortschatzes auszudrücken. Aber der Bereich der Kommunikation ist eines der Machtfelder, wenn nicht gar Schlachtfelder des Patriarchats. Wer sie nicht zu nutzen weiß, verliert in diesem Machtkampf und merkt es nicht einmal. Wenn eine in der Kunst der gelungenen Kommunikation Meisterinnenschaft erlangen will, muß sie sich siebenfach bemühen. Die meisten der sieben Ebenen sind uns nicht bewußt oder sonstwie unbekannt, weil sie mit einem Tabu belegt sind. Während wir Frauen die ganze Zeit damit beschäftigt sind, verstanden zu werden, schaffen Männer an der Macht ungerührt unter Nutzung aller sieben Kommunikationsebenen Tatsachen und überlassen es den Frauen oder anderen Betroffenen, damit fertigzuwerden. Die Antwort der Frauen ist die Intensivierung ihres Bemühens, sich verständlich zu machen.

Das ist ein eigenartiger und mir unheimlicher Mechanismus, der da abläuft, bei dem offenbar die emotionale Limitierung von Männern (und manchmal auch sich ähnlich verhaltenden Frauen) eine große Rolle spielt und der nur schwer zu knacken ist. Schwer bedeutet jedoch nicht unmöglich. Die Reise über die sieben Ebenen der Kommunikation und das Wissen, was auf welcher Ebene geschieht, sollen dir helfen, Meisterinnenschaft zu erlangen. Sie sind wie sichere Häfen auf der *sai-vala,* dem wallenden Meer des Seelenlebens. Aus diesem gotischen Wort hat sich unser deutsches Wort *Seele* und das englische Wort *soul* entwickelt.

Dieses Buch soll dich auf einer Reise durch dieses wallende Seelenmeer geleiten. Am Ende wirst du mehr über dich selbst wissen, wirst vielleicht deinem wahren Selbst begegnet sein, die Kraft der dreizehn weiblichen Aspekte in dir erspürt haben und beginnen, Tatsachen zu schaffen, wahr zu sein, wahr zu sagen und zu bleiben. Das Leben ist unendlich weit und unergründlich tief, und alle gehen wir zahllose Male unter, um zum wahren Selbst zu finden. Stechen wir also in See!

I.

INNEN UND AUSSEN

Das Schiff
erreicht
das offene Meer

Erstes Kapitel
SEIN UND TUN – EIN WESENTLICHER UNTERSCHIED

Auf daß du nicht verloren gehst
in der aufsteigenden Flut

Die verbreitetste Form der Verzweiflung besteht darin, nicht die zu sein, die du bist. Eine noch tiefere Verzweiflung ist der Versuch, eine andere zu sein, als du bist. Du benötigst ein gutes Stück Willen, Entschlossenheit und Aggression, um für dich und dein Selbst einzustehen, dich zu entwickeln, dein Schicksal zu erfüllen.

Dieses „Selbst", das nicht identisch mit dem „Ich" ist, ist gerade aus diesem Grund eine vielfach verwirrende Sache. Es ist das, was du bist, und zwar dann, wenn du allein mit dir bist, wenn du nichts darstellen mußt und auch keine Notwendigkeit besteht, irgend etwas zu tun, abzuwehren, herbeizusehnen, zu denken. Viele von uns halten sich selbst in diesem Sinn nicht gut aus. Der kleine Satz „Ich bin" hat in vielen Fällen schon zu herzergreifenden Szenen geführt, wenn ich Frauen in meinen Veranstaltungen gebeten habe, ihn bewußt und fühlend auszusprechen. Und auch ich habe immer wieder das Gefühl, mir das Recht auf mein Sein erkämpfen zu müssen. Ein Umstand, der mich zu selbstsichereren Zeiten verblüfft und erschüttert, ist es doch das Selbstverständlichste der Welt. Das erzählt davon, daß Selbst-Bewußtsein in unserer patriarchalen Welt nicht automatisch mitgeliefert wird und offenbar etwas ist, das immer wieder in der Wunde des Ungeliebtseins ersatzlos versickert. Um für dieses Selbst einzustehen, wäre ein gewisses Selbst-Bewußtsein aber ganz hilfreich. Dies erlangen wir jedoch nur, wenn wir bereit sind, unser Selbst wahrzunehmen, ihm zu begegnen, es werden und dann sein zu lassen. Wir sehen also, daß sich da etwas im Kreis dreht. Das mag schon eine Ursache für Verzweiflung sein. Um ihr zu entkommen, greifen wir vielfach dann zu der leicht erreichbaren Illusion, uns einen Menschen zu suchen, die/der uns geben soll, was wir aus eigener Kraft nicht zu können vermeinen. Wie oft haben wir gehört oder gar selbst gesagt: „Bei dir kann ich ganz ich selber sein." Bedenken gab es allenfalls, so etwas könnte sentimentaler Kitsch sein. Niemals dachten wir darüber nach, ob wir eigentlich vom wilden Watz gebissen sind, das Bewußtsein unseres Selbst von der Beziehung zu einem anderen Menschen abhängig zu machen.

Am ehesten ist das Selbst mit dem zu vergleichen, das wir allgemein als Charakter bezeichnen. Der eigentliche Charakter ist weder gut noch schlecht. Er ist so oder anders, aber immer unveränderlich und unverbesserlich, auf jeden Fall nicht therapierbar. Er ist das Prinzip, das auf unverwechselbare Weise das Leben lebt, und damit kommt er in ganz enge Verbindung mit dem Schicksal.

Allein schon mit dem Begriff Schicksal kann sich manch eine ja nicht recht anfreunden, geschweige denn mit der Vorstellung, dieses zu erfüllen. Das erscheint als ein zu großer Blickwinkel, deprimierend und bedrohlich, weil wir es mit Gefühlen wie Ohnmacht und Hilflosigkeit in Verbindung bringen. Wenn es um Schicksal geht, vermuten wir immer gleich auch Schicksalsschläge. Aber es geht dabei um mehr und anderes: In den Koordinaten deines Gewordenseins liegt eine verborgene Geschichte, die „erzählt", d.h. gelebt werden will. Dein Selbst, das sich zu einem Körper manifestiert hat, will sein, und zwar auf eine ganz bestimmte Weise und unter Umständen, die nicht zufällig sind. Wenn du das verhinderst, verleugnest und abwehrst, dann ergreift dich die Verzweiflung wieder und läßt dich so lange nicht mehr los, wie du auf Irrwegen und Abkürzungen unterwegs bist und nicht dein wahres Selbst leben läßt. Das Selbst tut nicht, es ist.

Früher oder später fordert das Selbst sein Recht auf Existenz und Bewußtsein. Die anderen können es oft leichter wahrnehmen als du und reagieren in ihrem Verhalten eher darauf, als daß sie auf deine Persönlichkeitstarnungen und sozialen Masken antworten, was dich – je nach Grad deines Selbst-Bewußtseins – immer wieder zu erstaunen vermag, die du dich maskiert in Sicherheit davor wähnst, durchschaut zu werden. Dein Sein, das sich hinter dem sozial entstandenen Ich verbirgt, das sich wiederum hinter deinen Masken verbirgt, muß dir bewußt werden, damit sich dein Potential entfalten, d.h. dein Selbst sich in der Welt ausdrücken kann. Dennoch tun wir viel, um eine andere zu werden als die, die wir sind, oder wenigstens zu erreichen, daß die anderen nicht unser wahres Gesicht erkennen, falls wir es selbst kennen.

Das ist verwunderlich, denn die Suche nach dem Selbst treibt uns auf der anderen Seite tief in unserem Inneren an, auch wenn wir gar nicht wollen. Es ist so etwas wie eine innere Triebfeder, ein vitaler Drang, der sich spätestens sobald wir unsere Grundbedürfnisse gesichert haben, d.h. Essen, Schlafen, ein Dach über dem Kopf und Wärme selbstverständlich geworden sind, bemerkbar macht. Für eine Weile sind wir damit beschäftigt, uns vordringlich um diese Dinge des Lebens zu kümmern und uns die Beschäftigung mit den inneren Befindlichkeiten zu ersparen. Die Lebensziele für Biomaten erscheinen uns dann vollkommen ausreichend. Aber unweigerlich kommt die Zeit, da machen wir uns nach etwas nicht so leicht Faßbarem, kaum Definierbarem auf die Suche. Dafür wirft so manche sogar ihr bis dahin gut geordnetes Leben über den Haufen. Was dann geschieht, ist für die Mitmenschen einer Suchenden kaum nachvollziehbar. Aber es hilft alles nichts, wenn eine sich auf die Reise zu sich selbst begeben hat, ist sie nicht mehr aufzuhalten. Daher sind Zurechtweisungen à la „Wonach suchst du denn eigentlich, du hast es doch so gut" ziemlich sinnlos. Wir sind auf der Welt, um nach uns selbst zu suchen, je besser es uns materiell geht, um so dringender meldet sich das Bedürfnis, uns selbst zu finden.

In mindestens gleichem Maß jedoch fühlen wir die Verzweiflung, die uns antreibt, möglichst nie zu finden. So vieles schreckt uns, macht nicht unbedingt neugierig. Keine weiß so genau, wo und wie sie beginnen soll. Es ist auch nicht ganz einfach. Die Wahrheiten über das Leben sind zu Beginn des neuen Jahrtausends nichts Sicheres mehr wie noch vor einigen Jahrzehnten, als Gut und Böse noch klar stationierte Zuweisungen hatten, Entscheidungen für einen Beruf für ein ganzes Leben galten und Himmel und Erde ein Beweis für die Existenz von oben und unten waren. Die äußere Ordnung der Welt hat sich aufgelöst und ist nur noch schwer zu erkennen und daher kaum geeignet, ein sicheres und stabiles Feld für unsere Suche abzugeben. Rollenvorbilder und andere Hilfen sind außerdem knapp. Nicht jeder Guru, nicht jede Guriani (weibliche Form für Guru) kommt in Frage, mal abgesehen davon, daß viele nicht ganz koscher sind.

Und dann sind da ja auch immer noch die Konsequenzen, die so eine Suche nach dem Sein nach sich ziehen kann – und meistens auch wird. Da gehen Beziehungen auseinander, Jobs werden aufgegeben, Lebensorte gewechselt, FreundInnenkreise lösen sich auf. Außerhalb der sicheren Welt von Status und Prestige, draußen auf dem offenen Meer geht es stürmisch zu. Das kann auch die Sturmerprobteren unter uns immer wieder verzagen lassen.

Aber es nützt alles nichts. Die Frage brennt: Wer oder besser gesagt, welche bist du eigentlich? Die auf diese Frage aus welchen Gründen auch immer verzichtet, wird lernen müssen, daß sie kaum Chancen hat, damit durchzukommen. Das ist die Sache mit den Rettungsbooten, von denen keines je durchgekommen ist. Sie wird so lange durch Erschütterungen geschickt, bis sie endlich zu fragen beginnt. Diese Erschütterungen kommen manchmal nach langen Jahren großer, jedoch trügerischer Ruhe, in denen wir glauben, es ginge uns super, alles sei in bester Ordnung. Trügerisch ist diese Ruhe deshalb, weil sie dem Versuch entspringt, seelische Erschütterungen zu vermeiden.

Denn diese Zeiten bester Ordnung sind häufig gar nicht super und nicht im allermindesten sicher, sondern nur ruhig, und wenn eine ehrlich ist, was meist erst im Rückblick geschieht, dann weiß sie, daß es eine Art tödliche Ruhe war. So manche ist bei diesem Versuch, sich nicht in die Erschütterung zu begeben, seelisch versteinert, und manche andere merkt nicht, wie sie sich selbst mit scheinbar sicheren Wahrheiten einlullt. „Ich bin eine Frau, die immer eine Lösung weiß", sagte ich voller Überlebensstolz und wollte damit darauf hinweisen, daß ich mich nicht unterkriegen lasse. „Eine Frau, die immer eine Lösung weiß, ist eine, die nichts lernt", zerfetzte meine Coach dieses überholte Glaubenssystem, das ich für ein persönliches hielt, das aber aus der Sammlung patriarchaler Überlebensstrategien stammt. Ich gab alle Lösungen auf und wußte: Die Wahrheit liegt jenseits der Lösungen, die ich kenne. Seither will ich wissen, welche ich sein werde, wenn das Schiff am Ende der Reise angekommen ist.

Im letzten Sommer des vergangenen Jahrhunderts waren offenbar mehr Frauen denn je auf der Suche nach der Quelle ihres Selbst. So oft wie noch nie habe ich den Satz gehört: „Ich weiß überhaupt nicht, wer ich bin." Nicht immer so wortwörtlich. Manche sagte auch: „Ich kann mich selbst nicht wirklich spüren" oder noch etwas anderes. Immer aber war das übergroße Bedürfnis nach Identität zu spüren. Meist versuchen wir als Folge dieser Wahrnehmung etwas zu *tun,* um herauszufinden, wer wir sind. Das ist, wie so vieles, nicht ganz falsch, aber auch nicht unbedingt richtig. Oder um es dem Grundsatz von „mehr-oder-weniger" anzupassen, es ist mehr falsch und weniger richtig. Was macht ein Wassertropfen, wenn er erfahren will, was Wasser ist? Eine Fortbildung?

Wenn eine diese Frage ehrlich zuläßt, kann sehr viel Angst freigesetzt werden. Häufig endet es damit, es lieber gar nicht so genau wissen zu wollen, denn die Furcht, daß wir eine wenig liebenswerte, vielleicht sogar verachtenswerte Person sind, ist groß. Wie gesagt, wir tun viel, um eine wirkliche Begegnung mit uns selbst zu verhindern, und wir tun viel, um zu erreichen, trotzdem auf irgendeine Weise jemand zu werden, eine Identität zu haben.

Das klingt sehr widersprüchlich und ist es auch. Wenn beides nicht gelingt, was diese Kombination nun mal mit sich bringt, leiden wir, wofür wir uns meistens noch einmal verachten. In stillen Augenblicken wissen wir, daß alles Tun höchstwahrscheinlich beliebig ist, zumindest ist es nicht wirklich die Quelle unseres Selbst. Wir sind in der falschen Dimension unterwegs, wenn wir unser Selbst im Tun zu finden hoffen. Dabei ist das gar nicht so ungewöhnlich, denn wir sind daran gewöhnt, uns durch das, was wir tun, eine Identität zusammenzubasteln.

Die wahre Identität kommt zweifellos aus dem Sein, dieses kann eine auf zweifache Weise erfahren. Zum einen in der Begegnung mit ihren inneren Aspekten, Personae, Facetten ihres Selbst und in der Begegnung mit den anderen, d.h. in dem ununterbrochenen Versuch, die Trennung des Wassers in einzelne Wassertropfen aufzuheben. Dieser Versuch, die Trennung, Abgetrenntheit von der und den anderen aufzuheben, kann Kommunikation, Begegnung im weitesten Sinn genannt werden. Wenn wir diesem Bild folgen, sehen wir nicht nur, daß die Klarheit jenseits der Übersichtlichkeit liegt, sondern wir müssen dann Sein als ununterbrochenen Fluß der Wandlung begreifen. Müssen begreifen, daß es nicht greifbar ist. Das Leben ist nicht in den Griff zu kriegen. Transformation ist ein permanenter Zustand und nicht mehr die Erscheinung einer Krise vor oder nach einem bestimmten, meist als ruhig erlebten Lebensabschnitt. Allerdings wäre sie dann auch nicht mehr so erschütternd wie in den Zeiten, wenn wir in eine Krise stürzen.

Ich weiß ja nicht, wie es einem Wassertropfen mit dem Leben und den darin gemachten Erfahrungen so geht, aber ich stelle fest, daß die Frage, welche ich denn bin, immer wieder neu gestellt werden muß. Genauer gesagt, mindestens jedesmal zum Ende eines alten Lebenszyklus und zum Anfang des neuen. Letztlich muß sie vielleicht sogar ununterbrochen gestellt werden, indem ich ohne Unterlaß bereit bin, mich vom Leben fragen zu lassen, welche ich im Augenblick gerade bin. Auch weiß ich, daß alles, was ich getan habe oder noch tue, dabei weitaus weniger wichtig ist, als ich früher geglaubt habe. Es diente dazu, mich, mein Selbst auszudrücken. Ich habe aber nicht durch mein Tun herausgefunden, welche ich bin, sondern indem ich mich auf mich und andere eingelassen habe. Das Tun war, wenn auch niemals unwichtig oder beliebig, von nachrangiger Bedeutung. Vorrangig war alles, was dazu beitrug, die Ordnung meines Innenlebens zu verstehen. Diese Ordnung ist veränderlich, flexibel und hat so viele Facetten, daß ein einzelnes Leben kaum ausreicht, um sie sich ganz entfalten zu lassen. Wie weit eine dabei kommt, entscheidet darüber, ob sie Meisterinnenschaft über das Leben erlangt. Meisterinnenschaft besteht in dem höchstmöglichen Grad an Bewußtheit, den eine erlangen kann. Es ist das Maß an sozialer Verantwortung für sich selbst und andere, das dabei eine ausschlaggebende Rolle spielt. Meisterinnenschaft halte ich für das eigentliche, das wahre Lebensziel, den tatsächlichen Sinn des Lebens.

Sie bedeutet, leben zu lernen und es am Ende in Vollendung zu können. Das Wesentlichste dabei ist, loslassen zu können, was bereits erlernt wurde. Vergessen wir nicht, daß unser Bewußtsein der dümmste Teil von uns ist. Wir haben es zu dem Zweck, die Dinge zu lernen, die wir noch nicht können. Wenn wir sie dann können, sinkt das in unser „Unbewußtes", das die Meisterin in uns ist. Von dort aus wirkt es als Essenz der Lebenserfahrung derart auf unser bewußtes Handeln ein, daß wir zur furiosen Virtuosität der Lebensbewältigung finden. Im Grunde sind wir alle schon lange auf dem Weg zur Meisterinnenschaft, es ist Teil des Lebens wie Atmen und Lachen. Wenn eine wissen will, ob auch in ihr eine Meisterin vorhanden ist, soll sie sich die Augenblicke ihres Lebens in die Erinnerung zurückholen, in denen ihr etwas in überraschender Leichtigkeit gelang und hinterher fragte sie sich selbst, wieso und warum.

Trotzdem geht es auch nicht von selbst. Wir erleben Einschränkungen und Behinderungen, die wir nicht klar orten und verstehen können. Das liegt an der Unfähigkeit, wirklich loszulassen. Die wiederum resultiert aus dem, was es loszulassen gibt. Loslassen müssen wir unsere gesamte Vergangenheit, also die Lebensspanne, die hinter dem Augenblick liegt, den wir gerade erleben. In jungen Jahren habe ich mir immer gewünscht, nur zu besitzen, was in einen Koffer paßt, und in einem Hotelzimmer zu wohnen. Hinter diesem Wunsch verbarg sich, glaube ich, die Sehnsucht, frei zu sein. Frei für die Gegenwart. Offen für alles, was mir begegnet, und unbelastet von altem Kram. Natürlich liegt die Lösung nicht in der Auflösung von materiellem Besitz, sondern im Aufgeben des Haftens an alten Zeiten, deren Gefangene wir viel häufiger sind, als uns lieb sein kann. Solange wir noch in der Vergangenheit gefangen sind, d.h. an alten Verletzungen laborieren und darum Überlebensstrategien nicht loslassen können, ist Meisterinnenschaft aber nicht möglich. Erst wenn die Vergangenheit aufgelöst ist und die Erfahrungen der Vergangenheit zu einer Art Essenz der Lebenserfahrung geworden sind, wird Meisterinnenschaft Bedeutung gewinnen. Keine Geigerin wird zur Virtuosin, wenn sie noch darüber nachdenken muß, was sie alles gelernt hat. Sie muß loslassen lernen und es der Meisterin in ihr überlassen, daß ihre Hände das Richtige tun.

Die Frage ist natürlich, warum nicht viel mehr von uns ebenso emsig wie fröhlich ihre Vergangenheit auflösen und sich ohne Umwege zur Meisterin des Lebens mausern, statt dessen mit den Einschränkungen leben, ja sich manchmal direkt vor den Hürden für Jahrzehnte häuslich einrichten. An Willen und Bereitschaft mangelt es in der Regel nicht. Wo also liegt das Problem.

Es liegt an dieser fatalen Umkehrung der Prioritäten, die wir in bezug auf unser Bewußtsein und die Kräfte, die aus dem uns unbewußten Teil unseres Seins stammen, setzen. Wir halten nicht nur den dümmsten Teil, nämlich unser Bewußtsein, für den wichtigsten. Nein, wir glauben, daß das Unterbewußte dasjenige ist, das uns die ganzen emotionalen Probleme einhandelt. Weil das

Bewußtsein oft nicht weiterweiß, weil es keine Ahnung hat, was mit uns nicht stimmt, geben wir unser unbewußtes Selbst in Therapie und lassen es umarbeiten. Das ist ein großer Fehler.

Der unbewußte Teil unseres Selbst ist in der Tat der Teil, der die größere Macht über uns hat. Aber seine Macht ist nur so groß wie die buchstäbliche Zahl seiner Handlungsmöglichkeiten. Er kann niemals über seine Optionen hinaus handeln. Diese Optionen sind häufig deshalb limitiert, weil eine oder mehrere traumatische Verletzungen in der frühen Kindheit geschehen sind. Hätten wir als kleine Kinder den Schmerz, der meist aus dem Bereich unwissentlicher Lieblosigkeiten und Zurückweisungen stammt, in seiner ganzen grausamen Tiefe gefühlt, hätten wir es wahrscheinlich weder seelisch noch körperlich überlebt. Weil aber das Selbst lebt, um zu leben, hat es mit der ihm eigenen Macht einen Schutz, einen Selbst-Schutz entwickelt, der zur Folge hatte, daß der seelische Schmerz aus dem Bewußtsein ausgeblendet, verdrängt, abgespalten wurde. Es begann eine Überlebensstrategie zu entwickeln, die erreichen sollte, daß ein solcher Schmerz niemals mehr gefühlt werden wird. Diese Überlebensstrategie ist die eines Kindes, das sich in Todesgefahr befindet. Daraus ergibt sich im doppelten Sinn die Limitierung der Optionen des unbewußten Selbst, um das Leben gelingen zu lassen.

Wenn danach etwas geschieht, das auch nur im Entferntesten an den Schmerz der frühen Kindheit erinnert, tritt ein gewaltiges Alarmsystem in Kraft. Es ist so gewaltig, weil es – vermeintlich – um Leben und Tod geht. Aus diesem Grund können die neuen, reiferen, erwachsenen Verhaltensmöglichkeiten, die vielleicht zu einem optimalen Lebensplan führen würden, nicht vermehrt werden. Das Alarmsystem, das die Überlebensstrategie sichern soll, ist praktisch nicht mehr außer Kraft zu setzen. Es ist der Teil von uns, der das dusselige Bewußtsein glauben macht, es wüßte immer eine Lösung und bräuchte daher nicht zu lernen.

Es ist vollkommen klar, daß wir uns vor dem Unbewußten in uns in Dankbarkeit tief verbeugen müssen, denn es hat unser Leben gerettet. Und dann müssen wir uns achtungsvoll bemühen, ihm so viele neue und reife Verhaltensmöglichkeiten anzubieten, wie sich nur finden lassen. Die Betonung liegt auf *anbieten,* denn wir dürfen nicht vergessen, wer die Macht über unser Sein hat.

Das Unbewußte weiß mehr darüber, was gut für uns ist, als das Bewußtsein, daher hat es auch die Kompetenz zu haben, die Entscheidungen für einen passenden Lebensplan und die dazugehörigen Handlungsoptionen zu treffen.

Daß unser Selbst daran gehindert wird, zur Meisterinnenschaft zu gelangen, liegt daran, daß wiederum etwas über alle Selbste dieser Welt Macht hat. Dieses Etwas ist ein System, das Biomaten erzeugt, um existieren zu können. Es hat sich – ebenso wie das System der Überlebensstrategien in einer einzelnen Person – so weitgehend verselbständigt, daß es nicht mehr ohne weiteres zu knacken ist. Vorbei die Zeiten, als wir einen Tyrannen, eine Partei, ein Denksystem benennen und bekämpfen konnten in der Überzeugung, unser System sei das bessere, menschlichere. Alles, was wir in Wahrheit tun können, ist, die Strukturen des Systems zu studieren und dann zu verändern. Wobei wir niemals eines der wesentlichen Gesetze der Magie, d.h. des bewußt gelenkten Energieflusses, vergessen dürfen, das besagt, daß du nichts im Außen verändern kannst, ohne daß es zuerst auch in deinem eigenen, persönlichen Sein verändert werden muß. Wandelst du nicht freiwillig auch dein eigenes Leben, wirst du gewandelt.

Die patriarchale Wirklichkeit ist darauf angewiesen, daß Menschen ihr Sein nicht bewußt ist. Warum das so ist, liegt auf der Hand. Ich habe es immer wieder beschrieben. Wären die Menschen im Patriarchat sich ihrer selbst bewußt, würden sie das meiste, was sie tun, nicht tun, denn das meiste, was sie tun, ist schlicht Kokolores. Will man aber, daß die Menschen Kokolores für etwas ganz Wichtiges halten, weil sich beispielsweise damit unvorstellbar viel Geld verdienen oder der eigene Macht- und Blutrausch mästen läßt, muß man ihn mit ihrem Selbstbewußtsein verknüpfen. Und so kommt es, daß wir uns in der patriarchalen Gesellschaft durch unser Tun definieren, weil wir nun einmal so etwas wie eine Identität brauchen. Das ist so, seit Arbeit, bezahlte Arbeit das Maß aller Dinge ist. Für uns alle ist es selbstverständlich geworden, daß wir sind, was wir tun.

Es gibt welche, die *sind* Bundeskanzler oder Papst, und das, was sie als diese *tun*, hat bemerkenswerte Auswirkungen auf ihr Sein. Das gilt durchaus auch für die, die nichts tun, zum Beispiel Arbeitslose. Dabei gibt es auch noch mehrfaches Sein durch mehrfaches Tun. Arbeitslose kann eine sein, die außerdem auch noch Ausländerin ist. Auch von ihr wird erwartet, daß sie als solche etwas tut, zum Beispiel anderen, etwa dem Bundeskanzler den Arbeitsplatz wegnehmen. Dem bliebe dann nichts anderes übrig als Toiletten zu putzen, und dann *ist* er eine Putze, was je nach persönlicher Einstellung Bedauern oder Schadenfreude bei uns hervorrufen würde. Aber in jedem Fall brächte der Jobwechsel einen Statusverlust, einen Verlust von Ansehen und Prestige, der sich gewaschen hätte.

Oder da gibt es die Hausfrau, die sagt: „Ich bin nur eine Hausfrau. Ich arbeite nicht." Sie hat eventuell die Fähigkeit, brillant zu managen, aber sie *ist* keine Managerin, denn das ist sie erst, wenn sie etwas gemacht hat, eine Ausbildung vielleicht, das sie dazu ermächtigt. Wer aber ermächtigt sie? Wer bestimmt, welcher sozialen Position welcher Wert beigemessen wird? Da ich viele Berufe hatte und habe, kann ich dieses Wertgefälle am eigenen Leib erfahren. Wenn ich auch am meisten „Bewunderung" erhalte, wenn ich die Schauspielerin bin, erlebe ich doch nie die ernstzunehmende Achtung, die mir als Schriftstellerin oder Frauentherapeutin entgegengebracht wird. Als Magierin kollidiere ich leicht mit der Frauentherapie, die sich durch meinen Hokuspokus in ihrem Prestige angekratzt fühlen könnte. Dann wieder ist es fraglich, ob eine begnadete Therapeutin auch eine gute Schreiberin sein kann. Mein Selbst ist jedoch in allen vier Fällen der Ausübung einer Tätigkeit dasselbe. Wieso akzeptieren wir alle dieses Wertesystem? Warum ist uns Prestige wichtiger, als den Menschen ins Herz zu schauen und sie zu nehmen, wie sie sind?

Prestige kommt von praestigiae, was bedeutet: Blendwerke, Gaukeleien. Mir fällt da ein österreichischer Bischof ein. Den runden Leib in machtsicherndes Gewand gezwängt, darüber der Kopf eines alternden Säuglings, verschlagener Blick aus kleinen Äuglein bietet der Kleriker den klassischen Anblick eines *loosers*. Weil er aber Bischof *ist,* wie wir sagen, sieht niemand, was für ein armseliges Selbst da durch schlechtes Benehmen auf sich aufmerksam machen möchte. Ohne seine prestigeträchtige Verkleidung würde niemand auch nur einen Gebrauchtwagen von ihm kaufen.

Dies mögen sarkastisch überzeichnete Beispiele sein. Aber das System „Sein durch Tun" hat eine unheimliche Wirkung, die uns kaum je auffällt. Auf diese Weise existiert ein unsichtbares Kasten-system, das der Sicherung von Macht durch Hierarchie dient. Einzelnen ist es möglich, in eine höhere soziale Kaste aufzusteigen, auch wenn bei uns noch nie eine Putzfrau Bundeskanzlerin geworden ist, denn eigentlich werden die Grenzen gewahrt und von der Mehrheit in Richtung nach oben für unüberwindlich gehalten. In die andere Richtung, nach unten sind die Grenzen durchlässig. Wer absteigt, verliert enorm an Status. Status und Prestige spielen eine große Rolle in diesem Kreiseln um Sein und Tun. Sie sind so etwas wie Ersatz für Identität, Schein-Insignien von Schein-Macht, eine vollkommen virtuelle Welt, in der Werte vorgegaukelt werden, die in Wahrheit nicht vorhanden sind oder schnell an Wert verlieren, je nachdem wohin der Zeitgeist weht.

Die Angst vor dem sozialen Abstieg ist es, die so bedeutsam für das patriarchale System ist, denn sie läßt die Menschen willig, sogar freiwillig ihr Sein als Biomaten akzeptieren. Um nicht zu den Paria, den Unberührbaren, den Verlierern zu gehören, tun viele beinahe alles, ohne nachzudenken.

Nicht nachzudenken, Dinge und Umstände zu akzeptieren, wie sie sind, ist gang und gäbe bei uns, es ist patriarchal erwünscht. Es gibt zahllose patriarchale Glaubenssysteme, eines merkwürdiger und sonderbarer als das andere. Aber alle sind immer Teil des Spiels von „Tun gleich Sein".

In den frauenreichen Sommern auf dem Schlangenberg, wenn unser Versuch, ohne die Strukturen der patriarchalen sozialen Kasten zu leben, auf die ganz unterschiedlichen Erwartungshaltungen unserer Besucherinnen trifft, kann es schon mal vorkommen, daß es an der Nahtstelle zwischen den Weltsichten knirscht und wir alle die Gelegenheit bekommen zu lernen. Da landete einmal ein Geldschein auf dem Tablett, mit dem ich gerade ein paar Gläser in die Küche tragen wollte. Die, die den Schein schwungvoll dahin befördert hatte, bat, ihn einer unserer Helferinnen als Dank zu überreichen. Als die Helferin den Schein ebenso schwungvoll und empört zurückwies, verstand die Gebende die Welt nicht mehr.

Sie begriff nicht, daß das Trinkgeld die Helferin dazu verurteilt hätte, einer niedereren Kaste anzugehören als die Besucherinnen. Die lustige, lebensprühende, liebevolle, einfühlsame, hilfreiche

Gastgeberin Kerstin wäre auf einmal Kellnerin gewesen, nach der eine mit den Fingern schnippen kann, weil das Salz fehlt. Selbstverständlich lag dies ganz und gar nicht in der Absicht der Gebenden, die nur ihrer Dankbarkeit Ausdruck verleihen wollte. Aber es zählt nun einmal die Tat, und diese hatte es in sich. Das war für alle eine große Chance, etwas nicht nur zu begreifen, sondern grundlegend zu ändern. Solche Kollisionen der Maßstäbe sind ein Geschenk der Göttin. Manchmal gelingt es, sie so zu nutzen, daß wieder ein patriarchaler Bann gebrochen wird.

Wenn es nicht gelingt, liegt das zumeist daran, daß Kritik an dem, was eine tut oder getan hat, so bedrohlich scheint, weil sie in dieser Verdrehung von Sein und Tun offenbar gleich das Sein bedroht. *Das* macht die patriarchalen Glaubenssysteme so stabil. Diese Glaubenssysteme sind so etwas wie heimliche Saboteure in unserem Bemühen, ein gutes Leben zu leben. Sie steuern unser Handeln, diktieren uns unsere Ansichten, haben eine große Macht über uns, und die meiste Zeit haben wir nicht die geringste Ahnung, daß es sie überhaupt gibt. Betrachten wir also, was es mit diesen Glaubenssystemen auf sich hat.

Zweites Kapitel
PATRIARCHALE GLAUBENSSYSTEME

Versunkene Städte
Auf dem Grunde des Meeres
Oder sind die Zeichen im Schlick
Die Spuren von Würmern?

Die Zählebigkeit von Glaubenssystemen ist erstaunlich. So ist die Magie des Geldes beispielsweise nur deshalb möglich, weil wir alle glauben, daß die bunt bedruckten Zettel, die da im Umlauf sind, wirklich einen Wert besitzen. Um Wertvorstellungen geht es bei allen Glaubenssystemen, nicht nur im Zusammenhang mit Geld. Unsere inneren Wertsysteme steuern unser Leben, bestimmen unsere Entscheidungen und sind so tief in uns verankert wie unsere Muttersprache. Die Muttersprache ist die, in der wir rechnen, niemand kann lange Zahlenkolonnen in einer fremden, d.h. bewußt gelernten Sprache addieren. Sobald wir Zahlen zusammenrechnen, fallen wir automatisch in unsere Ur-Sprache zurück. Von ungefähr gleicher, beinahe reflexartiger Selbstverständlichkeit, unangenehmerweise jedoch nicht Bewußtheit sind die inneren Wertsysteme, an die wir unerschütterlich glauben, auch wenn die Wirklichkeit uns ebenso intensiv wie schmerzhaft erfahren läßt, daß sie falsch sind, Lull und Lall, törichter Blödsinn, der uns das Leben sauer macht. Unsere bewußten Wertvorstellungen erzählen ganz etwas anderes, aber sie sind nicht annähernd so wesentlich für unsere Art, mit dem Leben umzugehen wie wir glauben.

Es ist eine Art virtueller Wirklichkeit, die unser Leben stark beeinflußt, und die meiste Zeit haben wir nicht einmal Kenntnis davon. Tief in unserem Inneren tragen wir eigentümliche Überzeugungen mit uns herum. Eine Weltsicht, die dafür sorgt, daß wir dafür sorgen, daß wir immer wieder vor denselben Problemen stehen und scheitern. Es ist uns dabei durchaus möglich, uns in der Welt zu bewegen, als wäre unsere Sicht wahr und real. Es scheint in der Tat so zu sein, daß dies sogar unseren Blick – im wahrsten Sinn Blick – färbt. Die seelischen, geistigen und auch die realen

Landschaften, in denen wir uns bewegen, scheinen aufgrund dieser inneren virtuellen Wahrheit völlig andere zu sein. Manchmal gelingt es mir, durch die Augen einer anderen auf die Welt zu schauen. Das bringt meine Arbeit mit sich, die mir erlaubt, vielen Frauen seelisch so nahe zu kommen, daß das möglich ist. Ich bin immer wieder aufs neue erstaunt. Die verborgenen Wertsysteme, die bestimmen, in welcher seelischen Landschaft eine sich bewegt, sind so verschieden, daß ich mich manchmal wundere, wie wir es überhaupt schaffen, miteinander zu kommunizieren.

Ich sah die Welt, wie im Vorwort erwähnt, als ein weites Meer voller Rettungsboote, in denen sich Frauen über Wasser halten. Ich sah sehr viel Einsamkeit, als ich durch fremde Augen blickte. Viel Demut und Kälte. Frauen, die allein durch die Wüste gingen, verhungernd und verdurstend. Kinder, die nach Jahrzehnten noch auf die Rückkehr der Mutter warteten. Ich sah eine, die war SS-Mann im ewigen Dachau, dessen Feinde Kinder waren, die er feige ermordete. Frauen leben auf stillen Inseln, obwohl sie real in der Großstadt wohnen. Überleben in Verstecken, die nur sie kennen, tragen noch immer Petticoat und Pferdeschwanz und warten auf den Richtigen, als hätte es die letzten fünfzig Jahre nicht gegeben. Ich sah die Welt voller Lakaien, wie grausame Königinnen sie sehen. Sah fremde Welten, geheime Parallelwelten, in denen seltsame, mir nicht immer verständliche Gesetze herrschten.

Dieses innere Glaubenssystem, von dem hier die Rede ist, sollten wir nicht mit der Überlebensstrategie verwechseln, die wir zur Vermeidung eines Ur-Traumas entwickelt haben. Auch dieses hält unser Ich in der Vergangenheit gefangen. Nur ist es im Unterschied zu den inneren Wertesystemen eine Prägung des Ich, die aufgrund realer, meist seelisch katastrophaler Ereignisse entwickelt wurde. Die inneren Wertvorstellungen und Glaubenssysteme jedoch sind teilweise derart irrational, vor allem, wenn wir sie in ihrer Essenz zusammenfassen, daß sie virtuell genannt werden können, obwohl auch sie wahrscheinlich einen realen Erfahrungshintergrund haben. Woher wir diese inneren Werte beziehen, ist nicht ohne weiteres zu klären.

Manchmal habe ich den Verdacht, daß sich in ihnen die – ebenso unbewußten – Einstellungen unserer Mütter und Väter zu unserem Sein und wiederum die Einstellungen unserer Großmütter und

Großväter zum Sein unserer Mütter und Väter spiegeln. Also das, was sie *glaubten,* was und wer wir sind.

Was sich außerdem darin spiegelt, ist – sagen wir mal – patriarchal geprägter Machterhalt, der letztlich in dieser virtuellen inneren Vorstellung vom Leben seinen verborgenen Zweck erfüllt.

Wir glauben beispielsweise, daß diese Welt ganz und gar gut ist oder ganz und gar schlecht – je nachdem. Daß Liebesbeziehungen lange halten müssen oder nie gutgehen – je nachdem. Daß ein bezahlter Job ein Stück Lebenssicherheit bedeutet. „Wir müssen Abstriche machen", „Geld verdient man durch Arbeit", „Jeder Topf braucht einen Deckel", „Geld macht glücklich", „Wer fleißig ist, wird Erfolg haben", „Kriege hat es immer gegeben", „Nur wer hart arbeitet, ist was wert", „Mann und Frau sind zwei Hälften eines Ganzen" und so weiter. Das ist aber noch lange nicht alles.

Neben der Geldwelt ist es die Welt der Religion, die im Patriarchat erfolgreich mit dem inneren Glaubenssystem arbeitet. Die Werte, die eine herrschende Religion vermittelt, in unserem Fall handelt es sich um das Christentum, es könnte auch der Islam, der Buddhismus oder eine andere Religion sein, ziehen sich nicht nur durch die gesamte gesellschaftliche Struktur, sondern auch durch die geistige Struktur der darin lebenden Menschen.

Um dies deutlich zu machen und vor allem zu zeigen, wie tief das in unserem Inneren verankert ist, will ich eine Geschichte weitergeben, die eine Frau mir erzählte, die aber ursprünglich von Franz Hohler stammt, der wiederum von seiner Frau zu dieser Geschichte angeregt worden sein soll. Du wirst beim Lesen der Geschichte mehrfach dein dir ansonsten nicht bewußtes Werte- und Glaubenssystem berühren, das sich wahrscheinlich überraschend von deinen bewußten Wertvorstellungen unterscheidet.

Die Geschichte geht so: Eines Tages machte Gott sich auf die Suche nach dem Etwas. Trotz ausgiebiger Suche fand er es nicht. Ziemlich verdrossen trottete er so vor sich hin, da sah er ein Haus. Es sah hübsch aus, geschmackvoll, ordentlich, wenn er den Ausdruck gekannt hätte, hätte er wahrscheinlich gesagt: lebendig und beseelt. Neugierig klopfte er an die Tür. Die Göttin öffnete und fragte, was er wolle. Sie habe nicht viel Zeit, sich mit ihm zu beschäftigen. Gerade sei sie dabei, eine Schöpfung zu kreieren. Gott war hochinteressiert und fragte höflich, ob er hereinkommen und ihr ein wenig bei der Arbeit zuschauen dürfe. „Selbstverständlich", sagte die Göttin. „Wenn du nicht störst. Setz dich in eine Ecke und sei ruhig." Gott setzte sich still in eine Ecke und schaute. Er sah, wie die Göttin geschäftig hierhin und dorthin eilte. Gerade setzte sie kleine grüne Dinge in ein großes Gefäß mit Wasser. „Was machst du da?" erkundigte er sich. „Ich erschaffe Leben", sagte die Göttin. „Alles Leben entsteht ursprünglich aus dem Wasser, wußtest du das nicht?"

„Wie interessant", rief Gott. Er sah, wie das Leben sich regte. „Darauf wäre ich nie gekommen", staunte er. Sie nickte abwesend und beschäftigt. Er sah, daß sie wirklich viel Arbeit hatte. Nach einer Weile fragte er: „Kann ich dir vielleicht helfen?"

„Ja", sagte die Göttin. „Das kannst du. Schau hier, diese Schöpfung mit Pflanzen, Tieren und Menschen. Könntest du sie freundlicherweise auf einen kleinen Planeten, der da ganz hinten am Rande der Milchstraße existiert, bringen?"

Gott war froh, auch etwas tun zu dürfen, nahm die Schöpfung an sich und brachte sie, wie sie es ihm aufgetragen hatte, auf den Planeten Erde. Seither *glauben* die Menschen auf der Erde, er sei der Schöpfer ihrer Welt, und beten ihn an, denn er war der einzige aus der Anderswelt, den sie wahrgenommen hatten.

Glaubenssysteme haben etwas mit eingeschränkter Sicht zu tun, mit der berühmten Armut im Geist, ohne daß wir das gleich negativ bewerten sollten, denn wir haben mit der zusätzlichen Schwierigkeit fertigzuwerden, daß es kein Wissen gibt, das objektiv und absolut ist, und darüber hinaus damit, daß die inneren Wertvorstellungen uns vollkommen unbewußt sind. Die Annahme, es gäbe so etwas wie Objektivität, stammt aus einem anderen, historisch jüngeren Glaubenssystem des Patriarchats, allgemein als Wissenschaft bekannt. Den Glauben an die längst aufgegeben zu haben, empfinde ich als erleichternd. Für mich hat der Gedanke, daß eine objektive Wirklichkeit nichts als eine Art Wunschdenken ist, etwas Tröstliches. Die Subjektivität der Welt enthält auch die Hoffnung, daß es möglich ist, anderen, neueren, lebenswerteren Horizonten entgegenzusegeln.

Wenn Subjektivität jedoch bedeutet, die eingeschränkte Sicht für Weitblick zu halten, was auch möglich ist, dann kehrt sie sich gegen uns. Das ist, als würden wir behaupten, wenn wir auf einem

Bein laufen, wären wir genauso schnell, wie wenn wir beide Beine benutzen. Die inneren Wertsysteme sind der Inbegriff der Subjektivität im Sinn einer beschränkten Sicht. Innerhalb dieses Systems sind dann diejenigen Wertvorstellungen von Bedeutung, die auf ganz besonders subjektive Weise das eigene, persönliche Leben unsichtbar steuern. Wenn wir genau hinschauen, ein deutliches Gefühl entwickeln und darauf hören, was die innere Stimme sagt, entdecken wir Haltungen, die sich wie eine Melodie durch das ganze Leben ziehen. Die Essenz dessen läßt sich zu Kernsätzen zusammenfassen.

Zu Kernsätzen zusammengefaßte Essenz könnte sein: „Ich kann ohne eine Bezugsperson nicht leben." „Ich habe kein Vertrauen, denn ich ertrage den Schmerz der Enttäuschung nicht." „Wir können uns die Welt, in der wir leben, nicht aussuchen." „Wenn ich mich als Opfer tarne, wird niemand merken, daß ich ein Täter bin." „Die Welt besteht aus lauter schwachen Menschen, darum muß ich alle Verantwortung tragen." „Das Leben ist eine Belastung, die ich nicht tragen kann." „Ich mache mich ganz klein, dann zieht mich niemand zur Rechenschaft." Dies sind nur einige willkürlich zusammengestellte Beispiele innerer Wertvorstellungen. Es gibt unendlich viele. Und eine davon ist deine. Wenn du sie gefunden hast, wirst du überrascht sein, zu welchem Realitätsverlust sie dich gebracht hat. Die Folgen können fatal, manchmal sogar letal sein.

Ich kenne eine Frau, die kann nicht anders als ihre Umwelt als ihr feindlich gesonnen erleben, selbst wenn weit und breit kein Feind vorhanden ist. Einmal sagte sie, sie hätte nicht ein einziges Mal in ihrem Leben das Gefühl von Geborgenheit und Sicherheit empfunden. Aus diesem Grund kann sie Nähe weder wirklich spüren noch ertragen, obwohl sie sich gerade Nähe sehnlichst wünscht. Der Glaube, sich ununterbrochen in Feindesland zu bewegen, nährt alle Reaktionen auf andere. Alles, was andere tun, denken und fühlen, geschieht in bedrohlicher, wenn nicht in feindseliger Absicht. Daher muß es ausgelöscht werden. Menschen, die ihr nahestehen, werden seelisch subtil ermordet.

Von außen wird diese Frau so erlebt, daß ihr Groll auf das Leben sie wie eine düstere Aura umgibt. Nur wenige bemerken, daß sie Kommunikation nur herstellen kann, indem sie andere benutzt. Von sich erzählt sie kaum etwas. Sie macht einen ungeliebten, einsamen Eindruck. Als sie einer Frau begegnete, die aufgrund ihres ihr unbewußten Wertsystems eine solche Person zu retten beabsichtigte, entwickelte sie nach einigen Jahren des Zusammenlebens (und kräfteraubenden Rettungskampfes) eine Psychose, die sie längere Zeit vor ihren Mitmenschen verbergen konnte. Sie spaltete sich in eine fröhliche, kontaktfreudige Fassade und einen düster aggressiven Teil, der im Hinterhalt lauert, jederzeit bereit, in den virtuellen, für sie aber ganz realen Krieg zu ziehen. Je nachdem, in welchem Ich sie sich befand, veränderten sich Mimik, Körpersprache und Stimmlage.

Wenn eine Essenz „Ihr schuldet mir alles, denn ich habe nichts und kann nichts" auf die Essenz „Es kann nur ein Versehen sein, daß ich soviel habe und andere sowenig" trifft, können wir uns leicht ausrechnen, zu welchen tief verletzenden und verbiegenden Verwicklungen eine solche Verbindung führt. Ich kenne zwei Frauen, die auf diese Weise zehn Jahre lang miteinander kommuniziert haben, ohne es zu wissen. In dem von ihnen wahrgenommenen Leben haben sie ohne Ende damit gerungen, miteinander zurechtzukommen. Die eine gab und gab und gab. Für die andere war es nie genug. Es hagelte Vorwürfe, beantwortet von Rechtfertigungen. Es gab Bemühungen, Hoffnungen. Fehlschläge, geduldiges Wiederholen. Als alles dann sein Ende fand, weil die eine nichts mehr zu geben hatte, blieben zwei zurück, deren Chancen, in der Wirklichkeit anzukommen, nicht sehr groß sind. Das heißt, daß es ihnen mit großer Wahrscheinlichkeit passieren kann, mit der nächsten Bezugsperson in dieselbe essentielle Verbindung zu geraten.

Wenn du dein inneres Wert- und Glaubenssystem nicht kennst, also nicht weißt, nach welcher Melodie du tanzt, dann *brauchst du die äußere Welt in einem bestimmten Zustand,* um zu bestätigen und zu bestärken, wer du bist. In Wahrheit, um dich in deinem Glauben, wer du bist, zu bestätigen, denn dann kannst du die Welt nur aus der Sicht deines Glaubens betrachten. Etwas anderes kannst du gar nicht wahrnehmen. So ist es dir nicht möglich, die Menschen als das zu sehen, was sie sind, du siehst nur, was du glaubst, daß sie sind. Das, was du siehst, hat höchstwahrscheinlich nicht im geringsten wirklich etwas mit ihnen zu tun.

Das ist das Erschreckende daran. Du bist es, die die Welt in einen Zustand versetzt, unter dem du dann leidest.

Der innere Glaube, keiner Liebe würdig zu sein, der bei Frauen erschreckend weit verbreitet ist, lockt die Liebesunfähigen beiderlei Geschlechts so sicher herbei wie ein Topf Honig im Wald Puh den Bären. Was dann erfolgt, ist eine zigtausendfach variierte Alltagstragödie, in der Liebe in bittere Verzweiflung verwandelt wird. Was dabei zusätzlich, beinahe nebenbei und nicht nur im Zusammenhang mit dem Glauben, der Liebe nicht wert zu sein, erschaffen wird, ist Armut der materiellen Art. Und auch das ist kein Zufall. Wir alle haben uns daran gewöhnt, daß Frauen und Armut im Patriarchat zusammengehören wie die eine Gesäßhälfte zur anderen. Wir haben ebenso verbreitet den inneren Glauben, Frauen seien des Geldes nicht würdig. Dieser Glaube erschafft die Armut der Frauen, unter der Frauen dann leiden.

Auch ich habe in diesem Zusammenhang lange den Blick auf das patriarchale Außen gerichtet und versucht, nach Kräften dazu beizutragen, daß Frauen und Geld zusammengehören. Gleichzeitig hatte ich in diesen Jahren aber auch ausreichend Gelegenheit zu sehen, wie Frauen mit Geld und anderen materiellen Werten umgehen. Dabei stieß ich auf die bestürzende Tatsache, daß die innere Glaubensessenz „Frauen müssen arm sein" nicht nur weit verbreitet ist, sondern eben genau die Armut erst erschafft, unter der die Frauen dann leiden.

Das geht beispielsweise so: Ein Frauenprojekt finanziert Frauenkultur, indem es sich um öffentliche Gelder bemüht Diese zu beschaffen, kostet Kraft und Energie. Dennoch ist es wenig und reicht gerade mal so eben, daß der Laden nicht schließen muß. Weil aber der Laden auf diese Weise eben doch läuft, ist es nicht so ganz wichtig, ob und wie viele Frauen das Projekt frequentieren. Ein Bein reißt sich deswegen keine aus. Die Frauen, die kommen, können nicht viel Eintritt zahlen. Warum sollten sie auch, das Projekt wird ja öffentlich gefördert. Für das Konzert von Cher haben sie zwar ohne mit der Wimper zu zucken einen Betrag hingelegt, der dem Projekt über manche Hürde hinweggeholfen hätte, aber klar: kein Vergleich. Wenn nicht genügend Frauen zusammenkommen, werden die Referentinnen, die von auswärts eingeladen werden, um Kultur zu machen, kurzerhand wieder ausgeladen. Daß auf diese Weise nie genügend Frauen zusammenkommen, liegt auf der Hand.

Ich bewirtschafte und erhalte den Schlangenberg als Frauen-refugium ganz und gar ohne Subventionen. Daher betreibe ich großen Aufwand, um Frauen zur Frauenkultur zu bringen. Ich weiß also, wovon ich spreche. Daß die Referentinnen bei Ausfall einer Veranstaltung kein Geld sehen, obwohl sie sich den Termin freigehalten, andere Angebote abgelehnt haben, also einen echten Verdienstausfall erleiden, ist den Veranstalterinnen selbstverständ-lich. Forderungen nach Ausfallhonorar finden sie unanständig. „Immerhin sitzen wir ja alle im selben Boot", sagte einmal eine und wollte mich damit auffordern, durch Verzicht auf mein Hono-rar diese Frauenarmut produzierende Maschine zu füttern. „Du magst in einem Boot sitzen", erwiderte ich, innerlich bereits mit diesem Buch beschäftigt. „Ich schwimme frei im weiten Meer. Ich kann und will euer Boot nicht ziehen und nicht schieben." Ich for-derte mein Ausfallhonorar und ging. Ich stärke keine Frauen, die meine Arbeitskraft benutzen, um patriarchal funktionierende Biomaten zu bleiben. Ich finanziere keine Projekte, die Frauen-armut produzieren, auch nicht indirekt.

Ich bin mir mittlerweile des Werts meiner Arbeit bewußt. Es war schwer genug, an den Punkt zu gelangen, an dem ich ihn endlich einfordern konnte. Aber ich habe inzwischen keine Angst mehr vor dieser eigenartigen patriarchalen Energie, die in Form von bedruckten Zetteln und Zahlenkolonnen in Computern im Umlauf ist. Es ist gut und richtig, berechnend zu sein. Auch das ein Glaubenssatz: Frauen, die berechnend sind, sind verachtens-wert. Ich bin anderer Ansicht. Wären Frauen berechnender, wür-den sie sich in einem ruhigen Augenblick hinsetzen und eine echte Aufrechnung machen, kämen sie im Zusammenhang mit dem Fluß von Lebensenergie vielleicht auf interessante Zahlen. Die Zauberfrage, die dich näher an deinen virtuellen Glaubenssatz bringt, lautet: Wieviel Prozent Lebensenergie geht in deine Part-nerIn, deine Kinder, deinen Job? Wieviel Prozent bekommst du zurück? Nenn ganz konkrete Zahlen. Wenn du lange dran herum-denkst, versuchst du gerade, dich selbst zu betrügen. Weißt du keine Zahl, dann nenn irgendeine und verlaß dich drauf, die Zahl, die du ohne langes Nachdenken nennst, stimmt haargenau.

Wenn du dann eine Menge Begründungen findest, warum das Zahlenverhältnis so unausgewogen ist, bist du gerade auf dem besten Weg, die Welt wieder in den Zustand zu versetzen, in dem du sie haben mußt, um deinen inneren Glaubenssätzen folgen zu können.

Es ist fast immer Angst, eine Art von Verhinderungsmagie, die diese inneren Glaubenssysteme nährt und am Leben hält. Es ist die Angst vor Veränderung, die Angst vor Auslöschung, die Angst vor Macht und Verantwortung (auch die Angst vor dem Dasein), die Angst, nicht zu genügen, die Angst, Überzeugungen und Wahrheiten aufgeben zu müssen (was einhergeht mit der Angst, verrückt zu werden), und vor allem die Angst, verlassen und ausgegrenzt zu werden. Mehr Frauen, als wir ahnen, haben Angst davor, glücklich zu sein, was eine andere Bezeichnung dafür ist, einfach froh in der Gegenwart zu leben.

Die Frage ist, wie erkennt eine die inneren Glaubenssysteme – die eigenen wie die fremden? Wie kann sie sie auflösen, d.h. in die Gegenwart hineinfinden? Sie an anderen zu erkennen, ist weitaus leichter als bei sich selbst – vorausgesetzt, es handelt sich nicht um die Bezugsperson. Diese wird aller Erfahrung nach in das eigene abstruse System eingebaut und selten klar als die gesehen, die sie ist. Manchmal ist es ganz einfach. Vor kurzem hörte ich eine Lesbe sagen, sie bekomme keine Kinder, weil die eine intakte Familie mit Mutter und Vater zum Aufwachsen brauchen, und die könne sie nicht bieten. Häufig enttarnen sich die Glaubensessenzen nicht so deutlich. Hilfreich ist es, die Aufmerksamkeit erwachen zu lassen, sobald um Standpunkte gekämpft und gerungen wird. Wenn die Kommunikation vorwurfsvoll, anklagend, rechtfertigend gerät, geht es um den inneren Katechismus. Ebenso, wenn Hoffnung auf zukünftige Einsicht uns nährt oder wenn wir Dritten gegenüber beschönigen, verschweigen, leugnen und verzerren.

Im Herzen der Wahrheit befinden wir uns, wenn wir uns mit unserem tiefen emotionalen Wissen verbinden. Ein Begriff, der die Verbindung zum wahren Selbst und zum kosmischen Selbst bezeichnet, also den Bereichen unseres Wesens, in denen wir fühlend wissen. Wie diese Verbindung hergestellt werden kann, werde ich im Verlauf dieses Buches zeigen. Vorerst jedoch gilt es, uns auf unserem Kurs auf das offene Meer durch nicht ganz ungefährliche Gewässer lotsen zu lassen, die Riffe und Untiefen bergen.

Drittes Kapitel
VON DER ÜBERLEBENSSTRATEGIE
ZUM BEWUßT ERFAHRENEN LEBENSPROZESS

Ein Wind weht von Süden
Und zieht mich hinaus aufs Meer
Mein Kind, sei nicht traurig
Fällt auch der Abschied schwer

Solange wir noch von den eigenen Glaubensgrundsätzen und Überlebensstrategien gefangen genommen sind, befinden wir uns nicht im Herzen der Wahrheit, sondern an einem abgelegenen düsteren Ort am Rand des Lebens, und das auf einem Planeten, der eine Scheibe ist, was heißt, wir können jederzeit hinunterstürzen ins Nichts. Ich will ihn das Herz der Finsternis nennen. Das ist ein fürchterlicher Ort, vor dem es viele graut, und wiederum andere haben sich dort häuslich eingerichtet, denn sie wissen gar nicht, wie schön die Welt sein kann. Das Herz der Finsternis ist kein realer Ort und auch keiner, den wir als schlecht und falsch bezeichnen sollten, sondern nur als finster.

Er darf auch nicht als das Dunkle verstanden werden, so wenig wie die Wahrheit im Licht angesiedelt werden darf. Gern wird ja das Weibliche dem Dunklen, Finsteren gleichgesetzt, während das Männliche mit dem Licht in Verbindung gebracht wird. Das sind die alten häßlichen Polaritäten des Patriarchats, die uns nicht helfen. Es ist nicht möglich, Tag und Nacht gegeneinander zu setzen. Das Herz der Finsternis mag zum Fürchten sein, verurteilen, ablehnen, leugnen kannst du es trotzdem nicht. Damit will ich sagen: Dieser Ort gehört auch zu deinem Reich des Seins, ein bewußter Aufenthalt dort, wo das Leben unendlich fern von Leichtigkeit und Heiterkeit zu sein scheint, lehrt dich vieles, das du woanders nie lernen könntest. Hier wäscht du dich rein von allen Illusionen, altem Schmerz und Wahn, dumpfer Angst. Pluto, Kali, Hekate sind die Kräfte, die hier regieren. Genauer gesagt: Exakt hier landest du, wenn Transformation dich ereilt. Darüber hinaus solltest du dich dort nicht aufhalten, denn wie gesagt, es ist weit entfernt vom Herzen der Wahrheit und viel zu nah am Rand der Scheibe.

Es ist doch ganz klar: Es ist nicht nur wünschenswert, sondern überlebensnotwendig, irreale, nicht auf eigener und reifer Erfahrung beruhende Glaubens- und Wertvorstellungen loszuwerden und Überlebensstrategien aufzugeben, weil sie nicht geeignet sind, uns in der Gegenwart leben zu lassen. Sie sind das Notprogramm für ein vom seelischen Tod bedrohtes Kind, das du in vergangenen Zeiten gewesen bist, das also nicht mehr lebt. Sie sind der Versuch, eine andere zu werden, als du bist und sein kannst. Es ist aber ebenso klar, daß der Weg von der Überlebensstrategie zum bewußt erfahrenen Lebensprozeß zu eben diesen Todesängsten eines Kindes hinführen muß. Was wir nicht wirklich nachempfinden können, solange wir uns noch *vor* der Berührung unserer Todesängste und noch weit entfernt von dem seelisch integrierten Lebensprozeß befinden, ist die Tatsache, daß dieser Weg die Ängste nur berührt, sozusagen kreuzt und danach leicht und frei in die Weite führt. Und wüßten wir es auch, es würde nicht helfen, denn du mußt das Herz der Finsternis betreten, mußt untergehen; mußt das alte Ich sterben lassen; deine größte Angst, deinen größten Schmerz zulassen. Und darauf hoffen, daß etwas übrigbleibt, das gewandelt aufersteht und frei wird.

Von diesem Ort bin ich erst vor einigen Wochen wieder einmal zurückgekehrt. Seine Erde klebt noch an meinen Schuhsohlen, so nah sind mir alle Erlebnisse, die ich dort hatte. Ich spüre mich noch auf dieser Bühne sitzen, in einem der düstersten Gebäude, die ich je betreten habe. Das Publikum – ich kann es nicht erspüren. Es hat keine Schwingung, auf die ich antworten kann. Ich könnte auch auf der singenden Säge spielen oder von einem Aufenthalt bei den Yamami am oberen Orinoko berichten. Vor den Augen aller versuche ich, in der aufsteigenden Flut nicht verlorenzugehen. Auf unbeleuchteten Straßen mußte ich dort allein und unbegleitet gehen, in denen mir Trupps junger Männern mit Glatzen, Bomberjacken und Doc-Martin-Stiefeln begegneten, die in dieser Stadt wie nirgendwo sonst zum Alltagsbild gehören. Noch nie, seit ich als Autorin auf Lesereise unterwegs bin, habe ich mich so unwillkommen, so zurückgewiesen, so gleichgültig und lieblos behandelt gefühlt wie dort. Einzig eine junge Frau, die ich flüchtig kannte, schenkte mir eine Karte, auf der das Wort „Geborgenheit" stand. Es machte meine Verlassenheit, den Verrat, den ich erlitten hatte, noch deutlicher. Im Herzen der Finsternis. Am äußersten Rand der Scheibe. Am nächsten Morgen reiste ich in die Stadt Saturnias. Ihre Erdenschwere verhinderte, daß ich verdrängte, und zwang mich, mich durch das Erfahrene durchzuarbeiten. Leichter wurde dadurch nichts.

Hat es sich wirklich so zugetragen? War der Ort der Lesung wirklich so düster? Hatte ich mir alles nur eingebildet? Oder war es vielmehr die Projektion meines eigenen inneren Zustands? Ich versuchte, mich der Aufgabe, vor der ich stand, würdig zu erweisen und nicht zu den alten, viel verwendeten Lösungen zu greifen. „Die Königin in dir wird genau dort geboren werden, wenn du alles richtig machst", höre ich meine Coach sagen. So hielt ich stand, zerbrach nicht, hielt den Kopf hocherhoben und wartete auf den Silberstreif am Horizont.

Augenblicklich kann ich wahrnehmen, was ich verloren habe, welche ich nicht mehr bin. Ich sehe aus dem Fenster auf den Schlangenberg und sehe im Geist die Frau, die ich bis vor kurzem war. Ich sehe mich am Ende dieses Sommers, Orangeneis essend, der Ziegenbock zu meinen Füßen, barfuß, braungebrannt, mit den Gästinnen plaudernd, lehrend, kochend, am Feuer, im Pool, in dieser und der Anderswelt. Sehe es und weiß, diese Frau, die ich war, bin ich nicht mehr. Sie ist gestorben. Es wird sie nie mehr geben. Als ich das Herz der Finsternis betrat, war der Zeitpunkt gekommen, der ihr Ende bedeutete. Es war leidvoll und schwer. Furcht und Schrecken stecken noch in meinen Knochen. Aber ich habe es auch diesmal überlebt, bin wieder einmal über meinen Schatten gesprungen, meinem Selbst, dem wahren Selbst ganz nahe gekommen. Aber noch weiß ich nicht, welche ich in Zukunft sein werde. Das ist ja auch ganz richtig, denn das Schiff ist noch nicht am Ende der Reise angekommen. Auf jeden Fall kann ich spüren, was mir angekündigt worden war, welchen Aspekt diese Transformation zum Erwachen und Erblühen gebracht hat. Es ist die Königin in mir, die ihren Platz einnimmt, sich zu ihrer Größe und Pracht aufrichtet und einlädt, in ihr Reich der Gedeihlichkeit zu kommen, wo es Raum für viele gibt.

Ich habe lange überlegt, ob ich ganz öffentlich in einem Buch meine eigene Überlebensstrategie sichtbar machen soll, ob es sinnvoll ist, von meiner virtuellen wie mein Leben konterkarierenden inneren Glaubensessenz zu sprechen und ob meine Erfahrungen mit Transformation es wert sind, zum Hauptthema eines Kapitels gemacht zu werden. Aber dann habe ich mich an meinen Grundsatz erinnert, wenn es darum ging, die Kompetenz von Menschen, die in den sogenannten heilerischen Berufen arbeiten, zu beurteilen. Ausschlaggebend war für mich stets, ob eine Person weiß, wovon sie spricht, d.h. ob sie in dem Bereich, in dem sie sich bewegt, authentisch ist. Viele lernen viele Psycho-Techniken und stützen sich auf vielerlei Theorien und Gedankenmodelle, aber das heißt noch gar nichts. Wenn das Wasser wissen will, was Wasser ist, macht es keine Wasserausbildung. Wenn eine vom Herzen der Finsternis spricht, sollte sie deutlich machen, daß sie selbst dort gewesen und siegreich zurückgekehrt ist.

Selbstverständlich bin ich mehr als einmal durch eine große Transformation gewirbelt worden, wie alle anderen Menschen auch. Die ersten, die mich in den Wandel zwangen, kamen als unerwartete Schicksalsschläge in mein Leben. Deshalb und weil ich so jung war, waren sie schwer zu ertragen. Ich erlebte alles als etwas Fremdes, das von außen auf mich zukommt. Meine Mutter starb. Wenige Jahre später verließ mich mein liebesunfähiger und nichtsnutziger Gatte für eine andere. Ich erlebte Verlassenheit, Verrat, Zurückweisung, Lieblosigkeit, Existenzangst, Einsamkeit. Natürlich konnte ich nicht wissen, daß ich dies nicht zum ersten- und auch nicht zum letztenmal erlebte, sondern daß es sich um Lebensthemen handelte, die etwas mit dem Werden meines Seins zu tun hatten. Die da wurden in jenen frühen Jahren, waren die Liebende, die Mutter, die Amazone. Später kamen die Händlerin, die Denkerin und die Künstlerin dazu.

Die Möglichkeiten, mich bewußt in eine Transformation zu begeben, waren mir noch völlig unbekannt. Mit Mitte dreißig kam die große Chance, endlich zu begreifen, wozu schwere Zeiten gut sind, in denen sich alles verändert, nichts mehr gelingen will und sich alles gegen dich verschworen zu haben scheint. Ich kam einmal mehr ganz unten an, betrat das Reich der Finsternis und starb tausend Tode. Die Kräfte der Wissenden, der Priesterin und der Heilerin kamen in mein Bewußtsein. Seither kann ich akzeptieren, daß die einzige Sicherheit im Leben darin besteht, ohne Wenn und Aber in eine Krisenzeit hineinzugehen, Transformation zuzulassen.

Was heißt zulassen! Wie gesagt, Transformation geschieht sowieso. Es braucht unsere Zustimmung nicht. Was die Zustimmung, das Zulassen, Loslassen bewirken, ist lediglich, daß du eventuell darauf hoffen kannst, daß es nicht so schwer wird. Es erleichtert die Erfahrung sozusagen. So wurde auch die weise Alte in mir wach.

Wenn einer das eine zu beunruhigende Schilderung ist, soll sie wissen, daß sie sich in bester, vor allem in zahlreicher Gesellschaft befindet. In meinem ganzen Leben ist mir noch keine Person begegnet, die nicht versucht hätte, vor Transformation zu flüchten, und nicht beträchtlichen Aufwand betrieben hätte, um die gute alte Überlebensstrategie nicht aufgeben zu müssen. Von den inneren Glaubenssystemen ganz zu schweigen, von denen wir meist noch nicht einmal ahnen, daß wir sie haben.

Die Mittel, zu denen wir greifen, um nicht zu wachsen, sind Verdrängung, Projektion, Rationalisierung, Abwehr-Pessimismus und Dogmatisierung.

Verdrängung funktioniert einfach und buchstäblich. Etwas, das nicht in deinem Bewußtsein sein soll, wird verdrängt, ausgeblendet. Es ist, als sei es nicht da. Du weißt es nicht. Du fühlst es nicht. Wirst du drauf angesprochen, leugnest du aus bestem Wissen und Gewissen. Da ist nichts. Alles in Ordnung. Keine Probleme.

Bei der Projektion erkennen wir in anderen Menschen jene Eigenschaften unseres Wesens, die wir aus naheliegenden Gründen nicht als die eigenen anerkennen wollen. In diesem Fall verdrängen wir nicht, d.h. schicken das, was uns an uns selbst nicht gefällt, weil es schmerzt oder Schrecken oder Scham bedeutet, nicht ins Nichts, sondern trennen es erst bei uns ab und nehmen es dann als Eigenschaft wahr, die anderen gehört. Es müssen nicht immer die negativen Eigenschaften sein. Auch die positiven Seiten, die du an anderen bewunderst, haben mehr mit dir zu tun, als dir vielleicht bewußt ist.

Wenn du rationalisierst, schickst du deinen Verstand vor, um Gefühle zu eliminieren und Bewegendes, meist Schmerzhaftes oder Traumatisches zu entwerten, um sie nicht annehmen zu müssen. Dann ist der Zustand der Erleuchtung, den du erlebst, im nachhinein eine Frage von Blähungen gewesen. Aber auch Trauer und andere unangenehme Gefühle werden auf diese Weise kleiner, wenn nicht gar plattgemacht.

Der Abwehr-Pessimismus besteht darin, daß du im vorhinein Veränderung negierst. Dann bin ich zu alt, um mir noch ein Tattoo machen zu lassen. Oder eine kann sich einfach nicht vorstellen, daß Magie funktioniert. „Das wird doch nie etwas!" ist ein typischer Ausruf. Dahinter verbirgt sich der Versuch, nicht zu fühlen und die Bewegung, die das zur Folge hätte, aus Angst vor weiterem Schmerz, Enttäuschung, Verlust etc. zu vermeiden.

Dogmatisierung dagegen erklärt das, was eine Person weiß oder erfahren hat, zur einzigen großen objektiven Wahrheit und bereitet damit jeder weiteren Entwicklung den Tod. Dogmatische Menschen sind insgeheim von der Ansicht gequält, daß das Leben ohne Sinn sein und ihr Selbst in organisch gewachsener Vielfalt und unübersichtlich fließender Energie überwältigt und ausgelöscht werden könnte. Sie müssen die Unendlichkeit des Universums abwehren, weil es sie selbst – vermeintlich – so klein macht.

Abwehr-Pessimismus und Dogmatismus entsprechen nicht so sehr meinem Wesen. Verdrängung, Rationalisierung und vor allem Projektion schon eher. Mit Hilfe dieser Abwehrmechanismen habe ich meine Überlebensstrategien gehütet und am Leben gehalten. Von den dreien scheint besonders die Projektion von mir benutzt worden zu sein, um meinen geheimen Glaubenssatz über die Welt und ihren Zustand vor mir selbst zu verbergen. Das habe ich mit vielen Frauen gemeinsam, was mich darüber nachdenken läßt, ob es dafür wohl auch eine uns allen gemeinsame Ursache gibt.

Gern würde ich diesen Umgang mit meiner inneren und äußeren Welt in die Vergangenheit schieben und als erledigt betrachten. So ist es nicht. So darf eine das auch nicht verstehen. Wir kommen auf unserer Wanderung über den Lebenskreis mehrmals an die Punkte, die uns in die Transformation zwingen, es sind immer dieselben, auch wenn sie sich anders darstellen. Verlassenheit, Verrat, Zurückweisung, Lieblosigkeit, Existenzangst, Einsamkeit zeigten sich mir als Lebensthemen immer wieder. Aber eben nicht in derselben Form und nicht – wie ich früher dachte – in gesteigerter Form als Antwort darauf, es bei den vorhergehenden Berührungen nicht richtig gemacht zu haben. In der Betrachtung der Wege von den Überlebensstrategien zu den bewußt gelebten Lebensprozessen werden wir sehen, daß es richtig und falsch nicht gibt. In Fragen des Seins kann eine nichts falsch machen.

Es geht eher darum, im Zusammenhang mit den Lebensthemen alle Erfahrungen zu machen, die möglich sind, und zwar unter Einbeziehung des früher Gelernten. Was dir als Steigerung der immer gleichen Probleme vorkommt, kann auch so verstanden werden, daß dir das Leben mit zunehmender Lebenserfahrung und daraus entstandener Reife immer diffizileren Umgang mit deinen Lebensthemen zutraut. Mit jeder Transformation wird ein neuer Aspekt unseres wahren Selbst ins Leben gerufen und mit Identifikation versehen. Es ist auch möglich, daß ein bereits in dir erwachter Aspekt mehrfach von Transformationen in die Wandlung geschickt wird, denn auch Aspekte weiblichen Seins wachsen, reifen und entwickeln sich.

Ich möchte meine Person, mein Leben, meine Lebensthemen auch im weiteren als Beispiel zur Erläuterung dieser Gedanken nehmen. Was ich aus den frühen, nicht bewußt durchlebten Transformationen auf jeden Fall gelernt hatte, war vor allem, daß es zu überleben ist und daß eine Leid in Stärke wandeln kann. Meine Überlebensstrategie ließe sich in dem Kernsatz zusammenfassen: Jede Katastrophe muß kreativ überlebt werden. Das hat mich in der Tat in jeder Hinsicht „streßfest" gemacht. Sobald es rundgeht, dick kommt, wild wird, erwacht die Katastrophen-Frau in mir, wird kühl, klar und kundig und legt los. Dann läuft nicht nur ein Notprogramm, dann stampfe ich ganze Imperien aus dem Erdboden. So wurde aus mir eine Macherin. In jenen Jahren entwickelte ich wie gesagt die Kräfte der Amazone, der Denkerin, der Händlerin, der Mutter, der Künstlerin. Das waren recht gute Seinsqualitäten, um das Leben gelingen zu lassen. Als später die Kräfte der Heilerin, der Priesterin und der Wissenden dazukamen, schien mir mein Lebensweg so hell erleuchtet wie eine Autobahn kurz vor der Stadtgrenze. Das bedeutete aber nicht, daß es nicht noch weitere Transformationen zu erleben gab.

„Du bist eine Königin", sagte meine Coach. „Du weißt es nur noch nicht." Ich hörte sie und glaubte zu verstehen. Im Umgang mit „Königinnen" war ich im Lauf der Jahre ziemlich streßfest geworden. Es waren nicht wenige, die sich in meinem Leben bewegten. Königinnen aller Sorten, manche von ihnen regierten ihr Reich liebevoll und umsichtig, eine wandert allein über alle Berge und hat ihr Reich im Anderswo, wieder eine andere schien die Wiedergeburt von Marie-Antoinette zu sein, jener dummen, dekadenten Gattin Ludwig XIV., die auf die Tatsache, daß das französische Volk kein Brot zu essen hatte, antwortete: Dann sollen sie doch Kuchen essen. Ich kenne eine, die ich für die Wiederauflage Kaiser Neros halte. Das war jener grausame Kaiser, der sich für einen begnadeten Sänger und Dichter hielt und der in einem Anfall geistiger Umnachtung Rom anzündete. Anschließend machte er die Christen dafür verantwortlich und brachte sie um. Der Täter im Opferpelz.

An diese Königinnen meines Lebens dachte ich und glaubte zu verstehen, was meine Coach meinte. Königinnen waren mir vertraut. Kein Problem! Klar, ich war doch auch eine. Kaiserin Nero behandelte mich (und den Rest der Welt) wie ihren Lakaien. Aber das machte doch nichts! Da stand ich doch drüber! Ich mußte es halt nicht wie die anderen heraushängen lassen, daß ich auch eine bin. So, dachte ich, halten es die wahren Königinnen. Das war noch vor der Transformation dieses Jahres.

Mittendrin, weichgeklopft und weichgespült, dämmerte es mir dann. Das also waren meine Projektionen dieses Aspekts weiblichen Seins in die Außenwelt! Im Außen tummelte sich, was ich in meinem Inneren ganz und gar nicht lebte. In dem Maß, wie ich das begriff, verschwanden sie aus meinem Leben. Daß heißt, einige verschwanden buchstäblich, andere sind noch mit und bei mir, aber es sind nun andere Wesenszüge, die ich an ihnen wahrnehme und die mich beschäftigen.

Bis dahin lautete meine weitere und wesentliche Überlebensstrategie: „Du mußt die Schwachen stark machen, dann können Katastrophen nicht passieren." Sie resultiert aus der Erfahrung, eine Mutter gehabt zu haben, der das Leben mißlang und deren geheimer Glaubenssatz lautete: „Ihr müßt alles tun, was ich will, denn ich selbst bin zu schwach dazu, weil ich mich so für euch aufopfere", und ist die Antwort eines bemühten Kindes darauf, daß sie eine Katastrophe nach der anderen in meinem Leben erzeugte. Wenn ich heute, da ich selbst in die Jahre gekommen bin, diesen Glaubenssatz betrachte, wundert es mich natürlich nicht, daß ihr das Leben mißlang. Ich kann erkennen, daß eine Irre mich aufgezogen hat. Als ich ein Kind war, habe ich es für bare Münze genommen und versucht zu beantworten, zu erfüllen, was sie unausgesprochen von mir forderte. Weil in ihrer Botschaft enthalten war, daß sie für mich nicht wirklich etwas tun konnte, gehört zu meiner Überlebensstrategie auch: „Ich werde ganz allein mit allem fertig."

Ich konnte meine Mutter nicht stark machen, genausowenig wie meine Liebes- und Lebenspartnerinnen. In beiden Fällen verschwand beträchtliche Lebensenergie von mir in diesem einseitigen Bemühen. Daß ich beide Bezugspunkte in einem Satz nenne, ist kein Zufall, sondern ein Hinweis darauf, daß wir aus der Art und Weise, wie unsere Mütter und Väter mit uns umgingen, die Art und Weise entwickeln, mit der wir mit unseren PartnerInnen umgehen. Und selbstverständlich wählen wir aus den Milliarden potentieller LiebespartnerInnen immer die aus, die zu unserer Überlebensstrategie passen. Außerdem scheinen wir auf den nonverbalen Ebenen der Kommunikation schnell herauszufinden, welche bzw. wer mit welchem inneren Glaubenssatz zu unserem eigenen inneren Glaubenssatz paßt. Ich muß nicht erst noch groß betonen, zu welch desaströsen Verbindungen das führt.

Mein innerer Glaubenssatz war: „Es gibt keine Liebe für mich." Dieser heimliche Grundsatz versetzte die Welt in genau diesen Zustand, so daß ich mich bestätigt und bestärkt fühlen konnte. In bewußter Reflektion ist mir heute klar, daß dies mit Sicherheit kein Umfeld für Liebende hat sein können. Daher waren sie in meinem Leben so selten wie Perlen in einer Portion Austern. Statt dessen wurden Menschen, die unfähig waren zu lieben, von meinem Glaubenssatz angezogen wie Motten vom Licht. Wenn eine dieser liebesunfähigen Personen, die dieser Grundsatz geradezu magisch herbeirief, rudimentäre Ansätze von Zuwendung und Zuneigung zeigte, war ich tief beeindruckt und verschrieb mich in Dankbarkeit mit Haut und Haar für ein wenig Freundlichkeit. Dafür gab ich mein Leben in mafiöser Treue hin und wachte erst wieder auf, wenn ich kurz vor der Auslöschung meines Ich stand.

Warum tun Menschen so etwas? Warum verhalten wir uns so, sogar wider besseres Wissen? Bin ich so blind, verblendet, blöd? Sind alle Frauen, die an patriarchale Barrieren stoßen und sich eine Beule nach der anderen holen, unfähig, dumm, uneinsichtig und so weiter? Es gibt Empfindungen, die sich in Stoßseufzern wie „Hört das denn nie auf?" oder „Wann werde ich es endlich begriffen haben?" niederschlagen. Wie können wir das ändern? Ist es eine Frage von Einsicht bzw. Mangel derselben in die eigenen Prägungen und Strukturen? Obwohl diese Fragen sich mir wie anderen Frauen aufdrängen, halte ich den Ansatz für mehr falsch als richtig. Einsicht ist gut, aber nur ein winziger Schritt auf einem langen Weg. Und wir können immer nur soviel davon erlangen, wie es unser Reifegrad erlaubt. Außerdem geht es um viel mehr.

Wenn wir davon ausgehen, daß wir uns auf dem Weg von der Überlebensstrategie zum bewußt erlebten Lebensprozeß befinden, dann sollte sich der Fokus auf den Begriff „Weg" richten. Wenn wir weiter davon ausgehen, daß uns dieser Weg über den Lebenskreis führt, der keinen Anfang und keine Ende kennt, dafür aber die Wandlung von der Zeit als Amazone, als Fruchtbare und als weise Alte, dann steigt eine Ahnung auf, daß uns das Verhaften in der patriarchalen Polarität, die aus unvereinbarer Gegensätzlichkeit besteht, nicht die Bilder liefert, die uns die Auswege zeigen.

Polarität – eine Ausgangsposition, die in der Astrologie der Opposition entspricht – erzählt davon, daß zwei Punkte auf einem Kreis sich am weitesten voneinander entfernt befinden. Dies ist eine Position der Spannung, und ich empfinde sie als unbeweglich, starr, wenn nicht Feindseligkeit erzeugend. Abgesehen davon, daß wir aus der Astrologie lernen, daß dies nicht die einzige Sicht auf eine Situation sein kann, gibt es doch immerhin noch Aspekte wie Trigon, Quadrat, Konjunktion und so weiter, ist es wohl eher der Kreis, auf den sich unsere Aufmerksamkeit richten sollte.

Es geht eher darum, die Lebensthemen zu finden und uns mit ihrer Hilfe zu entwickeln, zu unserem Lebensplan zu finden. Meisterinnenschaft. Ich denke darüber nach, welchen Weg ich genommen hätte, wenn meine Mutter nicht so früh gestorben wäre; wenn der nichtsnutzige Gatte nicht verduftet wäre; wenn all die anderen Krisen nicht geschehen wären, die mir das Herz brachen, mich in die Knie zwangen. Auf jeden Fall wären mir die kathartischen Erfahrungen der Wandlung und die anschließende Entdeckung beglückend interessanter neuer Welten versagt geblieben. Dennoch gab es Leid, das keinesfalls notwendig war. Es resultierte aus dem Versuch, nicht einverstanden zu sein; Entwicklung und Veränderung zu vermeiden und die Berührung mit den Lebensthemen nicht stattfinden zu lassen. Dies zu erwähnen ist mir deshalb so wichtig, weil ich darauf bedacht bin, meine Definition von Transformation, Wandlung und Leid nicht in die Nähe des christlichen Leidensbegriffs gebracht zu sehen, der den Biomaten begründen soll, warum es gut ist, Biomaten zu sein.

Das Herz der Finsternis verlassen wir dann siegreich, wenn wir uns aus der mittlerweile destruktiven Umarmung unserer Überlebensstrategien befreien. Noch einmal möchte ich daran erinnern, uns in Dankbarkeit von ihnen zu trennen. Sie waren der Versuch eines Kindes seelisch am Leben zu bleiben. Hätten wir diese Überlebensstrategien nicht entwickelt, gäbe es uns heute vielleicht gar nicht mehr. Dennoch müssen wir in Betracht ziehen, daß diese Strategien nicht mehr zeitgemäß sind, um z.B. in meinem Fall mit Verlassenheit, Verrat, Zurückweisung, Lieblosigkeit, Existenzangst und Einsamkeit umgehen zu können. Diese Lebensthemen werden wir nicht los, wenn wir beginnen, unsere Probleme loszuwerden. Was sich ändert, ist unser Umgang mit diesen Themen. Die Kraft dazu kommt aus unserem Inneren, von dort, wo sich das Selbst, unser wahres Selbst befindet. Von dort, aus dem tiefen emotionalen Wissen empfangen wir das Herz der Wahrheit.

Auf der Suche nach den Lebensthemen, mit deren Hilfe sich ein Selbst in das Werden begibt, brauchen wir einen größeren Abstand, um sehen zu können. Welche allzu nah an die Dinge herangeht, verliert sich möglicherweise in den Details, während es darum geht, den Überblick über große, lebensgroße Zusammenhänge zu erhalten.

Deine eigenen, unverwechselbaren Lebensthemen findest du verborgen hinter deiner größten Angst und entlang deines tiefsten Schmerzes. Der Prozeß der Transformation, in den du dich dann begibst, verläuft auf ganz bestimmte Weise. Die psychologische Astrologin Liz Greene vergleicht es mit den vier Phasen des alchemistischen Opus. Die erste Phase ist eine Art Verbrennungsvorgang. Alles Alte, Überflüssige verbrennt in einem Feuer des Verlusts. Nach dieser Phase kommt die nächste, die vollkommene Auflösung bedeutet. Hier haben wir es mit dem Element Wasser zu tun. Der Zustand ähnelt der Auflösung durch Ertrinken in der steigenden Flut. Die alten, fest verwurzelten Einstellungen zum Leben, starr und stagnierend, lösen sich in tobenden Wassern auf. Danach kommt das Element Erde an die Reihe. Etwas Neues beginnt sich zu verfestigen. In dieser Phase scheint der Schritt in das neue Sein vollzogen zu werden. Im Anschluß geht der Prozeß in seine letzte Phase, die dem Element Luft zugeordnet wird. Das Neue, Gewordene wird ins Verstehen gehoben.

Es ist zu empfehlen, sich auf dem Weg durch eine Transformation eine oder mehrere geeignete Begleiterinnen zu suchen, um zu vermeiden, daß du auf dein altes Vermeidungsspiel hereinfällst. Du kannst dir selbst Unterstützung geben, indem du ganz bewußt herausfindest, welche Überlebensstrategie die deine ist und welche heimlichen Glaubenssätze deinen Lebensplan durchkreuzen und verhindern, daß du dich mit deinen Lebensthemen beschäftigen kannst. Untersuche genau, welche Abwehrmechanismen deine sind. Schau dir auch an, was du projizierst, verdrängst. Das ist viel einfacher, als die meisten meinen. Es möge sich eine nur einmal an einem ruhigen Abend hinsetzen und genau auflisten, was die schmerzvollsten Ereignisse in ihrem Leben waren. Schau dir die Szenerien gut an, die du da beschreibst, und finde heraus, was dir von der bösen Außenwelt angetan worden ist. Benenne die Gefühle, die diese Ereignisse in dir hervorgerufen haben. Sie führen dich auf direktem Wege zu deinen Lebensthemen. Im weiteren schaust du dir an, was du bei den schmerzvollen Ereignissen an Gemeinsamkeiten, Wiederholungen findest, und versuchst, die Essenz herauszufiltern.

Wenn du die Liste der Traumata, was ein anderer Begriff für schmerzvolle Ereignisse ist, chronologisch anlegst, wirst du sehen, daß du im Lauf der Zeit ergänzende Varianten deiner Lebensthemen berührt hast. Ebenso wirst du bemerken, daß du stets eine andere, reifere warst, wenn eine neue Krise dich in die Wandlung führte. Auch dies solltest du auflisten und eventuell bereits versuchen, die Aspekte weiblichen Seins herauszufinden, die durch die jeweilige Wandlung ins Leben, d.h. in dein Bewußtsein geholt wurden.

Vieles wird verbrannt, ertränkt werden, bevor sich das Neue verdichtet, das deinen Geist frisch belebt. Eine der vertrauten Vorstellungen, die dabei über Bord gehen müssen, ist die von Gut und Böse. Für Frauen vor allem ist es wesentlich, sich mit dem Bösen der Weiblichkeit zu beschäftigen. Lilith, der Schatten der Mondin spielt dabei eine nicht unwesentliche Rolle.

Viertes Kapitel
DAS ENDE VON „GUT GEGEN BÖSE"

Walk on water!
Walk, sister, walk on water
Live your pride and dignity
Walk on water
(Sharifa)

Ich möchte natürlich eine gute Königin sein. Da gibt es ganz klare Bilder in mir, wohltuende und herzerwärmende. Nicht unbedingt Queen Victoria, auch die Queen-Mom ist es eher weniger, aber im Grunde wollen wir doch alle Schneewittchen sein und keine die böse, eifersüchtige Königin. Wenn ich mir aber einige der Königinnen im Außen betrachte, die so lange eine Rolle in meinem Leben gespielt haben, und wenn ich dann zur Kenntnis nehmen muß, daß sie auch in der Art und Weise, wie sie Königinnen waren und sind, Teile meines bisher von mir nicht zur Kenntnis genommenen, sogar abgelehnten Innenlebens widerspiegeln, dann muß ich mich auch mit der bösen Königin auseinandersetzen. Pfui.

Ich möchte noch weitergehen. Wenn ich nicht will, daß Marie-Antoinette und Kaiserin Nero mich in Zukunft im Außen auf Trab halten, dann muß ich zwar nicht unbedingt selbst so werden, aber doch immerhin mich mit diesen Wesenszügen soweit auseinandersetzen, daß ich sie nicht als böse zurückweisen muß, während ich mich als die Gute empfinde. Die Frage ist überdies, was denn böse und was gut ist, bzw. was wir dafür halten. Wir sollten da nicht so vorschnell sein mit unseren Antworten. Klar, Mord ist böse. Aber wenn nun Hitler als Baby ermordet worden wäre? Es ist auch nicht ganz leicht, mit diesen Begriffen umzugehen, ohne erweckungskirchlicher Ambitionen verdächtigt zu werden. All den Haß, die Zerstörungslust, den Erniedrigungsdrang, die Benutzermentalität, das Gift, das buchstäbliche wie das metaphorische, im Umgang mit Mensch, Tier und grünen Lebewesen einfach nur das Böse zu nennen, ist schon kühn. Es hat, glaube ich, etwas damit zu tun, daß wir so unbedingt die Guten sein wollen und als diese versuchen, das Böse aus der Welt zu schaffen, indem wir es ignorieren, verkleinern, verniedlichen, verharmlosen. Wir erklären das Böse gern für krank, und nur selten wird bemerkt, daß wir es damit rechtfertigen. Das betrifft vor allem die große Tätergruppe der Kriegführenden, der Vergewaltiger (wozu wir den üblicherweise so bezeichneten sexuellen Mißbrauch mitrechnen wollen) und ebenso die Täter weiblichen Geschlechts, die in Frauenhaß und Frauenverachtung den männlichen Tätern nicht nachstehen. Herzzerbrechend empfinde ich, daß im letzteren Fall es sich um Selbsthaß und Selbstverachtung handelt, die sich auf diese Weise ihren Weg in die Welt suchen.

Wir mögen das Böse nicht benennen. Es sieht aus, als scheuten wir den Umgang damit und delegieren das an die, denen es vor nichts ekelt, denken wir nur an die Existenz von Schlachthäusern, Gefängnissen und Ehen. Wir weichen dem Bösen aus, obwohl oder sogar weil wir die nette Form des bösen Mädchens entdeckt haben. Von dieser Form scheinen Chefs und Ehemänner ganz gut zu profitieren, immerhin gibt es welche, die ihren Mitarbeiterinnen und Gattinnen gern mal ein „Böses-Mädchen-Seminar" spendieren. Das alles ist ziemlich harmlos und stört die Geschäfte in der Biomatenwelt nicht sonderlich. Das Böse ist aber wirklich böse, es ist in der Welt, und es ist auch in uns. Das ist kein angenehmer Gedanke. Die alte Frage taucht wieder auf: Sind Frauen auch böse Menschen? Sind sie nur deshalb nicht gewalttätig, weil sie das gedeckelte, kleingehaltene Geschlecht sind? Wie fies können Frauen sein, wenn man sie nur ließe? Ich würde gern ausweichen, mir mein kritiklos positives Bild von Frauen erhalten, denn ich liebe diese wunderbare Sorte Mensch, aber dann kommt mir Kaiserin Nero in den Sinn. Und auch meine Ausrede, es handele sich um eine Ausnahmeerscheinung hält nicht stand. Ich sehe sie umringt von Scheinheiligen, die ihre Stunde kommen sehen, sobald Kaiserin Neros Daumen nach unten zeigt.

Es gibt viele Möglichkeiten, dem Bösen in dir auszuweichen. Eine ist, die Königin des Mobbing zu werden. Das ist ein moderner Begriff für eine uralte Schweinerei. Machen wir uns nichts vor. Mobbing und alle Varianten intriganten Verhaltens sind die weibliche Form der Gewalttätigkeit. Wegschauen, nicht aufbegehren, stillhalten, wenn eine andere gemobbt wird, ist auch gewalttätig.

Es gibt nicht wenige heimliche Täter unter den Frauen (und hier wollen wir die männliche Form einmal absichtlich stehen lassen), die sich darauf spezialisiert haben, psychische Mißhandlung anzuwenden, und andere, die freuen sich, wenn andere dies schmutzige Geschäft erledigen, während sie mit abgewendetem Gesicht aus den Augenwinkeln zuschauen dürfen. Weibliche Täter und ihre Mitläuferinnen, Mittäterinnen. Wenn es gar um Rufmord geht, tut so manche mit, die die, welche sie rufmordet, nicht einmal kennt. Ich bin immer wieder überrascht, mit welcher fraglosen Bereitschaft Frauen in das Rufmordgeschäft einsteigen. So mancher prominenten Ikone der Frauenbewegung ist dies widerfahren, und auch ich bin schon zur Zielscheibe für giftige Pfeile aus dem Hinterhalt geworden. Ich frage mich, ob wir Frauen das hinterhältige Geschlecht sind?

Welch unglaubliches Aggressionspotential muß dahinterstekken! Und damit meine ich noch nicht einmal all den Zorn und Frust, der sich logischerweise in jeder einzelnen Frau stauen muß, die in patriarchalen Strukturen lernen muß, das zweitrangige Geschlecht zu sein. Ich habe Frauen immer für das kämpferische, offensive Geschlecht gehalten. Wie auch nicht? Ohne ein gewisses marsianisches Aggressionspotential kann keine Mutter ihr Junges beschützen und verteidigen. Ohne ein gesundes Aggressionspotential kann keine Frau ihre Interessen vertreten, ihren Weg erfolgreich gehen, ihre Träume Wirklichkeit werden lassen. Kann frau dies nicht in sich anerkennen, geschweige denn ausleben, dann nimmt diese Kraft merkwürdige Wege.

Das muß nicht unbedingt eine Karriere als feige mobbende Heckenschützin sein. Du kannst auch verrückt, d.h. wahnsinnig werden. Vielleicht ziehst du es aber auch vor, die Gegenposition des Opfers zu beziehen. In allen Fällen hast du Probleme mit dem Bösen, genauer: Du leugnest das Böse in dir. Und vor allem: Du bist nicht bereit, die Verantwortung für das Böse in der Welt zu tragen, du Gute du. Das sind große Worte und selbstverständlich ist es auf den ersten Blick gar nicht so offensichtlich, wieso Frauen – auch – die Verantwortung für die Existenz des Patriarchats mit all seinen Auswüchsen tragen, um einmal auf die großen Zusammenhänge zu verweisen. Und warum dies auch für das einzelne, private, individuelle Frauenleben gilt. Was uns zurückschrecken läßt, ist die Schuldfrage. Welche lädt sich schon gern Schuld auf die Schultern für Dinge, die sie gar nicht getan hat. Wir kennen das ja. Am Ende sind die Frauen stets an allem schuld, allen voran die Mütter. Aber gerade das sollte uns nachdenklich machen, daß das Patriarchat als System und einzelne Vertreter recht großzügig mit Schuldzuweisungen sind, weil sie damit die Aufmerksamkeit davon ablenken, daß sie möglicherweise die Verantwortung tragen. Verantwortung darf mit so destruktiven Begriffen wie Schuld nicht verwechselt werden.

Schuld und Verantwortung sind einander so wesensfremd wie Kaiserin Nero und ich. Schuld ist das Kind der patriarchalen Polarität von gut und böse, richtig und falsch, schwarz und weiß. Schuld ist so grau, wie die Mischung aus diesen beiden nur sein kann. Das mit der Schuld funktioniert so: Eine Gute tut etwas Böses. Die Gute, die böse ist, macht sich dadurch schuldig. Dann wird sie bestraft. Oder sie ent-schuldigt sich. Dann ist alles wieder gut. Bis zum nächsten Mal. Sie kann sich aber auch so sehr mit Schuld beladen haben, daß sie ein Leben lang schuldig bleibt. Dann wird es nie mehr wieder gut, und sie bleibt auf immer die Böse. Strafe, Entschuldigung oder lebenslange Schuld gibt es natürlich nur, wenn sie erwischt wird oder sich bekennt.

Mich hat immer sehr beschäftigt, wie das ist mit der Schuld, zum Beispiel wenn eine/einer nicht erwischt wird. Ist die Schuld dann weniger? Oder angenommen, einer/eine hat gemordet, wird aber nur wegen Totschlags verurteilt. Vermindert das wirklich die Schuld? Das komplizierte Prinzip der Rechtsprechung führt das Ganze vollends ad absurdum, indem es Schuld in unterschiedliche Konfektionsgrößen und dafür passende Strafeinheiten einteilt.

Das Prinzip Schuld verhindert Verantwortung, darum geht es. „Du bist schuld, daß aus mir keine berühmte Künstlerin wird", sagt X. Und Y reagiert mit Schuldgefühlen. Das drückt sich darin aus, daß sie versucht, sich etwas kleiner zu machen, um X Raum zu geben, eine Künstlerin zu werden. Natürlich klappte es trotzdem nicht. Und wenn Y sich auch auflösen mag, es wird keinen Einfluß darauf haben, ob X eine Künstlerin wird. Das ist ein albernes Beispiel. Es ist so albern, weil wir alle diese Situationen gut kennen, entweder aus der einen Position oder aus der anderen. Eine andere Art Schuldgefühle zu entwickeln, ist vielen Frauen ebenfalls vertraut. Als alleinerziehende Mutter hatte ich Schuldgefühle, weil ich es nur unter größten Mühen schaffte, Job, Studium und Kind nebst Haushalt unter einen Hut zu bekommen. Ich hatte schwere Schuldgefühle, weil ich arbeiten ging. Wortreich erklärte ich, daß eine ja die Familie ernähren müsse. Aber in Wahrheit ging ich gern arbeiten. Ich wäre in jeder Hinsicht verkümmert, wenn ich ausschließlich Mutter gewesen wäre.

Schuldgefühle, die kleine private Abwandlung des Prinzips Schuld, sind eine bequeme Sache. Sobald eine in meinem Beisein von ihren Schuldgefühlen spricht, werde ich ärgerlich. Ich mag Ent-Schuldigungen nicht und habe die Erfahrung gemacht, daß gerade MißhandlerInnen MeisterInnen der überzeugenden, geradezu brillanten Entschuldigung sind. Das sollte uns zu denken geben. Meist gilt unser Verdruß denen, denen es schwerfällt, sich zu entschuldigen. Das ist nicht gerecht. Die Alarmglocken sollten läuten, sobald wir eine gekonnte, herzerwärmende, Zärtlichkeit verströmende, rosenbekränzte Entschuldigung serviert bekommen. Sei sicher, die nächste Mißhandlung ist schon in Vorbereitung.

Wenn wir es ganz genau nehmen, und wir sollten es ganz genau nehmen, dann gibt es das Böse natürlich gar nicht. Genausowenig wie das Gute. Sie sind psychotische Aufspaltungen von Lebensenergie. Die Chancen, das Böse zu besiegen, sind darum gleich Null. Welche Chancen hätte das Licht, gegen die Finsternis zu siegen? Der Kampf des Guten gegen das Böse (und umgekehrt) ist eine psychotische Weltsicht. Wenn wir das Böse loswerden wollen, müssen wir neue Wege beschreiten.

Wir befassen uns nicht damit, das Böse zu benennen, zu bekämpfen. Wir befassen uns nicht damit, auch böse zu werden. (Was für eine dummsinnige Vorstellung!) Wir befassen uns damit, Polarität, die das Böse wie das Gute erzeugt, indem sie beide gegenüberstellt, im Denken, Fühlen und Handeln abzuschaffen, zu überwinden. Polarität, die Entweder-Oder-Haltung, ist auf die Existenz des Gegenpols angewiesen. Polarität erlaubt eigentlich keinerlei Bewegung, und wenn, dann ist es wie ein Tango, bei dem die Partner aneinandergekettet sind. Keine Position kann gewechselt werden, ohne daß die andere nicht mitgeht und den spannungsgeladenen Platz gegenüber einnimmt. Diese dichotomen, d.h. sich ausschließenden Gegensätze sind ein reichlich beschränktes System, das die Dinge so lassen muß, wie sie sind, sonst kommt das Ganze ins Schwanken. Was macht das Licht ohne Finsternis? Was macht die Polizei ohne Verbrecher? Was der Arzt ohne die Kranken? TherapeutInnen leben von psychischen Problemen und nicht davon, daß sie verschwinden. LehrerInnen, die nur gute SchülerInnen haben, kriegen die Sinnkrise. Dieses System erlaubt Schneewittchen nicht, sich angemessen zu wehren, also, sagen wir mal, den vergifteten Apfel mit einem gezielten Wurf an den Kopf der bösen Königin zu befördern. Es fördert aber die Existenz von mehr und mehr Bösem in der Welt. Denken wir nur mal daran, worin die Strafe für die böse Königin im Märchen bestand. Sie mußte in rotglühenden Eisenschuhen tanzen. Sadismus pur – entstanden in den Köpfen derer, die das Gute in der Welt wollen, indem sie das Böse bestrafen. Pfui.

Oder denken wir an Lilith. Sie ist die Göttin der persönlichen Unabhängigkeit. In der hebräischen Mythologie wird erzählt, daß Gott erst sie erschuf und dann Adam. Als sie Adam zum ersten Mal erblickte, ging der Streit gleich los. Sie vermochte keinerlei Sympathien für ihn zu empfinden. Als er dann auch noch von ihr verlangte, sie sollte sich unterwerfen, war es endgültig aus. Sie überließ ihn seinem Schicksal, erhob sich in die Lüfte und flog weit fort ans Rote Meer. Der gute alte Adam rannte sofort zu Gott und beschwerte sich über Lilith. Dieser erklärte sie erstens für böse, und zweitens drohte er ihr, täglich Hunderte ihrer Kinder zu ermorden, um sie zur Rückkehr zu zwingen. Aber Lilith ließ sich nicht erpressen. Sie blieb sich selbst treu, obwohl Gott seine Drohung über Jahrtausende hinweg wahrmachte. In der Astrologie gilt sie heute als der Schatten des Weiblichen, d.h. des Weiblichen, wie Eva weiblich war. Dienend, einfühlsam, passiv und nett. Wer und welche ist nun gut und wer und welche böse?

Bei Liz Greene habe ich eine Geschichte gefunden, die viel Licht in die Finsternis der Polaritätenwelt bringt. „In den Veden steht die Geschichte einer Schlange, die ein Dorf in Angst und Schrecken hält. Sie beißt und tötet die Menschen. Ein Weiser kommt in den Ort und verkündet seine Botschaft der Liebe und des spirituellen Lebens. Eine seiner Ansprachen bekommt auch die Schlange zu hören, und sie ist so bewegt, daß sie beschließt, die Lehre der Liebe in die Praxis umzusetzen. Sie erlebt eine Art

Durchbruch und gelobt, von nun an keinen Menschen mehr zu beißen oder zu belästigen. Gut einen Monat lang zeigt die Schlange das Verhalten einer Heiligen. Der Weise war inzwischen in ein anderes Dorf weitergezogen. Schließlich kommt er erneut in die Heimat der Schlange. Er begegnet dem Tier, aber das einst mächtige, furchteinflößende Reptil ist in einem jämmerlichen Zustand – geschlagen, getreten, umhergestoßen und ausgenutzt. Die Schlange schleppt sich zum Weisen und spricht: „Ich will mein Geld zurück. Ich habe deine Philosophie der Liebe und des spirituellen Lebens versucht, und du kannst selbst sehen, wohin es mich geführt hat. Ich sollte jetzt eigentlich erleuchtet sein, aber statt dessen, sieh doch selbst, bin ich halbtot."

So kann es zugehen in der Welt von Gut und Böse. Was soll die Schlange machen? Wieder böse werden? Sich von beiden Enden der Polarität ihren Anteil holen? Es liegt nahe, das Prinzip der Polarität gegen das esoterische Prinzip „sowohl als auch" auszutauschen. Ich denke an Kaiserin Nero und überlege, was geschähe, wenn ich mir vom anderen Ende der Polarität meinen Anteil an Bösesein holte und in mein Sein integrierte. Ich verlagere es also nicht mehr in die Außenwelt, sondern erkenne an, daß es auch in meinem Inneren existiert. Ich muß es nur noch ausleben. Das ist gar nicht mal so schlecht, glaube ich. Die Sache ist nur: Es ist noch immer Teil des polaren Denkens. Auf einmal wird mir kalt. Ich denke an die Polarkappen der Erde und habe das Gefühl, daß in der subjektiven Erfahrung zwischen Nord- und Südpol kein großer Unterschied ist. Kalt ist es auf beiden Positionen.

Was immer wir tun, solange wir polar denken, läuft jeder Versuch der Veränderung lediglich auf einen Polsprung hinaus. Die Achse als trennendes Element, das die beiden voneinander fernhält, bleibt. Dieses Prinzip macht jede, die darin lebt, zu seiner Gefangenen. Mir wird heiß wie am Äquator, wenn ich den polaren Gedanken weiterdenke: Wenn ich nun böse werde, wird dann Kaiserin Nero automatisch gut? Niemals, denke ich, und zwar deshalb, weil ich es ihr nicht gönne, nach so vielen Malen, daß ihr Daumen nach unten zeigte und Rom nun niedergebrannt ist. Ich schinde mich ab, um böse zu werden, und sie erhält das Geschenk des Gutseins als unverdientes Ergebnis meiner Bemühungen? Nein, nein, die Gute bin ich. Alle Welt soll das wissen. Was will ich, wenn ich so dächte? Schuldsprüche? Strafe? Genugtuung? Satisfaktion nannte man es früher, als Männer sich noch zu duellieren pflegten. Wohin führt das in letzter Konsequenz, wenn wir den Gedanken gründlich zu Ende denken? In die Vendetta, Blutrache, eine der archaischen Kommunikationsformen des Patriarchats. Auf diese Weise sorgt das Gute dafür, daß das Böse in der Welt bleibt. Das kann eine nicht wirklich wollen.

Gern wird die patriarchale Polarität als Dualität und diese als naturgegebenes Prinzip hingestellt. Vielleicht ist sie tatsächlich naturgegeben. Aber mit der Dualität hat sie sowenig zu tun wie eine astrologische Opposition mit einer Konjunktion. Bei der Opposition stehen sich zwei Prinzipien, zwei Qualitäten spannungsgeladen gegenüber und üben auf diese Weise Druck aufeinander aus. Bei der Konjunktion stehen sie nah beieinander und potenzieren sich auf ihre Weise gegenseitig. Sie stärken, ergänzen und beeinflussen sich. Das entspricht in der Tat dem dualen Prinzip.

Wir wollen dies nun nicht in Gegensatz zum Prinzip der Opposition stellen, sondern eher unsere Aufmerksamkeit auf die Tatsache lenken, daß die Astrologie viele Aspektierungen, die hier als Formen der Beziehung zueinander verstanden werden sollen, kennt. Wenn wir uns jenseits der Fachbegriffe und unbelastet von Vorurteilen mit dem Denkprinzip auseinandersetzen, aus dem die moderne Astrologie besteht, kommen wir zu einer Lebenssicht, die ein vielfältiges Beziehungsgeflecht enthält, das sich prozeßhaft entwickelt. Was da fließt, wenn bezogen wird, ist Energie.

Energie – hier steht sie für Leben – ist eine völlig neutrale Kraft. Sie kann weder gut noch böse sein. Böse wird sie erst, wenn sie sich am falschen Platz zur falschen Zeit entzündet, wenn sie nicht fließen darf, wie sie es muß. Sie hat viele Qualitäten, es gibt Liebesenergie ebenso wie Aggressionsenergie. Beide sind völlig natürlich und wesentlicher Bestandteil des Lebens. Es ist immer eine Frage, in welchen Flußbetten sie fließt. Aggression kann Amazonenkraft, Heilerinnenkraft sein. Gesunde Aggression ist das Verlangen, in das hineinzuwachsen, was eine werden kann. Sie ist die Basis, um Unabhängigkeit zu erreichen und von jenen loszukommen, die uns dominieren oder zu sehr behüten.

Genaugenommen gehe ich in diesem Buch von dreizehn Qualitätsformen der Lebensenergie aus, die auf vielfache Weise ins

Leben kommen und dabei verschiedene Wege nehmen, wenn sie zu fließen beginnen. Was es damit im einzelnen auf sich hat, wird in anderen Kapiteln dieses Buches genauer betrachtet werden. Hier geht es vor allem darum, von diesem Gedanken aus die Polarität auf den ihr gebührenden Platz zu verweisen als eine von vielen möglichen Sichtweisen auf die Welt und das Leben. Manchmal ist sie angebracht, meistens nicht. Es gibt Zeiten, da hilft sie, daß uns etwas bewußt wird. Meistens jedoch ist sie eine den Geist wenig erhellende Kraft. Das ist sie: nicht weniger, aber auch nicht mehr.

Genau darum geht es, wenn wir statt der Urteile von außen und der Schuldgefühle im Inneren beziehungsweise der inneren Urteile und der äußeren Schuldsprüche das Maß der Dinge finden wollen: um das Prinzip von „mehr oder weniger".

Dieses Prinzip hilft uns, in Fragen von Gut und Böse Fließpunkte einzunehmen, damit die Dinge in Bewegung kommen. Denken wir noch einmal über den Mord an Baby Hitler nach. Oder noch einmal an Kaiserin Nero. Ich betrachte das Böse in der Welt, und ich weiß jetzt, es ist mir nicht fremd. Das verändert die Gefühle, mit denen ich auf das Böse reagiere. Destruktion kann und will ich nicht gutheißen. Ich kann Aggressionsenergie zum Fließen bringen als Reaktion auf Zerstörungslust und andere psychotische Spiele. Ich finde mein eigenes Maß.

Fünftes Kapitel

DAS EIGENE MASS ODER: MACH DICH NICHT SO KLEIN, DENN SO GROSS BIST DU GAR NICHT

Welche Farbe hat
Der Himmel
Über dem Ozean?

Ich lüge ungern. Nur ganz selten wird mein Bedürfnis, die Wahrheit zu sagen, von einer stärkeren emotionalen Kraft überdeckt, obwohl es auch das gibt. Die Abneigung gegen das Lügen habe ich mit mehr Menschen gemeinsam, als viele vermuten. Wir alle haben eine Art Feingefühl, was recht und was unrecht ist. Das mag im einzelnen durchaus unterschiedlich sein. Aber im großen und ganzen haben Menschen das Bedürfnis, sich an überkommene Regeln halten zu wollen, weil sie Sicherheit bedeuten und Klarheit in die Sicht auf das Leben bringen. In diesen überkommenen Regeln sind auch im Patriarchat Werte enthalten, die verblüffen.

Als ich den Schlangenberg erwarb, regelte ein mir nicht näher bekannter Anwalt die vertraglichen Angelegenheiten. Ich hatte mit ihm ausgemacht, daß er mir eine Art Sonderpreis für seine Bemühungen berechnete, denn die ihm zustehenden Gebühren hätte ich mir nicht leisten können. Er stimmte zu. Alles war wunderbar. Seine Rechnung kam ein ganzes Jahr später und zwar in Höhe der ihm zustehenden Gebühren, was meinen Ruin ausgemacht hätte. Die Frage war, was ich tun konnte. Mit einem Anwalt zu streiten, ist ungefähr so sinnvoll wie meine Ziegen zu bitten, auf die Saatpflanzen aufzupassen. So schrieb ich ihm einen Brief, in dem ich ihn freundlich und vorsichtig darauf hinwies, daß wir seinerzeit eine mündliche Abmachung getroffen hätten. Ich äußerte mein Verständnis, daß er dies als vielbeschäftigter Anwalt vergessen haben könnte und daß ich sicher sei, er als Ehrenmann würde sich selbstverständlich an sein einmal gegebenes Wort halten.

Als einzige Reaktion kam eine neue Rechnung über die alte, niedrige Summe, die wir ausgemacht hatten, die ich gern bezahlte. Worauf beruhte mein „Sieg"? Auf einer ebenso simplen wie haltbaren Übereinkunft aller zu einer Gesellschaft Gehörenden.

Diese Übereinkunft betrifft das Einhalten bestimmter Regeln und Normen, auf denen menschliches Zusammensein beruht. Bei Juristen kann eine davon ausgehen, daß einer bei seiner Ehre zu packen ist, denn wer sich in jungen Jahren für einen solchen Beruf entschieden hat, hatte nicht das Berufsziel, Winkeladvokat zu werden, sondern war von Vorstellungen über Gerechtigkeit als Grundlage des Rechts bewegt. Diese Vorstellungen können jederzeit auch noch im hartgesottensten Gesetzesbeuger berührt werden.

Eine andere, wahrscheinlich noch tiefer sitzende Macht ist die der Mutter. Sie ist wahrscheinlich sogar die höchste Macht, die Menschen auf der nonverbalen Ebene kennen. Mutterrecht als gelebte Achtung vor der, die uns das Leben geschenkt hat, ist mehr als eine verinnerlichte Spielregel. Diese Macht erkennen wir fraglos an, ganz gleich, was wir von Müttern halten mögen. Vor einigen Jahren kam ich in Wien an einen Bahnübergang, an dem die Schranke heruntergelassen war. Vor mir warteten zwei PKW, aus denen in dem Augenblick, als ich heranfuhr, die Fahrer ausstiegen und aufeinander losgingen, weiß der Kuckuck warum. Ich stieg aus und brüllte im Ton der strengen Mutti: „Hört sofort auf damit! Auf der Stelle!" Augenblicklich hörten sie auf sich zu prügeln und stiegen wieder in ihre Autos, um darauf zu warten, daß die Schranke sich öffnete. Das ist die Macht der Mutter. Sie ist nur wenigen Frauen bewußt. Noch weniger halten es für legitim, sie anzuwenden. Mir ist das ein Rätsel. Ich kenne keinen höheren Wert als das Leben und bin der Ansicht, daß die, die es schenkt, über allem steht.

Interessanterweise steht die Macht der Mutter im Patriarchat, wie wir wissen, ziemlich weit unten auf der Liste. Warum nur halten sich so viele Frauen an diese Norm?

Eine weitere Macht ist die Magie, die auch kaum eine anzurühren wagt. Auf einer Tagung in einer großen christlichen Akademie habe ich einmal mit den ca. achtzig Teilnehmerinnen ein Ritual zum Kosovokrieg gemacht. Noch nie hatte ich einen Energiekreis mit so vielen Frauen gebildet. Es war eher eine Energiespirale. Am Ende sprach ich im Namen aller die Affirmation aus, daß alles, was die Kriegsteilnehmer aller Seiten an Destruktivem in die Welt sendeten, niemanden treffen, sondern sich umkehren und sie selber treffen möge. Das ist eine dieser bewährten magischen Affirmationen, die nicht nur ein effektiver Abwehrzauber sind, sondern die Zauberin außerdem karmisch clean bleiben lassen. Deshalb greife ich gern auf sie zurück, wenn es um politische oder private Probleme geht, bei denen einerseits eine Einmischung erforderlich, andererseits aber nicht klar ist, welche Konsequenzen diese Einmischung für die Magierin haben könnte.

Es war körperlich spürbar, daß ein Ruck durch die Teilnehmerinnen ging. Hinterher kamen einige zu mir und beschwerten sich, daß ich sie nicht vorher über diese Affirmation informiert hätte. Hätten sie gewußt, daß ich sie spreche, hätten sie an dem Energiekreis nicht teilgenommen. Anfangs war ich verwundert, daß die Frauen offenbar Angst hatten, Täter könnten sich selbst zugrunde richten, dann wurde mir klar, daß ich meinen Maßstab angesetzt hatte, während die sich beschwerenden Frauen den ihren hatten, der sich von meinem unter anderem darin unterschied, daß er sich weitaus mehr an den unsichtbaren gesellschaftlichen Werten und Normen für Frauen im Patriarchat ausrichtete.

Ich war also nicht mutiger, stärker, kämpferischer oder gar konsequenter als diese Frauen, sondern ich hatte nach meinem Maß gehandelt, das sich in vielerlei Hinsicht von dem unterscheidet, was wir als gesellschaftliche Norm verinnerlicht haben. Das ist so eine Sache mit den Dingen, die man tut und nicht tut; die so üblich sind; die angeblich immer schon so waren; die sich gehören. Daran ist ja grundsätzlich zunächst mal nichts Falsches. Ein unausgesprochener Kodex, auf dem der Zusammenhalt einer Gemeinschaft beruht, ist etwas Wichtiges. Wie das ist, wenn das nicht so ist, zeigt sich in den Metropolen dieser Welt, in denen ein nicht abgesperrtes Auto selten länger als eine Stunde dasteht, ohne gestohlen oder zumindest ausgeräumt zu werden. Wenn Gemeinschaften und Gesellschaften so groß und unübersichtlich werden, daß es gleichgültig ist, ob es Regeln gibt oder nicht, tritt an ihre Stelle leider nicht fruchtbare Anarchie, sondern kaltes Faustrecht und unverhohlene patriarchale Unterdrückung, denn so albern wie es klingt, fruchtbare Anarchie muß vom frühen Kindesalter an gelernt werden, obwohl es da auch einige Naturtalente gibt. Dennoch ist mir nicht wohl bei dem Gedanken, daß wir das Maß für unser Leben nicht nach dem Sinn bestimmen, der den Regeln innewohnt, sondern nach Maßstäben, die nicht hinterfragt werden und die kaum eine den Mut hat zu mißachten, um an ihre Stelle das eigene Maß zu setzen.

Daß wir die Maßstäbe unseres Handelns ins Außen verlagern und anderen überlassen, ist nicht gut, denn dann beginnen die Kräfte im Außen irgendwann uns zu beherrschen. Die Sehnsucht nach klaren Regeln, die uns Gott, der Bundespräsident, der Chef und der Vater geben und die die Welt überschaubar und erträglich machen, was meiner Ansicht nach hinter jeder traditionellen Haltung steht, ist verständlich, aber absurd. Es ist natürlich sehr bequem, wenn es auch die einzelnen Personen entmündigt und zu Untertanen macht, da ist eine demokratische Ordnung nichts als ein wenig Schminke auf den Wangen des patriarchalen Wolfs. Zumindest aus der Sicht von Rotkäppchen.

Das muß hinterfragt werden, besonders wenn die Hinterfragende weiblich und die Hinterfragten Führer und männlich sind. Sämtliche unausgesprochenen Regeln, die Frauen benachteiligen, arm machen, klein halten und verblöden, sind schon mal ganz schlecht für eine Frau. Aber das ist noch nicht alles, und das wäre ja auch viel zu einfach. Denken wir an Baby Hitler (wenn seine Eltern nur ein Kondom benutzt hätten!) und alle anderen Fragwürdigkeiten aus dem polaren Reich von Gut und Böse. In Wahrheit geht es in der Welt drunter und drüber. Wenn eine Ordnung in dieses Tohuwabohu bringen will, dann muß sie sie schaffen. Nun sind wir Frauen ja das kreative Geschlecht. Es sollte uns also nicht allzu schwerfallen.

Ausgehend von der Erfahrung, daß es Gut und Böse nicht gibt, folglich auch nicht richtig und falsch, muß eine selbst das Maß finden, das bestimmt, nach welchen Werten und Normen sie handelt. Das ist ein gewaltiger Schritt, den eine da tut, wenn sie es für legitim hält, sämtliche Werte und Normen dieser Gesellschaft zuerst konsequent in Frage zu stellen, um dann eigen-mächtig zu entscheiden, welche davon von ihr akzeptiert werden und welche nicht. Im weiteren hat sie einen Haufen Denk- und Gefühlsarbeit zu leisten, denn nun muß sie ihre eigene Liste der Wertvorstellungen erstellen, um dann zur Kenntnis zu nehmen, wie sehr diese den Fluß der Lebensenergie lenken und den Fluß der Lebensenergie anderer beeinflussen. Lenken bedeutet, daß der Fluß manchmal behindert und manchmal beschleunigt werden kann.

Das ist ein beträchtliches Stück Wahrheit über dich, die da zum Vorschein kommt, das muß eine vertragen können.

Mir ist beispielsweise klargeworden, daß es ein Segen für mich und die Menschheit ist, daß ich mich aus der Partei- und Parlamentspolitik heraushalte. Ich wäre mit ziemlicher Sicherheit eine korrupte Politikerin geworden, denn für mich gilt, daß mein Clan zuerst kommt und dann der Rest der Welt. Mein Clan ist ziemlich groß, er besteht genaugenommen aus den Frauen als Gattung. Gegenüber denen, die ich liebe, bin ich sehr parteilich, auch wenn mir nicht alle gleich nah ans Herz gewachsen sind. Allerdings ziehen sich die Gruppierungen wie Lebensringe in einem Baumstamm um mein Lebenszentrum. Im innersten Kreis sind die, die ich persönlich liebe und die zu mir gehören, mir am allernächsten meine Tochter. Ich war für ihre LehrerInnen wahrscheinlich eine wahre Pest, denn was auch immer sie angestellt haben mochte, es war nicht möglich, mich dazu zu bringen, daß ich mich öffentlich gegen sie stellte.

Als sie einmal für eine Klassenarbeit einen Sechser bekam, weil sie beim Mogeln erwischt worden war, habe ich ihr zwar unter vier Augen gesagt, daß sie den Sechser verdient hätte und zwar dafür, daß sie sich hat erwischen lassen. Ich wies sie darauf hin, daß Mogeln viel aufwendiger sei als Lernen und den wahren Könnerinnen vorbehalten. Aber der betreffende Lehrer konnte auf meine Zustimmung nicht rechnen. Er mußte einen längeren Informationsvortrag über sich ergehen lassen, in dem ich gleich das ganze Schulsystem verdammte, daß Kinder dazu bringt, Regeln zu übertreten. Nein, ich bin viel zu parteilich, als daß ich politische Kompromisse achten würde.

Ebenso überraschend für mich enthält mein persönlicher Wertmaßstab die Unfähigkeit, Baby Hitler zu ermorden, auch wenn ich zuverlässig wüßte, daß es sich um den zukünftigen Hitler oder Stalin handelt. Aus den gleichen Gründen bin ich kaum dazu zu bringen, Rachefeldzüge durchzuführen. Die Lust an der Rache für mir angetane Schmach flackert für einen kurzen hellroten Augenblick auf, dann erlischt sie wieder und ist verschwunden. Genugtuung ist nur selten Befriedigung. Anders verhält es sich, wenn andere, hauptsächlich unsere Geschwister, die Tiere, mißhandelt, mißachtet, benutzt oder Kinder und Frauen zu Opfern werden. Ich nehme die Folgen für jeden Fluch auf mich, den ich über die Täter ausspreche. Zwar achte ich die Gesetze, die das Patriarchat für ihre Bestrafung vorgesehen hat, aber nur weil ich es muß. In Wahrheit wünsche ich ihnen allen den Tod oder – was wahrscheinlich noch grausamer ist – ebenso plötzliche wie unvorbereitete Einsicht in ihr Tun und dessen Folgen.

Nachsichtig bin ich, wenn es darum geht, daß eine – vermeintlich – eine schlechte Schülerin des Lebens ist und nicht lernen will. Das liegt vielleicht daran, daß auch ich lange Zeit eine ziemlich lausige Lebensschülerin gewesen bin. Das macht mich zwar anfällig für Kaiserin Nero, Marie Antoinette und ihre Gefolgschaft der Verräterinnen, d.h. ich kann häufig nur schwer unterscheiden, ob eine ihr Recht, eine schlechte Lebensschülerin zu sein, in Anspruch nimmt oder ob sie in Wahrheit nur ein weiblicher Täter ist. Aber das erachte ich als nicht so schwerwiegend, d.h. nur deshalb würde ich niemals darauf verzichten, Geduld mit schlechten Lebensschülerinnen zu haben. Auch das ist eine subjektive, aber legitime Wertvorstellung.

Auf der Entdeckungsreise in die Hintergründe meiner Wertvorstellungen und Maßstäbe bin ich auch darauf gekommen, warum ich so gar nicht daran interessiert bin zu stehlen und auch nicht nachvollziehen kann, wenn andere es tun. Ich kam darauf, als ich zufällig in einem Spielcasino einen kleinen, für mich aber bemerkenswerten Geldbatzen gewonnen hatte. Es machte mir keinen Spaß, weil ich es nicht verdient, d.h. nicht dafür gearbeitet hatte. Ich gab es für irgendwelchen Trallafitti aus und kümmerte mich lieber darum, daß mein Einkommen sich in der Höhe bewegte, die ich meinte verdient zu haben. Gestohlenes erscheint mir noch unspaßiger als Gewonnenes. Und weil es mich nicht freut, laß ich es mit Freuden sein. Auch wenn ich daran denke, daß die meisten Vermögen dieser Welt nicht unbedingt rechtmäßig zusammengetragen worden sind. Das wäre auch so, wenn das Bürgerliche Gesetzbuch vorsähe, Diebstahl sei straffrei. Es ist mein Maß.

Wenn es um das eigene Maß geht, ist es notwendig, Selbstehrlichkeit walten zu lassen. Da tun sich anfangs erschreckende Abgründe auf. Dann werden wir schnell feststellen, daß wir mit doppeltem Boden und mehrfachem Sicherheitsnetz arbeiten und uns selbst gewissenlos über den Tisch ziehen. Wir erkennen unseren eigenen Rassismus, den wir doch immer nur bei den anderen vermutet hatten. Wir finden viel Unkenntnis über notwendige Lebensschritte. Das bedeutet, es ist nicht nur wichtig zu wissen, wie du erfolgreich *wirst,* du mußt auch wissen, wie du erfolgreich *bleibst.* Die wichtigste Voraussetzung dafür ist, daß erfolgreiche Frauen in deinem Wertekatalog vorkommen. Das ist nicht so einfach, d.h. du kannst diese Dinge nicht simpel auflisten und willentlich beschließen. Ein wenig mehr Psychoarbeit muß schon sein. Du mußt dir die erfolgreiche Frau *glauben,* sonst wirst du es niemals werden.

Die gesellschaftlichen Normen und Werte im Patriarchat sehen für Frauen beispielsweise so eigenartige Tugenden wie Bescheidenheit vor. Nun sollten wir dies weder vorschnell verwerfen noch lächerlich finden. Jede, die eine von Herzen egozentrische Frau kennt, weiß, daß Bescheidenheit ein kostbarer Wert sein kann, der durchaus seine Berechtigung hat. Einmal ganz abgesehen davon, daß ich ca. 98% der erwachsenen Männer in der patriarchalen Kultur gern eine doppelte Portion davon verabreichen würde. Aber es ist auch so, daß so manche gelebte Bescheidenheit mich zu der Aufforderung provoziert: Mach dich nicht so klein, so groß bist du gar nicht. Denn dahinter verbirgt sich manchmal nichts als aufgeblasene Grandiosität. Wir könnten es aber auch so sehen: Es kann eine ganz befreiende Erleichterung sein, darauf zu verzichten, das Haupt zu beugen und den Blick zu senken. Wenn ich gar nicht so groß bin, kann ich – ja, muß ich! – mich zu meiner vollen Größe aufrichten.

Das trifft nicht selten – vor allem, wenn wir Frauen unter uns sind – auf Reaktionen des Befremdens. Ein Mann, der schreit: „Ich bin der Größte", hört das vielstimmige Echo „Ich auch, ich auch, ich auch" und muß sich darauf gefaßt machen, seinen Platz zu verteidigen. Eine Frau, die solches ruft, wird hören: „Tu es nicht! Bleib klein und bescheiden wie wir." Hockt sie sich dann nicht still zu den anderen, kann sie sich auf eine sehr einsame Zeit gefaßt machen. Können wir uns vorstellen, daß eine Frau stolz präsentiert, was sie erreicht hat, wenn sie es weit gebracht hat? In den Jahrzehnten meines erwachsenen Frauenlebens habe ich bis auf wenige Ausnahmesituationen unter Frauen stets die Konzentration auf wirtschaftliche Schwierigkeiten, problematische berufliche Situationen und alle Varianten des materiellen Überlebenskampfs erlebt. Niemals wurde eine Schwester gefeiert, weil sie es von der Tellerwäscherin zur Millionärin geschafft hat. Würden wir feiern, wenn es eine von der Putzfrau zur Bundeskanzlerin schafft? Würden wir würdigen, welch steiniger Weg es gewesen sein muß, wieviel harte Arbeit in einer solchen Karriere steckt? Würden wir jeden Schritt ihres Werdegangs studieren, um es ihr gleichtun zu können? Unsere Töchter lehren, wie's gemacht wird?

Ganz im Gegenteil, wir achten peinlich genau darauf, daß nur keine zu reich, zu schön, zu intelligent, zu witzig, zu berühmt, also zu erfolgreich wird. Bei den anderen und selbstverständlich auch bei uns selbst. Ist es eine Frau, die die Regeln für mehr Personen als sich und ihre Kinder aufstellt, reißen wir sofort kritisch die Augen auf und beäugen derart argwöhnisch, was sie von uns verlangt, wie es nicht einmal die engagierteste Frauenrechtlerin in bezug auf eine päpstliche Enzyklika fertigbrächte.

Wir gehen mit unseren Königinnen nicht gut um. Wir gehen mit uns selbst nicht gut um. Zwischen beiden Formen negativen Verhaltens besteht ein ursächlicher Zusammenhang. Der Neid, mit dem wir die Erfolge unserer Schwester beäugen, ist der knöchern trockene Geiz, mit dem wir uns selbst die Fülle des Lebens versagen. Die Händlerin in uns darf selten lustvoll leben. Es geht ja nicht nur um Materie, um Geld und irdische Erfolge, wenn wir uns klein machen. Es geht um den Raum, den Frauen in unserer Welt gesellschaftlich, politisch, spirituell einnehmen. Mit welchem Maß werden wir messen, wenn wir in Zukunft die alte patriarchale Trennung zwischen Innen und Außen, zwischen mir und meiner Schwester, zwischen Gut und Böse nicht mehr so hinnehmen wie bisher? Was wird richtig und falsch sein, wenn wir keine polar klar auszulotenden Positionen mehr beziehen können?

In meinem Buch „Mama ante portas!", in dem es darum geht, Frauenwerte gegen die patriarchale testosteronelle Dominanz zu setzen, habe ich einen Gedanken des Schweizer Ökonomen Hans Pestalozzi aufgegriffen. Pestalozzi setzt dem patriarchalen Maß, das in dem Kernsatz „Soviel wie möglich" gipfelt, sein eigenes entgegen: „Soviel wie nötig." Das scheint mir ein gutes Maß zu sein, denn es ist dehnbar. Wenn wir Frauen es auf uns selbst anwenden, ist jedoch erhöhte Aufmerksamkeit vonnöten. Wir könnten es wieder für die gute alte patriarchale Bescheidenheit bei uns und anderen mißbrauchen. Oder in ungewohnter Freiheit in den Lottogewinnerwahn verfallen. Der ist zwar nicht gar so verbreitet unter Frauen wie unter Männern, aber es gibt ihn eben doch.

Lottogewinnermentalität ist, auf die Frage: „Wer will alles Eis?" zu antworten: „Ich will alles Eis." Das ist durchaus möglich, aber du mußt es vertragen können, daß andere keins bekommen und je nach Temperament und Eishunger zu handeln beginnen.

Oder wie ich in meinem Buch „Die Sucht unsterblich zu sein" geschrieben habe: Einstein sein wollen viele, Einstein werden aber nicht. Es kommt vor, daß eine Frau mir von ihren Träumen erzählt, daß sie Sängerin, Malerin, Schriftstellerin werden will. Wenn ich dann frage, ob sie bereit ist, für viele Jahre jeden Tag auf dieses Ziel hin zu leben; ob sie alles, aber auch wirklich alles andere im Leben hintanstellt, dann bleibt es für die meisten doch lieber ein schöner Traum, der nicht unbedingt Wirklichkeit werden muß. Das ist ja genauso akezptabel wie die Entscheidung, viele Jahre intensiv und glühend an einer Karriere zu arbeiten. Es kommt eben darauf an, welches Maß wir für uns selber vorsehen. Das Maß bestimmst du. Aber du mußt, wie ich meine, einiges wissen, um es bestimmen zu können. Alles hat seinen Preis. Oder wie ich es als Magierin ausdrücken würde: Energie fließt osmotisch, sie ist das Lymphsystem des Universums. Läßt du sie zu dir fließen, heißt das, daß sie von woanders wegfließt. Das heißt, woanders braucht es einen Ausgleich, der darin besteht, daß etwas anderes von dir weg und dorthin fließt. Das geht nicht immer so direkt im Maßstab eins-zu-eins. Es kann auch Umwege über viele andere nehmen.

Aber auf jeden Fall ist es ein Ausgleichsspiel, das du spielst. Es hat außerdem etwas mit Wachstum zu tun. Für mein Leben bin ich recht froh, daß erst vergleichsweise spät etwas aus mir geworden ist, wenn ich es mal so ausdrücken darf. Ich habe das Gefühl, daß in meinen jüngeren Jahren Erfolg mir nicht gut bekommen wäre. Ich hatte noch nicht genug gelernt, um gut damit umgehen zu können. Das muß nicht bei jeder so sein. Aber bei jeder ist das seelische und geistige Wachstum wichtig, denn mit ihm verändert sich das Maß der Dinge, dein Maß der Dinge.

Wenn du also ein Talent hast, und viele haben eins, dann warte nicht, bis es entdeckt wird, sondern mach dich auf den Weg und arbeite daran, Meisterin zu werden. Wachse wirklich in dein Leben hinein und sei bereit, für das, was du bekommst, auch zu geben. Das betrifft nicht nur die sogenannten schönen Künste. Vielleicht liegen deine Talente ganz woanders.

„Das ist es ja gerade, ich weiß nicht, welche Talente ich besitze", sagen viele Frauen. Ich kenne sogar den Ausspruch: „Ich weiß ja nicht einmal, wann ich ich bin." In dieser Hinsicht können dir möglicherweise die dreizehn Aspekte weiblichen Seins weiterhelfen. Wenn es darum geht, herauszufinden, was du tun kannst, um zu erreichen, was du erreichen möchtest; oder um zu werden, was du werden möchtest; oder um so zu leben, wie du es für richtig hältst, dann sind vielleicht folgende Fragen hilfreich, um dein eigenes Maß zu finden:

- Was ist Recht und was ist Unrecht?
- Was ist mein Recht und was ist mein Unrecht?
- Was steht mir im Leben zu? Also, was verdiene ich wirklich?
- Was genau benötige ich finanziell, um so leben zu können wie ich es will?
- Was bin ich bereit dafür zu tun?
- Wieviel Liebe brauche ich im Leben? Wieviel Liebe kann ich geben?
- Wieviel Spiritualität brauche ich im Leben? Anders ausgedrückt: Wieviel Sinn soll mein Leben haben?
- Was sind ganz konkret meine Interessen? Wie setze ich sie durch?
- Was sind meine Grenzen? Wie wahre ich sie?
- Was sind die Grenzen der anderen? Wie achte ich sie?
- Wieviel Verantwortung kann ich tragen? Darf ich tragen? Muß ich tragen?
- Welche Gefühle diktieren mir mein eigenes Maß? Wie befreie ich mich auch von diesem Diktat?
- Wie gehe ich damit um, wenn mein Maß sich durch neue Erfahrungen, neues Wissen, neue Lebenssituationen ändert?
- Wieviel ist „soviel wie nötig" für mich?

Diese Fragen sind identitätsschaffend, denn deine Identität hängt eng mit deinem Maßstab zusammen. Dies möchte ich mit einer weiteren Geschichte deutlich machen. Die Hauptperson ist männlich, aber seine Geschichte ist für mich und das Wachsen meines

Maßstabs von so großer Bedeutung und seine Haltung so ungewöhnlich gewesen, daß ich sie erzählen will, weil sie etwas über die Freiheit sagt, die ein eigener Maßstab gibt.

Der Mann, um den es geht, war Janusz Korczak, er lebte in der Zeit des Naziterrors. Eigentlich hieß er Henryk Goldzmit. Er war ein polnischer Arzt und Pädagoge und leitete ein Waisenhaus im Warschauer Ghetto. Er schrieb viele Bücher für und über Kinder. Eines seiner Werke trägt den Titel „Das Recht des Kindes auf Achtung". Als 1942 SS die zweihundert Kinder aus Korczaks Waisenhaus abholte und er merkte, daß er es nicht verhindern konnte, weigerte er sich, seine Kinder zu verlassen. Er ging mit ihnen nach Treblinka. Dort ging er mit ihnen gemeinsam ins Gas. Es war vermutlich am 5. August 1942.

Ich habe diesen Mann und seine Haltung nie bewundert, denn das hätte ihn und seine Haltung beleidigt, sondern zum Maßstab für mein Leben gemacht. Daran messe ich mein Tun und das aller Menschen, denen ich begegne. Wobei ich selbstverständlich die Größenordnung berücksichtige und je nach Situation – meist verkleinernd – verändere. Es geht nicht um die Großartigkeit einer solchen Haltung, sondern darum, daß es für Korczak nicht möglich gewesen wäre, mit der Ohnmacht, seine Kinder hergeben zu müssen, weiterzuleben. Sein Entschluß, sich mit den Kindern ermorden zu lassen, nahm den Nazi-Mördern ihre Macht. Vieles in meinem Leben trägt diese Prägung, wobei ich noch einmal darauf hinweise, daß es sich um kleinere Situationen handelt, bei denen es weder um Leben und Tod noch um so bedrohliche Dinge wie die sadistischen Morde der SS ging. Aber es ging stets um patriarchale Macht und Destruktivität, die wir auch dann nicht dulden müssen, wenn wir zu den Machtlosen dieser Welt gehören. Es ist alles eine Frage des eigenen Maßstabs.

Ich habe das Maß meiner Verantwortung bestimmt und im Lauf meines Lebens stetig vergrößert. Vielleicht bin ich auch mit Plutos, Kalis und Hekates Hilfe in sie hineingewachsen. Was da gewachsen ist und sich zur Identität entwickelt hat, ist mein Potential. Die Talente, die ich mit ins Leben gebracht habe, die schon da waren seit meiner Geburt. Wir werden sehen, wie das zu verstehen ist.

Sechstes Kapitel
WEIBLICHES POTENTIAL UND WEIBLICHE IDENTITÄT

Das Meer kennt
Nichts Überflüssiges

Wenn wir geboren werden, sind wir kein unbeschriebenes Blatt. Jenseits des Gen-Cocktails unserer VorfahrInnen, unabhängig von sozialer Herkunft und geschichtlicher Epoche sind wir allesamt ziemlich ausgeprägte Persönlichkeiten, wenn wir unseren ersten Atemzug tun. Das ist nicht nur bei uns Menschen so. Ich konnte dies mit sämtlichen Tieren erleben, die bei mir das Licht der Welt erblickten. Dies ist das Potential, das du ins Leben mitbringst, mit dessen Hilfe dein Selbst sich zu entfalten wünscht. Damit es sich entfalten kann, mußt du ein Ich entwickeln. Das Ich bzw. Ego ist der Teil des menschlichen Geistes, der auf die Wirklichkeit reagiert und ein Individualitätsempfinden besitzt. Das Ich empfindet sich als separat von den anderen und teilweise auch vom eigenen Körper. Es hat eine Wahrnehmung, die gern als „Bewohnen" eines Körpers bezeichnet wird. Das Ich sagt: mein Fuß, mein Bauch, meine Seele, mein Geist, mein Selbst. Es sagt nicht: Ich bin Bauch, Seele, Geist, Selbst.

Das Ich ist es, das seine Talente entdeckt, weil es nicht wußte, daß es sie hat. Und dann wünscht es, sie anzuwenden, zu verfeinern. Es erarbeitet sich sein Können und findet das Leben in dem Maß mühsam, in dem es sich auf unbekanntem Gebiet bewegt, und das tut es meistens, denn dazu lebt es ja, daß es was lernt. Es will sich mit Hilfe der Fähigkeiten in der Welt bewegen und ausdrücken, will wahrgenommen, geliebt werden und kann vor Kummer vergehen, wenn es nicht in Kontakt mit anderen kommt.

Wenn das Ich seine Fähigkeiten und Talente entdeckt, sprechen wir manchmal von Begabung und denken an Mozart und Picasso. Aber wir sollten nicht nur Außergewöhnliches darunter verstehen. Es geht um so etwas wie die Färbung deiner Seele. Um die Art und Weise, wie du die Dinge angehst, wie du auf Probleme reagierst und womit du dich verbindest. Es kann sich darum handeln, daß du gern kochst, gut zuhören kannst oder über ein sprühendes Temperament verfügst. Vielleicht ist es aber auch deine tiefe Liebe zu den Tieren oder der umwerfende Witz, mit dem du eine Gesellschaft zum Lachen bringst. Oder dein Gespür für Stimmungen und Schwingungen. Oder dein Talent zu malen oder zu musizieren; zu rechnen oder zu gärtnern; zu kämpfen oder zu tanzen. Um diese Fähigkeiten und Talente geht es in diesem Kapitel und darum, was sie für dein Ich, d.h. deine Identität bedeuten.

Die Behauptung von Aristoteles, die Seele eines Neugeborenen gleiche einer „tabula rasa", einem unbeschriebenen Blatt, steht meinem Ausgangspunkt, daß wir alle mit einem ganz bestimmten Potential geboren werden, oppositionell entgegen. Die obskure und mir ein wenig weltfremde scheinende Ansicht, alle Erfahrung, alles Denken und Handeln würden erst nach der Geburt erworben, hat sich bis in unsere Zeit erhalten. Noch 1956 bezeichnete der Kinderpsychoanalytiker und Hospitalismusforscher René Spitz das neugeborene Kind als eine „undifferenzierte Masse". In der Welt der patriarchalen Polarität kann ein Widerspruch zu dieser Ansicht immer nur dahingehend gedeutet werden, daß die Widersprechende meine, alles sei angeboren, also instinktgesteuert. Welch ein Blödsinn. Manches ist angeboren, vieles muß sozial gelernt werden, und dann gibt es noch das Potential der Persönlichkeit, das auch von Anfang an da ist, das aber wohl niemand, der die Sinne beisammen hat, als angeboren wie die Fähigkeit, Hunger zu haben oder Leben geben zu können, bezeichnen würde.

Der Streit, ob Menschen vor allem durch angeborene Eigenschaften oder durch sozial erworbene geprägt werden, ist seit vielen Jahrzehnten unter den WissenschaftlerInnen unentschieden. Wenn nicht die Frage, wie Frausein und Weiblichkeit definiert werden kann, damit verbunden wäre, würde es mich schon lange nicht mehr interessieren. Auch diese Frage ist, wenn sie wissenschaftlich diskutiert wird, von gähnender Langeweile und für die Menschheit ungefähr so wichtig wie meine Heuernte vom letzten Jahr. Es gibt jedoch einige interessante Gesichtspunkte zum Thema Frausein, die nicht nur SoziologInnen und Transen interessieren, sondern die helfen könnten, unser weibliches Weltbild wieder zu zentrieren, weil sie Raum für Arten-, Geschlechter- und individuelle Identität bieten. Wir werfen also unseren völlig unwissenschaftlichen Blick auf diese Gesichtspunkte und versuchen, eine plausible Antwort auf die Frage zu finden, wie die Sache mit dem weiblichen Potential und weiblicher Identität zu verstehen sein könnte.

Eine der zählebigsten Polaritäten im Patriarchat ist nun einmal die von Frau und Mann. Das ist so, weil auf ihr die Macht des Mannes über alles basiert. Daß es beide Sorten der Geschlechter gibt, ist unbestritten. Daß es Definitionen gibt, die das Rollenverhalten, d.h. die Machtverhältnisse in einer Art geistiger Missionarsstellung zementieren, ist auch bekannt. Daß wir nach mehreren tausend Jahren Patriarchat kaum noch die Natur der Geschlechter definieren können, wissen wir. Das alles ist – wir können es drehen und wenden – polaritätenschaffende Sichtweise. Es endet immer beim Polsprung. Dies ist unser Ausgangspunkt.

Nun könnten wir sagen, daß es doch eigentlich ziemlich egal sein kann, ob ein Mensch weiblich oder männlich ist, auf die Person, die Persönlichkeit komme es an. Allerdings haben gerade Lesben und Schwule andere Ansichten, zumindest, was ihre Liebesobjekte angeht. Setzen Lesben und Schwule bei der eigenen Identität an, sieht es schon wieder ganz anders aus. Da werden die Grenzen fließend, und alle singen im Chor: „Ob Mann, ob Frau, wer weiß das so genau." Da gibt es Frauen, die sehen lebenslang wie fünfzehnjährige Knaben aus, Knäbinnen sozusagen. Andere gibt es, deren Bartwuchs manchen Mann vor Neid erblassen lassen würde, und das mit einer Figur wie die Reinkarnation der Monroe. Da gibt es Männer, die sind so weiblich, daß sie als *dragqueens* gekrönt werden. Es gibt außerdem – und das ist nicht unwichtig – eine nicht geringe Menge Menschen, die sind aufgrund ihrer primären Geschlechtsmerkmale gar nicht den einen oder anderen zuzuordnen. Und dann gibt es noch die transgender-Persönlichkeiten, Menschen, deren Seele eine andere Identität als ihr Körper hat. Das ist die Wirklichkeit, von der wir ausgehen.

Geschlechterdifferenzierung läßt sich viel schwerer machen, als es die Wirklichkeit erlaubt. Aber Geschlechterdifferenzierung muß ja auch nicht zwangsläufig in die polare Gegenüberstellung von Mann und Frau führen. Die Polarität Mann und Frau und der damit verbundene heterosexuelle Pärchenzirkus, also die langweilige, lustfeindliche, neurosenzüchtende Kleinfamilienstruktur, lösen wir auf, wenn wir uns wieder dem Bild des Kreises als Lebenssymbol zuwenden und es als Bild des Lebens nehmen. Schluß also mit der starren Polarität (hier die Männer, dort die Frauen), fort mit dem linearen Weg, den eine Spermie auf ihrem Weg ins goldene Ziel nimmt, und der völligen Überbewertung dieses Akts. Wir schauen aufs große Ganze, und das ist rund. Es ist das Zeichen für Sonne in der Astrologie oder für ein Follikel, eine Eizelle im Mikrokosmos. Es besteht aus einem Kreis mit einem Punkt genau im Zentrum. Dieser Punkt bist du.

Aus meiner weiblichen Sicht ist das Universum logischerweise weiblich, und diese Sicht löst außerdem so ganz nebenbei auch noch einen alten polaren Streitfall zwischen Christentum und Wissenschaft mit elegantem, garantiert weiblichem Hüftschwung. Weiblich definiere ich als die Potenz, Leben zu geben. Dies gehört zum Potential, das eine mehr oder weniger in dieses Leben mitbringt, wenn sie mehr oder weniger weiblich geboren wird. Ob sie es nutzt oder nicht, es ist vorhanden.

Wenn das Universum, also das Prinzip des Lebens weiblich ist, dann sind Schöpfung und Evolution mühelos unter einen Hut – ich sollte besser sagen: unter einen Rock zu bringen. Ein weibliches Universum schöpft ununterbrochen, weil es das Prinzip lebt, daß das Leben sich aus sich selbst heraus gebiert. Hat schon mal eine darüber nachgedacht, wie überaus praktisch das ist? Abgesehen davon, daß ich es ungemein lustig finde, wie ein Großes ein Kleines aus sich herausschlüpfen läßt. Als Baubo, die Vulvengöttin, die trauernde Demeter darauf aufmerksam machte, indem sie ein winkendes Kind aus der Vulva herausschauen ließ, soll Demeter Tränen gelacht und das Leben wieder schön gefunden haben. Auf so etwas kann nur eine Göttin kommen, niemals ein Gott. Die Schöpfung ist also selbstkreativ, und das Prinzip der Evolution ist daher nicht nur auf die Arten anzuwenden, sondern eben auch auf die Entwicklung getrennter Geschlechter. Die Göttin arbeitet nach dem Prinzip „trial and error" und ist noch lange nicht fertig mit uns. Das hat für mich etwas Beruhigendes. Dieser Gedanke kombiniert nicht nur Schöpfung und Evolution mühelos miteinander. Er entlarvt auch jeden Rassismus als lächerliche Kaninchenzüchtermentalität, denn das Separieren der Menschenarten verhindert, daß die Schöpfung weitergeht. Das ist nicht im Sinn der Göttin.

Wenn wir bei den Geschlechtern und ihrem Potential bleiben, haben wir im femizentrischen Schöpfungskreis alle möglichen Arten von Geschlecht, die ausgehend vom urweiblichen Zentrum variantenreich herumkugeln. So bleibt das Weibliche weiblich und muß sich nicht mit dem Männlichen gemein machen, indem es ihm erlaubt, eine Polaritätsachse zu bilden. (Die Krone der Schöpfung – das könnte ihnen so passen!) Es gibt unterschiedliche Intensitäten von Weiblichkeit, denn es gibt unterschiedliche Möglichkeiten, das weibliche Potential, schöpferisch Leben zu geben, zu nutzen. Da ist eine butch nicht unweiblicher als big Mama Leone mit ihrer großen Kinderschar und schon gar nicht männlich. Es gibt unterschiedliche Intensitäten, weiblich zu sein, es gibt auch unterschiedliche Intensitäten, männlich zu sein. Es ist Platz für die, die Sperma geben, und für die, die evolutionär beginnen, es überflüssig werden zu lassen.

In einem weiblichen Universum sind alle Kinder der Göttin. Sie hat mit der ersten Geburt alle nachfolgenden geboren – kein Vater weit und breit, der sich damit wichtig machen könnte, daß er sagt: Dies ist nicht von mir. Wen schert's? In einer weiblichen Welt ist niemand draußen, alle sind drinnen.

Das Universum dehnt sich aus, sagen die PhysikerInnen. Das erscheint mir einleuchtend, seit ich begriffen habe, daß das urweibliche Leben sich aus seinem Zentrum heraus konzentrisch bunt vervielfältigend ausdehnt. Ganz am ausgefransten Rand des Kreises finden sich – evolutionär gesehen – die Männer. Wer weiß, was wir nach ihnen noch alles werden lassen.

Nun macht die Vielfalt der Schöpfung nicht bei den Geschlechtern halt, sondern treibt es überdies bunt, wenn es um die individuelle Erscheinung geht, die sich in Zeit und Raum manifestiert. Was da ins Dasein gekommen ist, bezeichne ich als das Potential, das wir mitbringen und das zu seiner Entfaltung drängt. Es ist die Art des Selbst, seine unverwechselbare, einzigartige Art, so individuell wie die Struktur einer Schneeflocke, von der auch keine wie die andere ist. Die eine muß Mama Leone werden, die andere butch. Das ist das Schöne daran.

Das bereits erwähnte Ich weiß zu den verschiedenen Stadien seines Werdens kaum noch etwas davon. Es ist mit seinem Werden und dem Leben in der Wirklichkeit beschäftigt. Es weiß nichts (mehr) davon, daß es ein kleiner Wassertropfen ist, der sich aus dem großen Ozean herausgelöst hat, um zu erfahren, was Wasser ist. Das Ich lernt, seinen Schließmuskel zu beherrschen. Es lernt, das schöne Händchen zu geben. Es lernt Lesen und Schreiben und sich selbst mittels Arbeit zu erhalten. Es reagiert auf seine Hormone und sagt Liebe dazu, und so geht sie hin, die Zeit.

Und während die Zeit vergeht, muß das Ich zur Kenntnis nehmen, daß die Außenwelt von ihm erwartet, daß es seine Fähigkeiten entwickelt und nutzt. Das Ich will das gern tun, nur weiß es häufig nicht, welche Fähigkeiten es hat und was es mit ihnen anfangen soll. Das ist insbesondere so, wenn sich die Fähigkeiten und Talente nicht so ohne weiteres in der patriarchalen Wirklichkeit nutzbringend anwenden lassen. Gefragt sind eigentlich nur solche, die dich zum gut funktionierenden Biomaten werden lassen. Was darüber hinausgeht, wird gern brotlos genannt. Aber das ist nicht wahr.

Ich wurde in eine Welt hineingeboren, in der das Talent zum Schreiben so unwirklich war wie in meiner jetzigen Welt eine Vorstandssitzung bei der Bank Austria. Eigentlich betrifft das die meisten Talente, über die ich nicht nur verfüge, sondern die auch in ihrem entfalteten Zustand meinem Leben Glück und Sinn, d.h. eine mir wohltuende Identität geben. Daß mein Potential sich dennoch entfalten konnte und durfte, könnte ich glücklichen Zufällen und der für mich typischen Verbissenheit zuschreiben. Ich könnte aber auch mein Ich für eine Weile loslassen und meinen Blick auf mein Selbst richten. Ich könnte dann vielleicht sehen, daß das Selbst sich den Raum schafft, um zu leben, wofür es sich als Wassertropfen vom Ozean getrennt hat. Daher rühren meine Kräfte, die mich antreiben, nicht nur zu überleben, sondern zu leben und die zu sein, die ich sein muß.

Das Ich hat damit so seine Probleme. Es will nicht ausgegrenzt werden, will wie alle anderen sein, um anerkannt zu sein. Das Selbst drängt auf Verwirklichung des Lebensplans. Der Druck in beide Richtungen kann immens sein. Für lange Zeit kann es so aussehen, als ob sich das Ich mit seiner simplen Wirklichkeit von „Was werden die Nachbarn sagen?" durchsetzt. Aber die Kräfte des Ozeans sind in Wahrheit viel stärker. Obwohl es da Ausnahmen gibt, dann entscheidet ein Ich sich dazu, nichts wahrzunehmen, nicht wirklich zu lernen, keine Transformation zuzulassen, und erstarrt in einer Art lebendigem Tod. Ich denke an eine gute Freundin von mir, die diesen Weg gewählt hat, und frage mich traurig, was derweil ihr wahres Selbst macht.

Dieses Selbst weiß sehr wohl darum, daß es ein Tropfen aus dem großen weiten Ozean ist. Es hat Verbindung zu einem prä-personalen Zustand, in dem es ein Empfinden dafür gibt, daß wir in Wirklichkeit mit allem im Universum verbunden sind und in wechselseitiger Abhängigkeit stehen. Das Ich mit seinem bemühten Verstand weiß davon rein gar nichts. Und wüßte es davon, könnte es sein, daß es angstvoll reagieren würde. Das war nicht immer so, und das bleibt auch nicht so. Manche von uns haben zu Anfang unseres Lebens, wenn wir kleine Kinder sind und das Ich noch ein rechter Anfänger, sehr gute Erinnerungen an die Welt, aus der wir kommen. Das wahre Selbst ist hinter dem noch zarten Ich gut sichtbar. Aber mit der Zeit verliert sich das Bewußtsein für diesen uns allen gemeinsamen Ursprung. Erst später, meist gegen Mitte des Lebens, beginnt das Ich sich Fragen zu stellen, um verstehen zu können, warum es dauernd diese Probleme hat, die ihm das Leben sauer machen.

Am Ende des Lebens kommen dem immer weiser gewordenen Ich durch die große Zahl seiner Lebenserfahrungen Ahnungen ins Bewußtsein, daß es bald in den Ozean zurückkehrt. Es weiß irgendwann, daß das Leben transpersonal ist. Das Wissen, daß wir in Wirklichkeit mit allem im Universum verbunden sind und in wechselseitiger Abhängigkeit stehen, beginnt sich als Erkenntnis bemerkbar zu machen. Einige fühlen, daß sie es schon immer irgendwie gewußt haben. Wenn es das weiß, hat das Ich keine Angst mehr vor dem Tod, dem Erlöschen. Manche glauben, daß dann alles aus ist, weil sie glauben, daß sie nur aus dem Ich bestehen. In Wahrheit löst sich nur das auf, was nicht mehr gebraucht wird, so wie das junge Mädchen nicht mehr existiert, wenn die Frau älter wird. Die Energie des Selbst ist unsterblich und ewig wie das weite Meer.

Bevor das aber geschieht, will das Selbst sich seinen Lebensthemen widmen, und zwar auf seine eigene unverwechselbare Weise, mit und ohne Zutun des Ich. Wenn du deine Lebensthemen gefunden hast, ist es nun an der Zeit herauszufinden, welches

Potential das deine ist und wie du es nutzen kannst, um dich sinnvoll mit deinen Lebensthemen zu beschäftigen.

Es gibt viele Möglichkeiten, mit deinem Selbst und seinem Potential in Berührung zu kommen. Von allen Methoden, die in der
westlichen Welt bekannt sind, halte ich die Meditation inklusive
aller Erfahrungsebenen bis hin zu außerkörperlichen Erlebnissen
und die Astrologie für sehr brauchbar. Die besten Erfahrungen
habe ich mit der Kombination beider Methoden gemacht. Meditation bietet die subjektive leiblich-sinnliche Erfahrung der Begegnung mit dem Selbst und dem weiten Ozean, und die Astrologie
schenkt dir durch ihre Symbolik eine Übersichtlichkeit, die atemberaubend klar ist, wenn du dich einmal auf sie eingelassen hast.

Auch die Symbolik der Astrologie geht von einem Kreis mit
einem Punkt in der Mitte aus. Es ist die Abstraktion einer leiblich-
sinnlichen Erfahrung, nämlich der einer Person, die sich auf der
Erde befindet und von einem bestimmten Punkt den Sternenhimmel betrachtet. Dieser Sternenhimmel sieht zu jedem Zeitpunkt
eines Jahres von jedem Ort dieser Erde betrachtet anders aus. Auf
diese Weise läßt sich an der Wanderung der Himmelslichter ablesen, daß und wie die Zeit vergeht. Aber nicht nur das. Jeder
Moment eines Jahres bietet im Minutentakt eine andere, wech-
selnde, sich entfaltende Sichtweise auf eine Symbolik, die so alt ist,
daß die ältesten unter den Alten nicht mehr wissen, woher sie
einst kam.

Das einzige, das wir sicher wissen, ist, daß diese Symbolik
nicht vom Himmel gefallen ist. Sie hat nicht wirklich etwas mit den
Sternen zu tun, sowenig wie Schauspieler etwas mit dem Stück zu
tun haben, in dem sie auftreten. Schauspieler stellen nur das dar,
was andere verstehen. So haben die Sterne nichts, was direkt dein
Schicksal beeinflußt. Sondern die Eigentümlichkeiten bestimmter
Himmelslichter wurden einfach mit bestimmten Bildern, Mythen
und Geschichten verknüpft, in denen sich Vorstellungen von der
Ordnung der inneren und äußeren Welt widerspiegelten. Das Bild,
das die Sterne zum Zeitpunkt der Geburt einer Person darstellen,
erzählt davon, daß zwar jede Person etwas in dieses Leben mitbringt, das uns allen gemeinsam ist; daß es dabei aber einmalige
Optionen gibt, die dazu führen, daß dies uns allen Gemeinsame
in einer besonderen Variante durchlebt wird. So kommt es, daß

Altvertrautes sich immer wieder anders und neu darstellt und eine mehr von diesem, eine andere mehr von jenem Talent hat. Es ist eine Art Spiel der Kräfteverhältnisse vieler Beteiligter, in unserem Fall hier dreizehn Beteiligter.

Als ich mich damit zu beschäftigen begann, was Identität ist und wie sie entsteht, kam ich darauf, daß eine der Möglichkeiten, wie das Selbst seine Herkunft in diese Welt transportiert, in transpersonalen Bildern vom menschlichen Sein besteht, die Identität schaffen können. Ich entdeckte sieben davon, mit denen ich in meiner Arbeit mit Frauen umzugehen begann. Diese Bilder hatten und haben mit den Archetypen des Schweizer Analytikers C.G. Jung nichts zu tun. Ich halte C G. Jung genau wie seinen Kollegen Sigmund Freud für eine sehr fragwürdige Erscheinung des Patriarchats. Zwei, die nicht lebten, was sie predigten, ganz abgesehen davon, daß das Weltbild beider für Frauen unannehmbare Ansätze birgt. Inzwischen sind es dreizehn Bilder weiblichen Seins. Sie entsprechen den dreizehn Feen, weisen Frauen, saligen Fräuleins und wie auch immer sie in den uralten Überlieferungen genannt wurden.

Wir können also davon ausgehen, daß alle dreizehn Aspekte weiblichen Seins Qualitäten sind, die jedes weibliche Wesen in sich trägt und die zur Entfaltung drängen. Aber daß es beispielsweise einen Unterschied macht, welcher der dreizehn Aspekte der erste ist, der einer ins Bewußtsein kommt. Von diesem ersten Aspekt hängt die Reihenfolge ab, mit der die anderen in unser Bewußtsein kommen. Darüber hinaus ist es auch eine Frage, wie intensiv die eine oder andere Seinsqualität, das eine oder andere Talent zur Entfaltung drängt. Dadurch stehen die dreizehn Aspekte weiblichen Seins im Leben jeder Frau in einem unterschiedlichen Kräfteverhältnis zueinander.

Wenn wir noch berücksichtigen, daß es einen Unterschied macht, ob eine im dritten, siebzehnten oder einundzwanzigsten Jahrhundert lebt, ob sie in Afrika oder in Dänemark geboren wurde und in welchem Kräfteverhältnis die dreizehn Aspekte im Leben ihrer Mutter und ihrer Ahninnen standen, dann schließt sich der Kreis. Wir beenden diesen Übersicht schaffenden Gedankengang, der praktisch ein Blick von ganz oben auf das Wirken ganz unten auf der Erde bedeutete, und kehren zurück in den Kreis der miteinander verbundenen Lebewesen. Wenn das Ich froh und stark sagen kann: „Ich bin", hat es einen großen Schritt getan. Wenn es außerdem sagen kann: „Ich kann", hat es sein Potential berührt. Nun muß es etwas damit anfangen.

In der Folge wird es feststellen, daß es zwei wesentliche Hilfsmittel zur Verfügung hat, die es werden lassen. Es sind dies Gefühl und Verstand. Wir können es auch anders ausdrücken und eigene Erfahrung und Abstraktionsvermögen nennen. Dies tun wir nicht, weil es gescheiter klingt, sondern um erstens eine alte Feindschaft zwischen Gefühl und Verstand zu beenden und zweitens eine weitere patriarchale Polarität aufzuheben, die nämlich das Gefühl den Frauen und den Verstand den Männern zuordnet. Wenn du lebst, wirklich lebst, brauchst du beide Systeme – Gefühl und Verstand. Und du darfst sie nicht verwechseln. Das geschieht häufiger, als eine meint. Dann muten wir unserem Verstand, der Ratio, die Gefühlsarbeit zu und versuchen gefühlsmäßig zu verstehen, was uns geschieht. Das kann nicht gutgehen und bringt Verwirrung statt Erleuchtung.

Siebtes Kapitel
EIGENE ERFAHRUNG UND ABSTRAKTIONSVERMÖGEN

Höre in der Stille
Der Liebe
Auf das Geräusch der Wellen
Ebbe und Flut

Für eine, die das Meer braucht, um sich zu heilen, zu regenerieren und lebendig zu fühlen, sitze ich dort, wo ich lebe, ganz schön auf dem Trockenen. Hoch oben auf einem Hügel, der Blick geht weit bis zu den Bergen. Es ist ein regenarmes Gebiet. Nicht einmal eine Quelle gibt es. Bis zum Meer sind es zwei Stunden mit dem Auto. Aber wenn mich die Sehnsucht packt und die Wetterverhältnisse entsprechend sind, dann liegt über dem Tal ein wunderbarer Nebel, aus dem einige Hügelspitzen wie Inseln aus dem Meer herausragen. Und wenn ich Glück habe, startet irgendwo auf den entfernteren Höfen jemand einen alten Traktor. Das Tuckern eines alten Dieselmotors ist Musik in meinen Ohren. Es hört sich an, als führe ein Fischerboot hinaus. Das sind die glücklichen Augenblicke, in denen ich weiß, ich muß nicht ans Meer fahren. Ich bin dank meiner Vorstellungskraft dort und stark und lebendig.

Es geht nichts über eine wahrhaftig leiblich-sinnliche Erfahrung. Und wenn es der Verstand ist, der sie liefert, dann ist es an der Zeit, sich über die Kooperation von Gefühl und Verstand zu freuen. Denn so gut arbeiten die beiden selten zusammen oder doch erst nach einem gut Teil Bewußtseinsarbeit.

Das liegt daran, daß patriarchale Wirklichkeit den Bezug zur Realität mittlerweile ein wenig verloren hat. Dies wiederum hat seine Ursache in dieser merkwürdig eindimensionalen Sichtweise, die in dem verständlichen Wunsch, das Leben und die Schöpfung verstehen zu wollen, immer mehr Abstraktion und immer weniger die leiblich-sinnliche Erfahrung gelten läßt. Natürlich ist es wahrscheinlich von Bedeutung zu wissen, daß die Himmelslichter keine sind, sondern Sterne, Galaxien, Sonnensysteme. Fatal wird es nur, wenn du glaubst, das wäre schon alles, und du könntest es mit unbeteiligter Distanz betrachten und dir dabei einbilden, du wärst in der Wirklichkeit. Das ist, als wäre es in einem Stück wichtig, wie viele Schauspieler auftreten, wie viele davon sich privat kennen, wie lange eine Schauspielerin braucht, um den Text zu lernen und wieso sie rote Haare hat. Über das Stück sagt das gar nichts. Willst du etwas über das Stück erfahren, mußt du deine Sinne bemühen. Sie bringen dich mit deinem Gefühl in Verbindung. Und dieses stellt den Kontakt zu deiner inneren Welt her.

Gefühl und Verstand sind die Verbindungsmöglichkeiten zwischen äußerer und innerer Welt. Über beide erzeugst du Wirklichkeit. Das ist eine sehr fragwürdige Sache, und besonders das Gefühl ist dabei leicht zu täuschen, wie mein Beispiel mit dem Meer zeigt. Aber auch der Verstand hat Möglichkeiten, sich zu verrennen, wofür es viele Beispiele gibt, die ich in „Mama ante portas!" als Denkfallen bezeichnet habe. Daher glaube ich, daß der Gebrauch von Gefühl und Verstand eine Kunst ist, die gelernt werden muß. Dadurch wird die Wirklichkeit nicht objektiv, aber du kannst erreichen, daß du mit allem verbunden bleibst und nicht verloren und allein durch das Weltall eierst.

Unsere Sinne, Geruchs- und Geschmackssinn, Gehör, Augen und haptisches Vermögen, also Gefühlssinn, sind die Kanäle, durch die wir Kontakt in beide Richtungen, nach innen und nach außen aufnehmen. Sehen und Gesehenwerden. Zuhören und Sprechen. Berühren und Berührtwerden. Was es bewirkt, nennen wir Beziehung, Kommunikation, Begegnung, Berührung. So lassen wir das Außen in uns hinein und machen unser Innerstes für andere wahrnehmbar. Alle Lebewesen dieses Erdsystems sind erst wirklich, wenn sie sich in Beziehung zu anderen erfahren. Die Wassertropfen sind zwar voneinander getrennt, wenn sie durch die Luft sprühen, aber sie benötigen den Kontakt zu den anderen Tropfen, sonst vergehen sie im Sonnenlicht, verdunsten und kehren unverrichteter Dinge zu früh ins Meer zurück. Zu früh steht hier nicht im Zusammenhang mit einem erreichten Lebensalter, denn wir können nicht wissen und schon gar nicht beurteilen, wann eine Geschichte zu Ende erzählt, ein Wesen genug gelebt und genug erfahren hat. Ungelebt wäre meiner Ansicht nach ein Leben, das nicht in der Weise im Zusammenhang mit dem Rest der Schöpfung steht, wie dieses Leben eigentlich gedacht war und daher auch ausgerüstet ist. Behinderungen und Beeinträchtigungen körperlicher und geistiger Art sind, soweit ich es verstehe, in diesem Sinn keine Mängel an Lebensausrüstung, sondern Varianten. Ich meine damit eher, daß ein Vogel fliegen sollte und nicht im Käfig sitzen; daß das Selbst den Raum belebt, den es braucht, um sich leben, und alles fühlt, was es zu fühlen gibt, alles versteht, was es zu verstehen gibt.

Unser Hirn – eine der Relaisstationen, über die wir verfügen – ist so angelegt, daß es alle hereinkommenden und hinausgehenden Gefühle ins Bewußtsein hebt, so daß wir mehr oder weniger verstehen, worum es geht. Das klappt häufig nicht besonders gut. Das liegt an der Art und Weise, wie wir unsere Sinne benutzen, und dem Unwissen über die strukturelle Organisation unserer Sinnlichkeit. Woraus sich wieder ergibt, wie wichtig die Kooperation zwischen Gefühl und Verstand ist.

Im Verlauf der Frauenbewegung sind wir in diesem Zusammenhang in eine nicht unbedeutende Falle geraten. In einer zunehmend gefühllosen, d.h. nicht empathischen Welt, in der abstrakte und intellektuelle Wirklichkeiten als einziger Beweis für Realismus und geistige Gesundheit galten und aus dieser Sichtweise beispielsweise das Recht der Frauen auf Schwangerschaftsabbruch behandelt wurde, als handelte es sich um einen Rechtsbruch wie Einbruch oder Betrug, gab es den Slogan: „Mein Bauch gehört mir." Dieser Slogan brachte einen Rechtsanspruch in die Welt, der so natürlich ist, daß ich ihn als das Geburtsrecht jeder Frau bezeichnen will. Aber er reichte weiter als der Kampf um den Abtreibungsparagraphen. Frauen begannen zu beanspruchen, daß es darauf ankomme, aus dem Bauch zu handeln. Angesichts der Übermacht der die Ratio zum Maß aller Dinge erklärenden PatriarchatsvertreterInnen, die sarkastisch als Kopffüßler bezeichnet wurden, ist das ja auch verständlich. Aber eben eine Falle. Denn in einer Welt, in der der Bereich von Gefühl und Emotionalität den Frauen zugeordnet wird und logischerweise dies die Abwertung von Gefühl und Emotionalität bedeutet, ist der Anspruch, Frau samt ihrem Zugang zur Emotionalität gerade durch den Kampf um Anerkennung von Emotionalität gleichrangig werden zu lassen, die Zustimmung, daß Frauen und Gefühl zusammengehören, während der Verstand der Welt der Männer zugeordnet bleibt.

Die Verwendung des Begriffes „verständlich" weist darauf hin, daß eine ihren Verstand benutzen muß, um zu verstehen, warum es für die Frauen so wichtig war, daß Emotionalität nicht mehr abqualifiziert wurde. Aber es zeigt eben auch, daß ein von Hilke Schlaeger herausgegebener Rückblick auf zwanzig Jahre Frauenbewegung den Titel „Mein Kopf gehört mir" tragen mußte, um uns aus dieser Gefühlsecke wieder herauszuholen, in die wir uns selber gesteckt haben. Haben wir das wirklich? Ich meine ja.

Es ist klar: Die Betonung von Gefühl, d.h. leiblich-sinnlicher Erfahrung gilt im Patriarchat noch immer als minderwertig (Frauen auch – da sollten wir uns nicht täuschen lassen). Das Reich der Sinne und die zyklischen Kreise der Lebensprozesse sind im Patriarchat seit der Antike geringer geschätzt als die Gedankenwelt der Vernunft. Und das angesichts der jahrtausendelangen Vergeblichkeit, mit der die Vernunft das Irrationale bekämpft. Da wird eine Person als sensibel bezeichnet, und das heißt, sie ist nicht besonders lebensfähig. Eigentlich labil, schwach, hält nichts aus, ein *looser*. Eine Sozialarbeiterin sagt: „Ich betreue die, die sensibler sind und deshalb im Lebenskampf untergehen."

Bin ich denn wenig sensibel, wenn ich erfolgreich bin? Eventuell nicht, weil ich eine Frau bin, und die sind ja immer so emotional, daß es eigentlich erstaunlich ist, wenn ein weibliches und unbemanntes Wesen Erfolg hat, also im Lebenskampf nicht untergeht. Wir sehen, worauf es hinausläuft. Dieses überrationale Reich des Patriarchats kann eine Welt des wahren Gefühls, der Empathie nicht zulassen. Warum?

Keine hat das besser beschrieben als Mary Daly in „Reine Lust". Wenn Gefühle, eigene Erfahrungen, die immer leiblich-sinnlich sind, in unserer Welt von Bedeutung wären, dann wäre es nicht mehr möglich, Lebewesen einfach zu benutzen, Kriege zu führen, Zerstörung aller Art zum normalen Lebensausdruck zu erklären. Als einziges Beispiel der Grauenhaftigkeiten ohne Zahl, die unser schönes Plastikleben unsichtbar begleiten, will ich nennen, daß regelmäßig Pferde aus Rußland nach Italien geschafft werden, um dort zu Salami verarbeitet zu werden. Zur Wahrung der Vorschriften genügt es, daß ihr Stoffwechsel bis zur Schlachtung gerade eben aufrechterhalten wird. So gehen wir im Patriarchat mit dem Begleittier der Amazone um.

Es ist nicht so, daß das Patriarchat Gefühle nicht zuläßt. Daly zeigt, daß Depression, Schuld, Eifersucht, Neid, Bitterkeit und Resignation Gefühlszustände sind, die als natürliche Begleiterscheinung menschlichen Lebens betrachtet werden, was sie keineswegs sind. Diese Gefühle bringen nichts in Bewegung und in Fluß, sobald sie sich auf ein Ziel oder Objekt richten. Wogegen Gefühle wie Liebe, Haß, Ärger, Zorn, Freude, Angst, Sehnsucht, Traurigkeit, Hoffnung, Verzweiflung, Abscheu und Kühnheit von Daly als natürliche Gefühle aufgezählt werden. Sie erzeugen Bewegung, Veränderung, Wandlung, sobald wir sie zulassen und benennen. Ihre Unterdrückung ist es, die zu den unbeweglichen destruktiven Ersatzgefühlen Depression und Schuld führt.

Die Schwierigkeiten, mit denen wir leben müssen, wenn wir Gefühle nicht zulassen, sind zahlreich. Mit unterdrückten, negierten Gefühlen und der Flucht in die Ratio sind wir nicht imstande, wirklich zu lernen. Viele Frauen mit gefühlsgestörten PartnerInnen kennen das endlose Ringen um Einsicht in ihr Tun, die sich scheinbar in kräfteraubenden, nächtelangen Diskussionen und Streits erreichen läßt. Nur daß eine feststellen muß, daß die Einsicht nur soweit reicht, bis die TäterIn dasselbe noch mal tut.

Wir lernen nur, wenn wir fühlen. Auf dieser These beruht die Arbeit der Kinesiologie, einer körperorientierten Psychotechnik, bei der die Reaktion des Körpers erfahrbar getestet wird.

Lassen wir den Verstand beiseite und verlassen uns nur auf unsere Gefühle, sind wir nicht imstande, die Distanz zu entwickeln, um einen Überblick über unser Handeln zu erzielen. In diesem Fall sind wir verurteilt zu reagieren und wissen noch nicht mal, worauf. Das ist wie Kochen, ohne zu wissen, was eine kocht und was sie mit dem fertigen Gericht zu tun beabsichtigt. Dann ist es nicht möglich, auf Erfahrungen zurückzugreifen und sie sinnvoll auf neue Situationen anzuwenden, um nicht noch einmal zu erleben, was uns schon beim letzten Mal nichts genützt hat. Menschen, die nur ihrem Gefühl folgen, liegen häufig mit der Interpretation dessen, was geschieht, auf eigenwillige, aber oft nicht sehr kommunikative Weise daneben oder stecken bis über beide Ohren in irgendwelchen Emotionen und wissen nicht mehr, wo es langgeht. Strategien entwickelt eine, wenn sie das eigene Erleben versteht und fremdes Verhalten einschätzen kann.

Darum ist es wichtig, Leid zu erkennen und zu benennen, denn sonst können wir keine Lösungsstrategien für die Probleme, die unsere Lebensthemen berühren, erarbeiten. Beide Begriffe – erkennen und benennen – stammen aus den Bereichen, die die NLP-Methode visuell und auditiv nennt, d.h. wir benutzen dafür unseren Gesichtssinn und das Gehör – auch den inneren Blick und die innere Stimme. Wenn wir dann noch das Gefühl zulassen, haben wir begriffen, um den passenden Begriff dafür zu benutzen.

Der gleichzeitige Gebrauch von Gefühl und Verstand, die Integration von Erfahrung und Abstraktionsvermögen bedeutet die Fähigkeit, biologisches und soziales Erleben zu übersetzen und in Beziehung zu setzen zu anderen, zu sich selbst, zum Kosmos.

Die Frage ist, was eine tun kann, die nicht fühlen kann, und auch die in Gefühlen schwimmt, ohne zu wissen, wohin, wird sich wünschen, beide Fähigkeiten des Seins zu integrieren und so zu nutzen, daß sie in ein bewußtes Leben führen. Um Antworten auf diese Frage zu finden, ist es notwendig, daß wir uns mit Formen der innerlichen Befindlichkeit befassen, die zunächst verwirrend schwer zu unterscheiden sind. „Wann weiß ich, daß ich ich bin?" fragte eine Frau. Gute Frage, denke ich und möchte sie noch erweitern: Wann sind wir ein Ich, wann ein Selbst? Was hat es mit diesem vielzitierten höheren Selbst zu tun, das in esoterischen Kreisen eine wesentliche Rolle spielt? Und gibt es dann auch ein niederes Selbst? Handelt es sich etwa um eine Umbenennung der alten Freudschen Einteilung der Seele in Es, Ich und Über-Ich? Muß eine über-sinnlich sein, um damit zurechtzukommen?

Die Angst vor Gefühlen ist groß, die Angst, klar zu erkennen, auch. Wir wollen nur die schönen Gefühle haben und nur wahrnehmen, was uns nicht beunruhigt. Alle wollen immer nur, daß es schön und friedlich zugeht. Aber Erleben, das der Erlebenden nur Gutes und nichts Schlechtes bringt, wird ihr nur Konflikte und Knechtschaft einbringen. Mag das an die Wirklichkeit gekettete Ich auch interessiert sein, hauptsächlich Spaß zu haben, und auf Entwicklung und Entfaltung des ominösen Selbst pfeifen, es wäre ein dummes Ich, wenn es diesen Impulsen wirklich nachgeben wollte. Aber die meisten Ich sehnen sich danach, die Flügel auszubreiten und weit über das Meer zu fliegen.

Achtes Kapitel
Das Ich, das wahre Selbst und das kosmische Selbst

Diese drei sitzen wahrlich
alle im selben Boot

Das Ich, das Ego ist der uns meistenteils bewußte Teil unseres Wesens. Es entwickelt sich im Patriarchat auf kategorisierbare Weise und bestimmt so, wie das Selbst sich in der Welt ausdrücken kann, d.h. es ist der Verbindungskanal zwischen dem wahren Selbst und dem materiellen, körperlichen, irdischen Leben. Durch diese Öffnung zwischen Materie und Ewigkeit fließt die Energie in beide Richtungen.

Das Ich ist der Teil unseres Seins, der sich von Geburt an entwickelt, beeinflußt von der vorhandenen Persönlichkeit des Selbst und geformt von den äußeren sozialen Umständen. Wenn wir Glück haben, erleben wir die Ich-Werdung als einen fortwährenden Prozeß, bei dem alles Gelebte, Vergangenheit und Gegenwart, miteinander verbunden bleibt. Im weniger günstigen Fall, der leider häufiger vorkommt, erleben wir sie als eine Art Zurichtung. Die Zurichtung eines weiblichen Ich ist ganz anders als die eines männlichen Ich. Daher ist es nicht erstaunlich, daß das Ich vieler Frauen einen recht mitgenommenen Eindruck macht. Das ist das Ergebnis der Nutzung des weiblichen Potentials für patriarchale Zwecke, mögen sie gesamtgesellschaftlicher oder privater Natur sein. (Bekanntlich machen wir Alt-Feministinnen da keinen Unterschied.) Die patriarchale Zurichtung erreicht, daß Lebensenergie aus beiden Richtungen – irdisches Dasein und Ewigkeit – nicht richtig fließen kann, sondern blockiert und gestaut wird.

Im Vergleich zum Selbst und seinem inneren Reichtum mag uns das Ich ein wenig dumm und klein vorkommen, aber das ist eine Sichtweise, die dem Ich und seinen Aufgaben für die Gesamtpersönlichkeit nicht gerecht wird. Ganz abgesehen davon, daß in den zahlreichen Arten, ein weibliches Ich zuzurichten, immer diese Art der eigenen Geringschätzung enthalten zu sein scheint. Das ist praktisch, es erleichtert die „Selbstlosigkeit", ein Zustand, der Frauen dazu bringt, ihr Selbst zu leugnen und für unwichtig zu erklären, um für das Ego anderer zur Verfügung zu stehen.

Das Ich als Zentrum der Persönlichkeit hat es nicht leicht. Neben allen Funktionen und Erwartungen, die es für andere zu erfüllen hat, ist es auch bei seinen eigenen Lebensaufgaben stark gefordert. Es ist ständigen Wandlungen ausgesetzt, denn genau darum geht es ja bei diesen Konfrontationen mit der Außenwelt und den Transformationen in der Innenwelt. Es hat seine Aufmerksamkeit also eigentlich ununterbrochen auf Dinge zu richten, die ihm fremd sind, die es nicht gut kann, die es noch lernen muß. Zur Verfügung stehen ihm Gefühle und Verstand – die einen tun weh, der andere kennt sich kaum aus. Das ist ziemlich beunruhigend. Für uns Schülerinnen des Lebens gibt es keine Pausen und Ferien. Im Grunde haben wir eine einzige kosmische Schulstunde zu bewältigen, und die dauert ungefähr vierundachtzig Jahre.

Erstes Ziel des Lebens wäre eigentlich die Entwicklung eines starken personalen Zentrums, d.h. die Entwicklung eines stabilen Ich-Gefühls, aber aus naheliegenden Gründen ist dies in einer patriarchalen Welt keinem Lebewesen möglich. Das so unausgeglichene, geschwächte und seiner selbst unsichere Ich hat es schwer, mit dem Selbst, dem wahren Selbst der Persönlichkeit in Verbindung zu treten. Von der Berührung mit dem kosmischen Selbst ist es dann immer noch Lichtjahre entfernt.

Darauf mag das Selbst in der Regel nicht warten. Vierundachtzig Jahre sind schnell vorbei, und dann steht es da, und es war nichts. So findet es also Wege, sich mit dem Ich in Verbindung zu setzen. Das Selbst meldet sich beispielsweise durch Träume – wenn ich an meinen Schlüsseltraum erinnern darf, mit dem ich dieses Buch eingeleitet habe. Es schickt Erleuchtungsblitze, die uns an den sonderbarsten Orten erwischen können. Erleuchtungsblitze sind unendlich erhellend, aber nicht festzuhalten. Manchmal wissen wir schon eine halbe Stunde später nicht, ob wir uns das nicht bloß eingebildet haben. Es schenkt dir zuzeiten eine Art ozeanisches Glücksgefühl. Das sind Erfahrungen großer Verbundenheit, als ob wir bereits im Meer der Ewigkeit schwimmen. Das wahre Selbst bedient sich zur Anbahnung einer Beziehung zwischen Ich und Selbst auch der Symbole und Zeichen, die das Ich berühren und ihm von seinem tiefen emotionalen Wissen erzählen. Das Ich erlebt vielleicht Anhäufungen „seltsamer" Zufälle, die es nachdenklich machen, so daß es offen für das Offensichtliche wird. Und dann gibt es noch die vielen Transformationen, durch die das Ich hindurchgeschickt wird wie eine U-Bahn durch den Tunnel eines neuen Streckenabschnittes. Das Licht am Ende des Tunnels ist das Selbst. Herzlich willkommen.

Das Selbst wiederum ist mit dem kosmischen Selbst verbunden. Die Verbindung wird durch Helfer, Schutzengel, Kräfte und Wesenheiten der Archesphäre hergestellt, je nach Glaubensrichtung und geistigem Potential nennen wir sie unterschiedlich. Wahrscheinlich nehmen sie in unserem Inneren auch die Gestalt an, die wir aufgrund unseres kulturellen Hintergrunds begreifen, so daß wir nicht erschrecken und uns nicht fürchten müssen. Meine ganz große Verbündete aus der Anderswelt sieht manchmal wie Agnes Baltsa aus, eine griechische Opernsängerin, die ein bißchen wie ich und ein bißchen wie meine Mutter aussieht. Das macht es mir leichter, mit ihr in Kontakt zu treten. Sähe sie aus wie Maria Callas, wüßte ich wahrscheinlich nicht, ob ich nicht doch spinne.

Das wahre Selbst nimmt in sich auf, was das Ich gelernt hat. Sammelt alles ein wie die Biene den Nektar, denn eines Tages kehrt es zum kosmischen Selbst zurück und hofft, reichbeladen zur Vollendung des Meers der Ewigkeit beitragen zu können.

Das Ich öffnet sich für das Selbst dem Außen und setzt sich dem Leben aus. Tut es das nicht, weil es Angst vor Verletzung, Berührung, Dasein und so weiter hat, bleibt es in den patriarchalen Überlebensstrategien stecken. Überlebensstrategien hier verstanden als Bemühungen, die Auslöschung oder Überwältigung des Ich zu verhindern. Diese Überlebensstrategien sind ganz unterschiedlich. Bei einigen wird die Energie blockiert, bei anderen turbomäßig durchgequirlt. Bei wiederum anderen wird sie gebogen wie eine Peitsche kurz vor dem Zuschlagen. Es gibt auch Überlebensstrategien, die die Angst vor Vorhandensein, vor dem Da-Sein als Ursache haben.

Was es vorerst nicht gibt, wenn wir in diesen Überlebensgeschichten stecken, ist die Verbindung zum Selbst. Das ist von der Schöpfung nicht so gedacht, aber patriarchale Wirklichkeit.

Als Kinder verlieren wir die Verbindung mit unserem wahren Selbst, um uns dem anzupassen, was von uns erwartet wird. Wir sind sehr bemüht, die Erwartungen unserer Mütter und Väter zu erfüllen, und noch keineswegs in der Lage, zu erkennen und zu benennen. So sehr wir unsere Eltern lieben mögen, sie sind ja in der generationenlangen Kette seelischer Verbiegungen patriarchaler Machart selbst auch nicht aus ihrer Überlebensstrategie heraus, wenn der Kindersegen sich einstellt.

Erschwerend kommt hinzu, daß wir mit einem eigenartigen Phänomen belastet werden, das sich unserem Bewußtsein für Jahrzehnte entzieht. Bei unserer Geburt sind unsere Eltern in Probleme verwickelt, die ihre ganze Aufmerksamkeit und Kraft beanspruchen. Sie sind gerade mitten im Wald der Wichtigkeit. Die Hemmnisse, die sie zu bewältigen suchen, erleben wir, winzig und klein, wie wir sind, bereits mit und entwickeln offenbar ein großes Bedürfnis zu helfen bzw. Leid auf uns zu nehmen, um sie zu den starken Eltern zu machen, die wir brauchen etc. Hier sitzt eine der Quellen für die eigenartigen inneren Glaubenssysteme unseres späteren erwachsenen Lebens. AstrologInnen ordnen diesem Phänomen den Planeten Chiron zu. Sie gehen davon aus, daß sich am Stand von Chiron in einem Geburtshoroskop ablesen läßt, welche elterlichen Probleme wir dazu benutzt haben, innere Glaubenssysteme zu entwickeln, die uns dann dazu bringen, lebenslang Probleme zu lösen, die gar nicht unsere sind.

Für das Ich besteht jederzeit die Möglichkeit, mit dem Selbst von sich aus in Verbindung zu treten bzw. die Verbindung gar nicht erst abzuschneiden. Aber in der Anpassung an die Anforderungen der Außenwelt an das Ich kann eine Annäherung an das wahre Selbst bedrohlich und beängstigend sein – die Wahrheiten des Selbst sind nicht geeignet, eine glückliche Biomatenexistenz im Patriarchat zu führen, und stören jeden faulen Kompromiß in einem an faulen Kompromissen nicht armen weiblichen Leben in einer männerzentrischen Welt. Das Selbst verlangt vom Ich, sich mit seinen Prägungen und Zurichtungen auseinanderzusetzen, und wird außerdem erwarten, daß das Ich ihm den Raum schafft, den das Selbst braucht, um sich auszudrücken. Armes Ich. Es sitzt eigentlich immer zwischen allen Stühlen. So dauert es eine gute Weile, meist haben wir dann den Saturn-Return schon hinter uns, sind also schon über dreißig, wenn das Selbst sich bei uns meldet, weil es sich erfüllen will und der Ansicht ist, daß es uns nun zuzumuten und zuzutrauen ist, daß wir uns von den Überlebensstrategien lösen, die uns behindern und einengen.

Wenn eine sich von etwas lösen soll, muß sie zuerst wissen, wovon sie sich da löst. Der erste Schritt in die Selbst-Erkenntnis ist eine Erkenntnis des Ich und seiner Überlebensformen. Es gibt viele Kategorisierungen von vielen schlauen Menschen. Die ganze Psychotherapie basiert letztlich auf diesen jeweils unterschiedlichen und in mancher Hinsicht sehr ähnlichen Sichtweisen. Ich habe in meiner Arbeit gute Erfahrungen mit den Kategorien der Hakomi-Therapie gemacht. Sie basieren auf der Arbeit von Pat Ogden. Natürlich mußte ich sie – wie meistens, wenn wir etwas aus der patriarchalen Welt übernehmen – für Frauen um- und überarbeiten. Dabei hat es überraschenderweise viele erhellende Erkenntnisse über die Frauen-Ichs gegeben, deren Zurichtung zu typisch weiblichen Überlebensstrategien so lange in dieser Sichtweise nicht hervortraten, solange die Texte sprachlich noch männlich dominiert waren. Auch die Hakomi-Therapie kennt in ihren theoretischen Schriften fast ausschließlich das männliche Kind, obwohl sie hauptsächlich eine weibliche Klientel hat.

Kategorien des überlebenden Ich in Anlehnung an Pat Ogden:
- das Pseudo-Ich,
- das kindliche Ich,
- das demütige Ich,
- das aufgeblasene Ich,
- das aufgeregte Ich,
- das manipulative Ich.

Diese Kategorien sind in ihrer Struktur den Aspekten oder Subpersönlichkeiten des Selbst nicht vergleichbar. Zwar wird es wohl keine unter uns geben, die ein klar einzuordnendes Ich entwickelt hat, diese Kategorien mischen sich also auch, aber sie haben mit dem wahren Wesen einer Person nichts zu tun.

Das Pseudo-Ich

Diese Form der Überlebensstrategie entwickelt sich in der Zeit vor der Geburt und während des ersten Lebensjahrs. Wir können uns das neugeborene Kind als Bündel reiner Lebensenergie vorstellen, das die Welt nicht kennt und keine Erwartungen hat. Sein Kernausdruck besteht einfach in: Hier bin ich! Ich existiere! Und sein Leiden beginnt, weil dieser Ausdruck von Anfang an durch die Mutter in Frage gestellt wird. Im schlimmsten Fall wird seinem Wesensausdruck ‚Ich bin‘ mit Haß, Ablehnung und Feindseligkeit begegnet, weil die Mutter das Kind nicht will. Das kann schon im Uterus passieren, da der Fötus die Spannungen und Ablehnung der Mutter aufnimmt und merkt, daß da etwas nicht stimmt. Im besten Fall ist die Mutter bloß unempfänglich für die Bedürfnisse des Kindes und behandelt das Baby nicht sanft und liebevoll. Die Unsensibilität muß nicht mal absichtlich sein; die Mutter braucht nur geistig abwesend, beschäftigt oder ängstlich aufgrund von Umständen zu sein, die das Baby nicht betreffen.

Wenn dem wesentlichen Lebensausdruck ablehnend begegnet wird, übernehmen diese Babys die wahrgenommene Einstellung der ablehnenden Person (der Mutter) und sagen sich: Ich gehöre nicht hierher – ich bin nicht gewollt! Die eigene Lebensenergie bedroht das Überleben. Und so treffen sie die Entscheidung, die eigene Lebenskraft unter Verschluß zu halten. Die Impulse, die eine so negative Reaktion der Umwelt hervorrufen und daher lebensbedrohlich sind, werden unterdrückt.

In diesem Prozeß schneidet die Person mit dem Pseudo-Ich ihre Gefühle ab. Es ist nicht nur eine Frage der Unterdrückung von Gefühlen: Tatsächlich lernen sie von Anfang an die Gefühlswelt niemals kennen. Das Grauen, daß sie aufgrund der ablehnenden Umwelt erfahren haben, die ihr Recht auf Existenz in Frage stellte, ist so tief, daß sie entschieden haben, einfach nicht zu fühlen. Ausdruck oder auch nur Erkenntnis von Gefühlen könnten zur Vernichtung führen. Daher vermeidet ein Pseudo-Ich, mit ihrem wirklichen inneren Selbst in Kontakt zu treten. Sie lebt in einer Welt von Gedanken und Phantasien. Frag sie, wie sie sich fühlt, und sie erzählt dir, was sie denkt. Sie weiß es nicht anders.

Das Verhalten eines Pseudo-Ichs hat eine ‚Als-ob‘-Qualität. Es scheint über den Dingen zu stehen, außerhalb dieser Welt zu sein und nicht in der Realität des Hier und Jetzt zu leben. Weil sie ihren Impulsen nicht vertrauen, lernen die Pseudo-Ichs, wie sie sich in der Welt zu verhalten haben, indem sie andere beobachten und dann imitieren. Sie übernehmen ihre Rolle durch Beobachtung, anstatt die Angemessenheit ihrer Rolle von innen her zu fühlen; aus diesem Grunde wirkt ihr Rollenverhalten nicht überzeugend.

Wenn sie nicht ein festes Verhaltensmodell haben, neigen sie zum Beispiel in einer neuen Situation zu unangemessenem und nicht voraussagbarem Verhalten. Selbst mit einem solchen Modell reagieren sie auf eine gegebene Situation eher schematisch, folglich ist ihr Verhalten niemals ganz passend. Emotionale Ausbrüche sind kurzlebig, und es fehlt ihnen die unterstützende Energie der inneren Überzeugung.

Pseudo-Ichs scheuen enge Beziehungen, da sie Intimität um alles in der Welt vermeiden und in einem Isolationszustand verbleiben. Sie initiieren keinen Kontakt, und Versuche von anderen, ihnen nahe zu sein, erregen ihr Mißtrauen. Da sie es vorziehen, im Hintergrund zu bleiben, vergrößert sich ihre Angst, wenn andere sie aufsuchen und ihnen Aufmerksamkeit schenken. Von anderen wegzukommen und allein zu sein, bedeutet Erleichterung.

Das kindliche Ich

Das kindliche Ich entwickelt sich während der ersten beiden Lebensjahre. Wenn die Bedürfnisse in dieser Phase angemessen versorgt werden, entwickelt das Kind das sichere Gefühl, daß die Welt ein stärkender Ort ist. Im Fall des kindlichen Ich werden die Bedürfnisse nicht angemessen erfüllt. Stell dir ein Kind vor, daß hungrig in seinem Bettchen liegt und nach seiner Mutter schreit. Es schreit und schreit, ohne Erfolg, und schließlich gibt es auf. Mit der Zeit unterdrückt es die Sehnsucht nach der Mutter. Es entsteht ein Konflikt zwischen dem Bedürfnis nach Zuwendung, Nahrung oder Kontakt mit der Mutter und der Furcht vor Enttäuschung, wenn die Mutter nicht reagiert. Also stellt das Kind seine Bemühungen ein, wird passiv und beginnt, die Welt als einen nicht unterstützenden Ort zu betrachten.

Die Eltern können dem Kind Aufmerksamkeit in der Form von Spielzeug und hübschen Kleidern schenken, aber natürlich gleicht das nicht den Mangel an Nähe, Zuwendung und individualisierter Fürsorge für seine wirklichen Bedürfnisse aus. Es fühlt sich sowohl einsam und unerfüllt in seiner Anschauung, daß niemand seine Bedürfnisse stillen wird, als auch machtlos und uneffektiv in seinen Bemühungen, Befriedigung zu erreichen.

Aufgrund der Erfahrung von Entbehrungen und tiefsitzenden Gefühlen von Hilflosigkeit wird sich das kindliche Ich in erster

Linie damit beschäftigen, seine Bedürfnisse gestillt zu bekommen. Es bildet eine narzißtische Einstellung aus, denn es ist nur an seinen eigenen Gefühlen und Bedürfnissen interessiert. Gleichzeitig ermüdet es leicht, weil seine früheren Bemühungen um Bedürfnisbefriedigung vergeblich waren, es neigt dazu, seine Ziele aufzugeben, bevor die Möglichkeit einer Bedürfnisbefriedigung sichtbar wird.

Vielleicht, ohne daß die Mutter es direkt ausgesprochen hätte, empfing das Kind die Botschaft: „Werde erwachsen und stehe auf deinen eigenen Füßen, weil sonst niemand deine Bedürfnisse stillen wird." Statt dieser Botschaft zu folgen und für sich selbst zu sorgen, bricht das kindliche Ich zusammen, weigert sich ‚erwachsen zu werden‘, und setzt hartnäckig seine Versuche fort, andere dazu zu bringen, für es zu sorgen.

Es hofft, seine Bedürfnisse, ohne darum zu bitten, befriedigt zu erhalten, ohne jede Anstrengung seinerseits. Wenn es überhaupt die Hand ausstreckt, fühlt es sich ohnmächtig und ineffektiv und bringt nicht die Energie auf, diese selbstbehauptende Geste durchzuhalten. Es versucht auch, durch Nichthandeln die geringe Energie, die ihm zur Verfügung steht, zu bewahren und ihre weitere Erschöpfung zu verhindern.

Da das kindliche Ich – unbewußt oder nicht – glaubt, daß die Welt ihm den Lebensunterhalt schuldet, kann es ihm schwerfallen, eine Arbeit zu behalten. Es besitzt nicht die Hartnäckigkeit, die Zukunftsorientierung oder den Willen, sich selbst materiell zu unterstützen. Da es tpyischerweise eine „Versagerin" ist, stehen seine Leistungen oft in keinem Verhältnis zu seinen Fähigkeiten.

Andere Menschen können auf ein kindliches Ich anfangs mit einem Gefühl von Mitleid und Fürsorge reagieren, aber sie fühlen sich bald ausgesaugt und entmutigt, weil dem kindlichen Ich nichts genug ist. An Beziehungen klammert sich das kindliche Ich und will fortwährend Aufmerksamkeit und Sympathie. „Ich liebe dich" heißt bei ihnen oft, „Ich will, daß du mich liebst."

Es gibt noch eine Variante des kindlichen Ich, da entscheidet es sich dafür, niemanden zu brauchen, um nicht enttäuscht zu werden. Es ist das Waisenkind, das allein durchkommt und daher auch niemandem dankbar sein muß. Es leugnet seine Bedürftigkeit und hat es schwer, Hilfe und Unterstützung anzunehmen.

Das manipulative Ich

Diese Strategie wird zwischen zwei und vier Jahren gebildet, wenn das Kind seine Umwelt als getrennt von sich sieht und seine Bedürfnisbefriedigung in gewisser Weise von seinen Handlungen abhängig ist. Es entwickelt Autonomie, bedarf jedoch noch der Hilfe seiner Mutter. Für das Kind entsteht ein Dilemma, weil die Bedürfnisse der Mutter Vorrang vor seinen eigenen haben. Das heißt, die Mutter ist unfähig oder nicht willens, ihre eigenen Wünsche lange genug beiseite zu stellen, um die Bedürfnisse ihres Kindes zu respektieren und zu erfüllen. Statt dessen versucht sie, das Kind zu kontrollieren und auf indirekte, verführerische Weise an sich zu binden. Statt ihre Wünsche offen und ehrlich zu formulieren, benutzt sie hinterrücks die Bedürfnisse ihres Kindes, um ihre eigenen zu befriedigen. Wenn das Kind sich um Hilfe und Kontakt bemüht, verdreht die Mutter dieses Eingeständnis von Verletzlichkeit, so daß sie bekommt, was sie will. Das Kind, das naiv Mitgefühl und Hilfe erwartet, erlebt statt dessen, daß sein Bedürfnis gegen es selbst gewandt wird, und fühlt sich daher verletzt, unwichtig und töricht. Mit der Zeit lernt das Kind langsam und schmerzvoll, daß es tatsächlich gefährlich ist, seine wahren Gefühle zu zeigen

Das Kind kann nicht sagen: „Das ist nicht richtig; du solltest für mich sorgen." Es ist auch zu jung, um ohne Kontakt und Unterstützung von seiner Mutter zu überleben. Also sitzt es in der Falle, und es bleibt ihm nur die Alternative, sich entweder unterwerfen und benutzen zu lassen oder die Strategie der Mutter zu übernehmen und raffinierter zu werden als sie, indem es selbst manipuliert und Macht ausübt.

Es gibt zwei Arten von manipulativem Ich. Das eine kommt mit powervollem Getöse daher, nimmt Posen von Macht und Stärke an, und das andere reagiert eher mit Zuvorkommenheit, Charme und Verführung.

Das manipulative Ich hat große Schwierigkeiten mit intimen Beziehungen, die ja einen freien und ehrlichen Ausdruck von Gefühlen verlangen. Es kann kaum Verbindungen ertragen, in denen es nicht dominiert oder kontrolliert. Diese Strategie ist eine Abwehr des Gefühls der Schwäche und rührt aus der Angst, überwältigt, ausgenutzt und unwichtig zu sein.

Das demütige Ich

Das demütige Ich wird gekennzeichnet durch die elterliche Unterdrückung der Selbstbehauptung und Unabhängigkeit des Kindes. Das Kind hat in den ersten Lebensphasen Stärkung und Liebe erhalten; in der Tat war die ganze Familie sehr liebevoll und betont herzlich, sowohl körperlich wie auch verbal. Sobald allerdings das Kind alt genug wird, um zu realisieren, daß es sich selbst behaupten und nein sagen kann, gerät es in einen Konflikt, weil die Mutter seine natürlichen Impulse hemmt. Da sie nicht in der Lage ist, die Selbstbehauptung ihres Kindes zu ertragen, schubst sie es herum und kontrolliert es, um es zum Gehorsam zu bewegen. Dies geschieht nicht auf bösartige Weise: tatsächlich kann die Mutter übermäßig liebevoll und freundlich sein und oft sowohl ihre Liebe als auch Schuldgefühle zur Manipulation einsetzen: „Tu's für Mama. Du weißt, daß Mama dich liebhat. Mama weiß, was am besten für dich ist. Du bist mein kleines Mädchen, und ich weiß, daß du mir nicht wehtun willst." Das sind allgemeine Schachzüge, mit deren Hilfe das Kind zur Kooperation gezwungen wird. Die Mutter ist dominierend und selbstaufopfernd; sie neigt dazu, das Kind zu erdrücken und seine Wünsche und Anstrengungen, sich von ihr zu befreien, zu ersticken.

Um die Liebe der Mutter zu erhalten, muß das demütige Ich sie erfreuen, ihr gehorchen und seine eigene Unabhängigkeit und Selbstbehauptung verleugnen. Daher gibt es für diese Liebe seine Würde, Individualität, Unabhängigkeit und Selbständigkeit preis. Liebe zu empfangen, wird damit assoziiert, zu tun, was jemand anderer will, und den damit einhergehenden Gefühlen von übernommener Verpflichtung und abgegebener Verantwortung.

Für das Kind erscheint die Situation hoffnungslos. Es kann sich nur entweder behaupten und die Mutter verlieren oder aber ihr gehorchen, ihre Liebe gewinnen und damit sich selbst verlieren. Seine einzige, gerade noch akzeptable Zuflucht besteht darin, nach außen hin gehorsam zu sein, aber innerlich Widerstand zu leisten. Auf diese Weise kann das demütige Ich einen Anschein von Würde und Selbstrespekt bewahren.

Das demütige Ich übernimmt die Rolle des unschuldigen Opfers. Da es tief innen glaubt, daß es selbst schuld ist, daß jedes Unglück der Mutter und später der anderen sein Fehler war, sucht es sich Situationen, die diese Überzeugung unterstützen. Es richtet es so ein, daß es Mißerfolg haben muß und unglücklich wird. Es gibt sein Bestes, trotzdem mißlingt es ihm. Es ist, als ob das demütige Ich versucht, Liebe durch den Aufwand anstatt durch das Ergebnis seines Handelns zu gewinnen. Dahinter steckt sein ihm selbst nicht bewußter Widerstand, genährt aus Zorn und Wut. Sein Nein ist ein derart tief unbewußtes Verhalten, daß es selber nicht merkt, wie es die Ursache für die eigenen Probleme ist.

Ein demütiges Ich übt ständig passiv-aggressive Rache. Im Beisein eines demütigen Ich werden andere schnell ärgerlich und schämen sich dafür, weil es doch immer so lieb und nett ist. Oft vermittelt das demütige Ich, dumpf und dumm zu sein, während das in Wahrheit nicht der Fall ist. Es weiß einfach nicht, wie es sonst seine Gefühle von Zorn und Wut ausdrücken könnte. Und so entwickelt es ungeschicktes Verhalten, Mißverständnisse, Langsamkeit und stellt scheinbar dumme Fragen, die andere in Sekundenschnelle auf die Palme bringen.

Das aufgeblasene Ich

Die unterschwellige Botschaft der Eltern, die das aufgeblasene Ich entstehen lassen, lautet: „Ich liebe dich, wenn du etwas leistest", worin enthalten ist, daß, was immer das Ich leistet, nie genug oder nie gut genug ist. Dies sind die Vater-Töchter, die es bis zur Ministerin bringen können, als Feministinnen gelten und auf vielerlei Weise erfolgreich sind. Aber irgendwann gerät ein weibliches aufgeblasenes Ich in Konflikte mit ihren frauenbewegten Schwestern, denen dämmert, daß die Frau Papa zu gefallen wünscht und eigentlich keine wirkliche Frauenfrau ist. In Wahrheit tut das aufgeblasene Ich alles, um noch immer Papa zu gefallen, seine Kritik an dem, was Männer tun, entspringt konkurrierendem Verhalten.

Es hält Ausschau nach Gelegenheiten, sich zu beweisen, um damit Aufmerksamkeit und Anerkennung zu verdienen. Das aufgeblasene Ich ist immer bereit, sich mit seiner Einstellung „Schick mich hinein, Coach!" ins Getümmel zu stürzen. Es funktioniert fortwährend an der Grenze seiner Fähigkeiten, denn es muß mehr und mehr an Leistung bringen.

Die wesentliche Lektion für ein solches Ich ist, daß es sich anstrengen muß, um gut genug zu sein, und daß es sein Herz nicht öffnen darf. Es glaubt an Gehorsam, in der Jugend an den eigenen, später an den der eigenen Kinder. Es nimmt sich fest vor, nicht nachzugeben oder loszulassen. Das Loslassen wird in zweifacher Weise bedrohlich. Einmal empfindet es gewaltige Furcht davor, von einem mächtigen Gefühl hinweggeschwemmt zu werden und die folgende Verletzung und Ablehnung zu erleben, und dann bedeutet Loslassen auch eine Niederlage seines Ich und seines Stolzes, einen Mangel an Leistung. Also wird es rational, logisch und ernsthaft, um sich gegen das Nachgeben zu schützen, und läßt sich niemals scheiden.

Das aufgeblasene Ich bemüht sich, Perfektion zu erreichen, in dem Glauben, daß es perfekt sein muß, um Zustimmung zu erreichen. Es ist von einem großen Wunsch nach Erfolg und Bewunderung für seine Leistungen beseelt, und es wird sehr produktiv und zielorientiert. Anstatt seinen Gefühlen zu trauen und sich von ihnen leiten zu lassen, beschäftigt es sich mit Fakten, Regeln und Details. Es kann sich nur äußerst schwer entspannen und kann auch nach getaner Arbeit keine Befriedigung empfinden.

Das aufgeblasene Ich kann nicht einfach nichts tun. Da meditiert es lieber fleißig, bevor es einfach nur so herumsitzt.

Die Beziehungen, die das aufgeblasene Ich eingeht, sind eng und lang andauernd. Aber bei aller Intimität bewahrt es Zurückhaltung und versteckt seine sanften und zärtlichen Empfindngen. Es hat gleichberechtigte Beziehungen gern, neigt aber zur Indirektheit und kann nicht nachgeben. Weil es nicht gewöhnt ist, für sein Sosein geliebt zu werden, fühlt es fortwährend, daß es sich Liebe verdienen muß, und hat Probleme damit, einfach nur geliebt zu werden. Der Hauch von Frust, der ein aufgeblasenes Ich ständig umgibt, ist für andere oft schwer zu ertragen. Aufgeblasene Ichs sind nicht unbedingt die Frohnaturen unter uns.

Das aufgeregte Ich
Wenn die Eltern mit vielen Problemen beschäftigt sind und das Kind nicht die Aufmerksamkeit erhält, die es benötigt, dann kann sich das aufgeregte Ich als Überlebensform entwickeln. Das heißt, daß das Kind bei Zurückweisungen und Mangel an Wahrnehmung nicht resigniert, sondern protestiert. Das aufgeregte Ich dreht auf, um gehört und gesehen zu werden.

Die Eltern kümmern sich vielleicht nur dann um das Kind, wenn es sehr nervös oder körperlich verletzt oder krank ist, und ignorieren es, wenn es gesund und zufrieden ist. Das Kind lernt schließlich, daß Aufmerksamkeit nur zu bekommen ist, wenn es in seinem Leben eine Krise gibt, und schließlich kreiert es Krisen, nur um Aufmerksamkeit zu erhalten. Das Kind fühlt sich unbeachtet und ist natürlich sehr enttäuscht, daß seinen Bemühungen um Kontakt mit Indifferenz begegnet wird. Es fühlt sich verraten, weil sein Gefühlsausdruck früher akzeptiert wurde und jetzt plötzlich aus keinem offensichtlichen Grund zurückgewiesen wird. Daher entwickelt es eine tiefe Furcht vor Verletzungen und sehnt sich zutiefst danach, akzeptiert zu werden. Es entwickelt eine Abwehr gegen Enttäuschung und Verrat. Seine Botschaft lautet: Du kannst mich nicht verletzen, weil ich mich dir nicht mehr öffnen werde.

Ablehnung nimmt das aufgeregte Ich nicht ruhig oder passiv hin. Statt dessen neigt es zu Übertreibung, Dramatisierung und Überemotionalisierung. Mit der Zeit wird diese Übertreibung von Gefühlen zur Gewohnheit.

Das aufgeregte Ich hat Angst davor, direkte Forderungen nach Aufmerksamkeit zu stellen, da diese Strategie früher nur zur Zurückweisung geführt hat. Es tritt nicht für seine Rechte ein. Statt dessen schafft es ein Drama, um sein Leben interessant genug zu machen, damit es die Aufmerksamkeit der geliebten Person verdient. Auch noch das banalste Ereignis wird zur absolut unglaublichen Erfahrung. Das aufgeregte Ich kommt selten in Gefahr, einen Augenblick der Erleuchtung im nachhinein als Blähung wegzurationalisieren. Wahrscheinlicher ist es, daß es Blähungen für Erleuchtung hält.

Die Übertreibungstendenz bleibt dem aufgeregten Ich unbewußt, obwohl es gewohnheitsmäßig überreagiert und theatralisch ist, kommen die emotionalen Ausbrüche auch für es selbst unerwartet. Dieses Verhalten überdeckt tiefe Traurigkeit und Angst vor Verletzung. Die wirklichen Gefühle des aufgeregten Ich wurden nicht ernstgenommen, also maskiert es sie durch Dramatisierung.

Soweit die Überlebensstrategien. Das heißt, wir kennen nun die unterschiedlichen Formen der Behinderung des Flusses von Lebensenergie, die eigentlich die Erfahrungsreichtümer zum Selbst transportieren sollte. Das Ich spürt irgendwann, daß die Dinge besser sein könnten und es weit entfernt davon ist, ein glückliches, d.h. authentisches Leben zu führen. Wohin es auch schaut, im Außen zeigt sich eigentlich nur, daß alle ihre Probleme haben, und keine weiß so richtig, woher und wohin. Es kann seine PartnerInnen aus einer anderen Kategorie der Überlebensstrategien auswählen und sich damit eine andere Art von Malaise ins Leben holen. Oder eine Psychotherapie machen, die ihm hilft, sein Ich zu akzeptieren. Da aber hat es eben plötzlich einen Schlüsseltraum oder eine Erleuchtung, oder die Zeichen sind unübersehbar. Das Selbst ist in sein Bewußtsein getreten.

Was aber tun, wenn das Selbst sich nicht meldet? Keine Erleuchtung, kein Symbol, rein gar nichts? Es ist nicht so, daß das Ich nun passiv abwarten muß, bis das Selbst sich seinen Raum verschafft und zu diesem Zweck in das Bewußtsein des Ich tritt. Es kann seinem Selbst signalisieren, daß es Verbindung aufnehmen möchte. Es kann meditieren, beten, in Trance gehen. Sei sicher, du wirst in kürzester Zeit Antworten deines wahren Selbst vernehmen. Das soll eine sich nun nicht so vorstellen, daß sie dann in einen Dauerzustand der Glückseligkeit gelangt. So wird es ja oft von Gurus und Gurianis versprochen. Nein, es bedeutet lediglich, daß du frei bist, das Leben zu erleben, mit all seinen Freuden und Schmerzen, und daß du dich nicht mehr hinter Mauern und Fassaden verstecken mußt.

Was eine wissen sollte, wenn sie dem wahren Selbst Herz und Hirn öffnet, ist, daß dem anfangs ozeanisch beglückenden Gefühl von Einssein mit dem Kosmos und dem Dasein in der Welt eine transformatorische Zeit der Ich-Abbürstung folgt. Ich könnte auch sagen, daß, wenn du deinen Horizont erweiterst, du auch mehr zu sehen kriegst, auch das, was du eigentlich nicht so klar erkennen wolltest. Meist haben wir es schon irgendwie geahnt, aber wenn es uns dann erst einmal bewußt ist, gibt es viel zu tun.

Erst hat es ewig gedauert, bis wir fertig zugerichtet waren. Nun haben wir die ganze Arbeit am Hals, wieder zu verwildern. Es ist – so scheint es mir – die einzige Möglichkeit, die Kräfteverhältnisse im Universum zu verschieben. Zugunsten der Frauen, des Lebens, der Liebe, der Lust, der Freude, der Gedeihlichkeit.

Neuntes Kapitel

DAS UNBEWUSSTE, DAS VORBEWUSSTE, DAS BEWUSSTE

Es ist nicht das Schiff, das durch das Schmieden
der Nägel und Sägen der Bretter entsteht.
Vielmehr entsteht das Schmieden und Sägen
aus dem Drang nach dem Meere und dem
Wachsen des Schiffes.
(St. Exupéry)

Das wahre Selbst braucht das Ich wie der Wassertropfen die Spannung der Oberflächenmembran. Das Ich ist die geheimnisvolle Öffnung zwischen den Welten, zwischen Erde, Raum, Zeit, oben und unten, hellem Sonnentag und dunkler Nacht, blöden Nachbarn, mißtrauischen Vermietern und anstrengenden Schwiegermüttern, faulen Sonntagnachmittagen und reicher Gemüseernte, also dem materiellen irdischen Dasein einerseits und dem lebenssehnsüchtigen Selbst, das sich aus dem kosmischen Selbst herausgelöst hat, um seine Sehnsucht zu erfüllen, wie der Durstige in der Wüste seinen Durst zu stillen wünscht. Trinken wir also.

Diese Erkenntnis erwischte mich bei der Friseurin, als ich gerade die Haare gewaschen bekam. Wie gesagt, der Erleuchtung ist es egal, wo sie dich erwischt. Da saß ich nun zurückgebeugt, mit dem Kopf im Waschbecken, und ich wußte – was heißt wußte, es durchfuhr mich wie ein Blitz (spricht da das aufgeregte Ich?) –, daß die Göttin uns genauso braucht wie wir sie. Ich sah all die betenden Menschen, die Maria und die Heiligen um Hilfe anflehen; die vielen Frauen in Trance und Meditation; die Hexen, die die Göttinnen anrufen – und auf einmal tat mir die Göttin leid. Kein Mensch fragt sie jemals, ob sie nicht auch Probleme hat. Es war mir plötzlich klar, daß auch sie Liebe braucht. Der Weg, den die Liebe nimmt, wenn sie die Göttin erreichen soll, auch dies ist klar, kann nur vom Ich zum wahren Selbst und von dort zum kosmischen Selbst führen. Trinken wir also, auf daß der Lebensdurst des Selbst gestillt werde, bis es so sehr in Liebe badet, daß alles in einer mächtigen Welle ins Meer der Ewigkeit zurückrollt.

Diese Sehnsucht des Selbst nach dem Leben ist dem Ich nicht immer bewußt. Daß diese Sehnsucht unbewußt ist, heißt nicht, daß sich das Bewußtsein über sie erheben kann und sie für unbedeutend erklärt, nur weil es nichts von ihr weiß, jedenfalls nicht so genau. Das tut es aber häufig, wir kennen das ja alle, wie wir über unser „Unterbewußtsein" reden. Wir glauben, daß es uns dazu bringt, all diesen Irrsinn zu machen wie rauchen, saufen und andere Süchte entwickeln. Wie schon erwähnt, das Bewußtsein ist so ziemlich der dümmste Teil unserer Persönlichkeit. Wir dagegen halten uns schon für schlau, wenn uns etwas bewußt ist, aber das heißt noch gar nichts.

Wenn wir versuchen, unsere Überlebensstrategien wieder loszuwerden und alles abzuwerfen, was die patriarchale Zurichtung uns gebracht hat, dann sind wir darauf angewiesen, Kooperation mit dem wahren Selbst und dem kosmischen Selbst zu erreichen. Wir können dafür Gefühl und Verstand einsetzen und werden erkennen, daß das Ich kein Über-Ich hat. Es hat ja auch kein Unter-Ich. Was wir für das Unter-Bewußtsein gehalten haben, war unser wahres Selbst. Und wenn wir es Höheres Selbst nennen, wird es davon auch nicht göttlicher, als es sowieso schon ist. Füttern wir also künftig nicht mehr die alten hierarchischen Vorstellungen, daß immer noch etwas über uns sein muß. Das ist bei Christen und Esoterikern nicht sonderlich verschieden. Wenn es denn kein Gott mehr ist, soll es wenigstens ein Höheres als unser Selbst sein. Wenden wir uns lieber dem Bewußtsein zu, das dummerweise auch nicht alles weiß.

Nicht alles, was in den Bereich des Ich gehört, ist ihm auch bewußt. Nicht alles, was ihm nicht bewußt ist, ist der verdrängte und verleugnete Schrott aus der Überlebensstrategie, die schmerzhaften Erinnerungen, der alte Zorn, die kindliche Verzweiflung und so weiter. Dem Ich ist auch nicht bewußt, daß es gehen, sprechen und kochen kann. Das heißt, es gibt Gelerntes, das das Bewußtsein verlassen muß, weil es nur störend und lernbehindernd wäre, wenn wir es weiter dort beließen. Stellen wir uns nur mal vor, wir würden noch immer wie damals, als wir ein Jahr alt waren, jeden einzelnen Muskel bewußt bewegen, um unsere Beine dazu zu bringen, allein, ohne Unterstützung der Mutter, zu gehen. Also alles, was wir wirklich können – und damit sind nicht nur Fertigkeiten gemeint – wird von der Bewußtseins-Festplatte heruntergeladen und kommt in einen Speicher, an den das Ich nicht mehr dauernd denken muß. Rücklaufend kommen von hier die Meldungen, wenn eine Person vor einer neuen, unbekannten Situation steht, damit sie auf etwas zurückgreifen kann. Auch das schon erwähnte Gefühl für die Angemessenheit eines Verhaltens, einer Rolle, einer Entscheidung wird von diesem Teil unterstützend entwickelt und beeinflußt.

Zwischen dem Bewußtsein und dem Unbewußten des Ich scheint es eine nicht uninteressante Grauzone zu geben, die ich als Vorbewußtes bezeichnen möchte. Es handelt sich um so etwas wie die Fähigkeit, etwas irgendwie bereits zu wissen, ohne daß es so richtig klar ist. Das ist keine Ahnung oder gar Vor-Ahnung, sondern es handelt sich wahrscheinlich um ein Tempo-Problem. Vorbewußtes sind Wahrheiten, die schneller im Bewußtsein angelangt sind, als wir wahrnehmen können. Manchmal hilft ein Stück Schokolade als Hirnnahrung, manchmal brauchen wir mehr Ruhe, um wahrnehmen zu können. Es kann aber auch sein, daß die Speicher des Unbewußten überlaufen und es an der Zeit ist, mehr über den Schrott zu erfahren, der sich dank der energieblockierenden Überlebensstrategie angesammelt hat.

Davor scheuen wir gern zurück, denn das bringt alten Schmerz und andere unangenehme Gefühle herauf. Aber es gehören nicht unbedingt Vorahnungen dazu, um zu wissen, daß es nichts nützt. Die vierundachtzig Jahre während Schulstunde ist noch nicht vorüber. Noch hat es nicht zur Pause geläutet.

Es gibt auch Zeiten, da geht es noch ganz anders zu. Während wir gerade in großer Lebensfreude schwimmen, weil alles so friedlich ist, weil wir uns so verbunden mit der Welt und dem Kosmos fühlen, weil der Laden so richtig brummt, wie meine Tochter sagt, knallt uns aus dem Unbewußten Schmerzvolles ins Bewußtsein, und diesmal wurde die Stufe des Vorbewußten offenbar übersprungen. Was ist passiert? Viele Frauen kennen das Gefühl der Unheilserwartung, das sich gerade dann einstellt, wenn sie auf dem Gipfel höchsten Glücks angelangt sind. Nicht wenige scheuen das Glück, weil sie – häufig nicht zu unrecht – befürchten, daß es sich nicht nur wieder verflüchtigt, sondern auch noch das Unglück nach sich zu ziehen scheint. Das Problem besteht nur,

110

solange wir in den Begriffen von Glück, Unglück und Unheil verhaftet sind.

Was da wirklich passiert, ist Folgendes: Wenn das Ich Kontakt zum wahren Selbst aufnimmt, wird dabei der gesamte Bereich des Bewußten und Unbewußten mit einbezogen. Auf diese Weise ist es nicht nur möglich, sondern fast regelmäßig der Fall, daß auf ein transpersonales Erlebnis schwierige transformatorische Krisenzeiten erfolgen, die unser Ich rundum erschüttern können. Es ist, als führte der Weg zum wahren Selbst durch Räume unseres Seelenhauses, die wir normalerweise nicht betreten. Klarerweise können wir durch diese Räume nicht einfach hindurchgehen, ohne spinnwebenbeladen und staubbedeckt zu sein, wenn wir zurückgekehrt sind.

Das ist dann der Augenblick, wo das Ich abgebürstet werden muß, damit es wieder klar und hell in der Welt sein kann. Das Gute daran ist nicht nur, daß dadurch die große Menge an Überlebensschrott abgetragen wird, sondern daß wir uns jedesmal auch von einem Stück Zurichtung patriarchaler Machart befreien können, d.h. die Überlebensstrategie wird mehr und mehr überflüssig, und das Selbst kann endlich seinen Durst nach echtem Leben stillen. Die Energie fließt besser, leichter. Das Glück bleibt länger bei dir, wenn auch in veränderter Form, und zieht nicht mehr Unheil nach sich. Allenfalls macht es notwendigen Veränderungen Platz, wenn es mal wieder soweit ist. Das, was du dann gelernt hast, braucht dich nicht mehr zu bekümmern.

Was immer eine Frau an Erfahrungen sammelt, wenn sie es begriffen, verstanden und erkannt hat, befreit sich das Bewußtsein und schickt die Erfahrungen in Richtung des Nicht-Bewußten. Das ist sehr erleichternd, meine ich. Allerdings gibt es immer wieder Frauen, denen das Selbstvertrauen fehlt, Gelerntes einfach loszulassen und zu vertrauen, daß es genau in dem Augenblick da ist, wenn es benötigt wird. Natürlich ist es ein wenig so, als würden wir uns jedesmal, wenn wir uns von unseren Stoffwechselrückständen zu entlasten gedenken, Sorgen machen, ob wir auch das Klo finden. Aber in Wahrheit ist auch dies Teil der patriarchalen Verunsicherung, die uns dazu bringt, uns nicht zu bewegen und nicht befreit davonzuspringen, wenn die Erfahrung hinter uns liegt.

Eine der Möglichkeiten, zum wahren Selbst zu gelangen, liegt im Umgang mit der Kraft der Symbole. Umgang bedeutet, ihre Kraft zum passenden Zeitpunkt in der passenden Verfassung auf passende Weise zu aktivieren und vor allem das passende Symbol zu finden bzw. zu wählen, damit geschieht, was wir benötigen.

In diesem Zusammenhang arbeite ich seit vielen Jahren mit dem Symbol des Labyrinths. Damit ist das siebengängige kretische Labyrinth gemeint, dessen Ein- und Ausgang auf der rechten Seite liegt. Liegt er auf der linken Seite, ist das Labyrinth nicht falsch herum, sondern seine Kraft ist dann nicht transformatorisch, sondern eher meditativ. Ein linksgängiges Labyrinth ist daher eher geeignet, als dauerhaftes Symbol aus Stein, ausgestochenem Rasen etc. in der Landschaft zu existieren. Auf diese Weise werden arglose BesucherInnen und Kinder nicht in Transformationen katapultiert, um die sie nicht gebeten haben, und können trotzdem die wohltuende Wirkung dieses Symbols erfahren.

An bestimmten Wochenenden veranstalte ich Initiationen für Frauen, die das Bedürfnis nach einer Begegnung mit ihrem wahren Selbst, ihren Helferinnen und Engeln und dem kosmischen Selbst haben. Diese Intitiationen sind stets von großer Intensität und Dichte. Und regelmäßig folgt dem beglückenden Erlebnis die bereits erwähnte Krisenzeit, in der es drunter und drüber gehen kann. Die eine wird krank, die andere beginnt eine Therapie, die nächste verläßt ihren alten Beruf – und jede wird konfrontiert mit alten Dingen, die bis dahin gut unter dem Verschluß des Unbewußten gehalten waren.

Dies geschieht nicht nur denen, die ins Labyrinth gehen, sondern auch Frauen, die sich nur für ein paar Tage hierher auf den Schlangenberg zurückziehen. Dieser Frauenort, die sogenannte matriarchale Zone für patriarchatsmüde Frauen, ist selber eine Art Temenos, wie das Innerste des Labyrinths genannt wird. Temenos bedeutet innerster geheiligter Raum. Das darf sich eine nicht so vorstellen, als ob ich in einer Art Kirche lebe. Hier wird ganz normal gelebt wie anderswo auch. Ich pflege zu sagen: Lupita, mein Schwein, ist zwar eine heilige Sau, aber trotzdem muß sie pinkeln. Daß der Schlangenberg ein Temenos, ein geheiligter innerer Raum ist, liegt an der Beschaffenheit des Platzes, der nur einen Eingang hat und ansonsten eine Art geschlossenes System bildet. Die

Energie kommt also in Gestalt von Bewohnerinnen, Gästinnen, Lebensmitteln, Baumaterialien und so weiter nur auf einem Weg herein und trifft ungebremst auf alle und alles, die sich im Temenos aufhalten. Im Inneren kann die Energie nur kreisen wie die Pilger um den schwarzen Stein in Mekka. Das macht uns, die wir hier leben, verletzbarer, als würden die Energien in verschiedene Richtungen fließen, also auch abfließen können, denn wir können dem, was da auf uns zukommt, nie ausweichen. Es macht die Atmosphäre aber auch dadurch so dicht, daß es leicht ist, bis in die Archesphäre der Anderswelt zu gelangen.

So ist dies ein Ort, an dem eigentlich überhaupt nichts passiert, und doch geschieht soviel, daß viele Gästinnen besorgt sind, ob sie auch alles noch erinnern werden, wenn sie wieder zu Hause sind. Abgesehen von der unterschiedlichen Leistungsfähigkeit der einzelnen Gedächtnisse ist es nicht wichtig, wieviel eine hinterher noch weiß. So hat es keinen Sinn, etwas aufzuschreiben oder gar zu fotografieren, wenn es darum geht, den Augenblick der Begegnung mit dem wahren Selbst festhalten zu wollen. Das ist – ich habe es in „Die sinnliche Frau" beschrieben –, als wollten wir das Meer in Flaschen abfüllen. Besser, wir gewöhnen uns daran, die Energien fließen zu lassen. Haben wir in unserem Leben nicht schon genug gestaut, blockiert und trockengelegt, was erst im freien Fluß seinen Lebenssinn finden kann?

Was unser Bewußtsein nur belastet und hindert, weiter zu lernen, sollten wir nicht daran hindern, ins Unbewußte zu fließen, wo es von der Meisterin des Lebens in Empfang genommen wird.

Der Begriff des Unbewußten ist schwer zu fassen. Das hat tiefe Gründe. Seit über dreihundert Jahren, seit Descartes, ist das Denken der abendländischen Welt einseitig auf das Bewußtsein ausgerichtet. Schon vorher, im Mittelalter, war von der Kirche alles „Übersinnliche" außerhalb dessen, was sie selbst lehrte, mit äußerster Strenge verfolgt und ausgetilgt worden. Über-sinnlich war offenbar alles, was sie nicht verstanden, diese patriarchalen Männer, und das war sehr vieles. Eigentlich alles, was es an Wissen, Weisheit und Können gab, das die alten Kulturen hervorgebracht hatten.

Wir haben viele Anzeichen dafür, daß die alten Kulturen in Europa, Afrika, Asien, Australien und Amerika matriarchale Kulturen waren, also aufgebaut waren wie der von mir beschriebene femizentrische Kreis. Solche Gesellschaften kannten keinen Glauben, auf dem die monotheistischen Religionen wie auch die politischen Systeme aufbauen, sondern nur Wissen. Darunter wurde nicht die einseitige rational diktierte Ansicht verstanden, über die roten Haare einer Schauspielerin nachzudenken, sondern das universelle Weltbild, das bis zum kosmischen Selbst reichte.

Wir haben vieles, beinahe alles verloren, was die alten Kulturen genährt und getragen hat. Das Interesse an dieser für uns Frauen so wichtigen Vergangenheit hat nicht nur seinen Grund in dem Satz „Wer die Vergangenheit kontrolliert, bestimmt die Zukunft", den Orwell in seinem Roman „1984" den Großen Bruder aussprechen läßt. Sondern es könnte sein, daß das alte Wissen leichtere und bessere Übergänge vom Ich zum kosmischen Selbst und zurück kennt.

Seit einigen Jahrzehnten beschäftigen sich Frauen damit, dieses Wissen wiederzufinden, sich zu erinnern, d.h. in ihrem eigenen Innern fündig zu werden. Das wird nicht von allen in der Frauenbewegung mitgetragen, vielleicht hängt das ja davon ab, welche der Überlebensstrategien Kritikerinnen an den Matriarchaten und welche Befürworterinnen hervorbringt.

Ich zumindest gehe davon aus, daß wir auf vielerlei Weise altes Wissen, Ahnungen und Erinnerungen haben, die erstaunlich sind. Der Zugang ist dazu ist möglich.

Zehntes Kapitel

ALTES WISSEN, AHNUNGEN UND ERINNERUNGEN

Aphrodite stürzt sich
Von ihrer Muschel ins Meer,
um die Wahrheit
über sich zu
erfahren

Der beste Beweis dafür, daß es altes Wissen gegeben hat, das für
die politischen Systeme des Patriarchats und seine männerdomi-
nanten Religionen bedrohlich war, sind die historisch belegten
Ereignisse ihrer wütenden und grausamen Vernichtung. Meister
der Vernichtung waren bekannterweise die Christen, aber sie
waren keineswegs die einzigen. Noch vor den christlichen Verfol-
gern hat es Systeme gegeben, deren Führer dafür sorgten, daß
Dokumente, Lebenslehren und Lebensweisheiten gründlich vernichtet wurden.

Hier eine kleine und willkürliche Auswahl solcher Ereignisse:
Im Jahre 47 v.u.Z. steckte Julius Caesar die Museion-Bibliothek in
Alexandria in Brand. Die von Alexander dem Großen gegründete
Stadt in Ägypten war damals kultureller Mittelpunkt des Hellenis-
mus und berühmt für ihre Sammlung des Wissens der Welt.
Siebenhunderttausend Schriftrollen verbrannten, fast das gesamte
Wissen des Altertums. Immerhin an die zweihunderttausend Bände blieben von den Flammen verschont. Antonius schenkte sie der
ägyptischen Kaiserin Kleopatra. Diese Bände fielen dem Eifer des
christlichen Patriarchen Teophilus zum Opfer. Den letzten Rest
besorgten die Araber, als sie 641 u.Z. Alexandria stürmten. Es ist
praktisch nichts übriggeblieben.

Früher und woanders ging es auch nicht besser zu. Im 17.
Jahrhundert v.u.Z. zerstörte Hammurabi von Babylon im Palast des
Fürsten von Mari am Euphrat eine riesige Bibliothek mit akkadi-
schen, sumerischen und hurritischen Schrifttafeln, das Erbe von
Tausenden von Jahren. Joakim, Fürst von Juda, verbrannte die
Buchrollen des Jeremias. Alexander, der angeblich Große, ließ in

den Trümmern des Palasts von Persepolis die persische „Große Avesta" untergehen, die in goldener Schrift auf zwölftausend Ochsenhäuten aufgezeichnet war. Kaiser Septimus Severus (193–211 u.Z.) ließ sämtliche Bücher mit – wie es heißt – geheimnisvollem Inhalt aus den ägyptischen Tempeln holen und vernichten. Eine Liste patriarchalen Wahnsinns, der schätzungsweise neunzig Prozent dessen, was je schriftlich überliefert war, zum Opfer fiel.

Und dann gibt es noch das kostbare Wissen, das mündlich überliefert, von Generation zu Generation in Versen, Kinderreimen, Geschichten und Legenden weitererzählt und -praktiziert wurde. Manches ist erhalten, als abgesunkenes Kulturgut, wie die Ethnologen sagen. Es wurde zum Brauchtum, das vor allem in ländlichen Gebieten gepflegt wird; manches enthält noch ganz unverhohlen den eifersüchtigen Diebstahl unseres Seins wie der in den Alpenländern bekannte Perchtenlauf. Die Percht ist ein weiblicher Geist. Aber der Perchtenlauf darf nur von Männern gemacht werden. Das meiste dieses Wissens ging verloren, als in Europa die Scheiterhaufen brannten, um Heirat, wahlweise Magdschaft und als Alternative das Klosterleben als Seinsform für Frauen gewaltsam durchzusetzen. So war der Weg endlich frei, der in die Biomatenwelt unserer Zeit führte.

Und nun kommen wir und fragen uns auf dem Weg in die Verwilderung, wie wir an das alte Wissen wieder herankommen. Damit meine ich das Wissen, das aus unseren geographischen Regionen und Kulturkreisen verschwunden ist. Gar nicht, sagen die einen und meinen ärgerlich, alles sei erfunden, eingebildet und romantischer Spiri-Blödsinn, was die Matriarchatssucherinnen da zusammentragen und herumdeuten. Andere bestätigen, daß es erfunden und eingebildet ist, und weisen auf die tiefere Bedeutung dieser Worte hin. Ich bin auch überzeugt, daß wir über so etwas wie ein Zellgedächtnis verfügen. Das klingt zwar ein wenig biologistisch, und in der Tat erfaßt der Begriff letztlich nicht ganz, was ich meine, aber zumindest ist damit angedeutet, daß es Erinnerungen gibt, die generationenübergreifend sind und irgendwie wahrscheinlich so ähnlich funktionieren wie die Homöopathie. So gibt es Wissen, das uns nicht bewußt ist. Wie kommen wir an dieses wieder heran? Gibt es so etwas wie Ahnungs-Globuli, und welche Potenzen sind zu empfehlen?

Es gibt zwei Wege, das Wissen zu finden. Der eine führt in die materielle Welt von Zeit und Raum. Auf diesem Weg finden wir Spuren in alten Überlieferungen, der Archäologie und Geschichtsschreibung. Überall gibt es Orte, an denen beispielsweise eine „böse" Schlange vorkommt, die von irgendeinem Helden besiegt wurde. Häufig geschah dies in der Nähe einer Quelle. Wir müssen also nicht die Bibel lesen, um zu erfahren, daß die Schlange als matriarchales Symbol gilt und zum Symbol für das Böse gemacht wurde. Aber auch das Christentum hat bibelrauf bibelrunter viel aus den alten Zeiten übernommen und kann uns Spuren alten Wissens zurückgeben, das wir für uns nutzen können.

Was wir finden, ist nicht Wissen, sondern Spuren. Spuren, die auf ganz subjektive Weise interpretiert werden. Es kann in diesem Zusammenhang also nicht um so etwas wie eine Beweisführung für die Existenz von Matriarchaten oder das Funktionieren von Magie gehen oder gar darum, das wahre und das kosmische Selbst dingfest zu machen, sondern um Plausibilität und manchmal nicht einmal das, wenn wir an Kunst und Poesie denken. In der Regel sind es die, die sich über die Glaubenssysteme des Patriarchats – vor allem die religiösen und politischen – ärgern, die sich in eine rationale Vorstellungswelt retten wollen, in der Beweise eine große Rolle spielen. Wir aber bewegen uns in einer anderen Welt, in der es nicht auf Glauben ankommt und dem Wissen nicht ein „schaft" angehängt wird. In unserer Welt kommt es auf Wissen durch eigene Erfahrung an und dazu auf Plausibilität. Damit meine ich eine ganz bestimmte Form von Logik, die nicht starr, sondern beweglich ist; die inspirativ arbeitet und auf Eingebungen geradezu angewiesen ist.

So ist die allererste Voraussetzung für das Finden von altem Wissen eine gewisse Offenheit des Geistes. Vielleicht findet eine dann ja das Offensichtliche. Dies führt zum zweiten Weg, auf dem altes Wissen wieder erweckt wird. Ahnungen kommt von den Ahninnen. Und es ist das wahre Selbst, das eine Menge Wissen aus dem Meer der Ewigkeit bei sich führt, das durch die Öffnung, die das Ich bildet, in diese Welt kommen kann. Um etwaigen Mißverständnissen vorzubeugen, mit dem sogenannten „channeling", das in esoterischen Kreisen eine Zeitlang in Mode war, hat das nicht so viel zu tun. Ich rate allen Geistern, die jemanden als chan-

117

nel benutzen, um uns mit ultimativen Wahrheiten zu erlösen, gefälligst selbst zu inkarnieren und sich nicht um die Mühsal des leiblichen Weges zu drücken, wenn sie uns was zu sagen haben. Von einem warmen Plätzchen im Jenseits aus läßt sich leicht reden. Aber nach Jahren in Kindergarten, Schule, Ehe, Job und anderen patriarchalen Irrwegen noch imstande zu sein, weise zu werden, das erst zählt!

Letztlich verbinden sich die Spurensuche und die Erinnerung an die Ahninnen. In meinem Fall mündeten beide Wege in einen, und auf diesem begegnete ich vielem, das offensichtlich ist. Und eines Tages traf ich dann Dornrosa und dreizehn unglaublich interessante Frauen.

Das Getue, das um die Zahl dreizehn bis auf den heutigen Tag gemacht wird, ist so etwas Offensichtliches. Ich bin jedesmal entzückt, wenn mir in Hotels noch immer, noch heute der Schlüssel für das Zimmer 13 (falls diese Zahl bei der Nummerierung der Zimmer nicht lieber gleich ganz übergangen wird, denn Spinnerinnen wie ich, die das mögen, sind rar) mit einer Entschuldigung und einer launigen Bemerkung überreicht wird.

Am Faszinierendsten fand ich immer die Geschichte vom Ende der magischen Kräfte der dreizehn Frauen oder Feen, nachdem der zwölfmonatige Kalender eingeführt wurde – ich spreche vom Märchen von Dornröschen. Natürlich kannte ich es seit meinen Kindertagen wie die meisten, die im deutschsprachigen Raum aufgewachsen sind. Aber erst als Erwachsene fiel mir auf, daß es frauengeschichtliches Kulturgut enthält. Dazu mußte ich aber zuerst lernen, bis drei zu zählen. Die Zahlenmystik der Zahlen drei, neun, sieben und dreizehn findet sich in zahllosen alten Geschichten, und so verwundert es mich nicht, daß ich – gerade mit der Dreifaltigkeit der Göttin beschäftigt – sieben archaische Bilder weiblichen Seins „erfand". Genausowenig erstaunlich war es, daß dann dreizehn daraus wurden, nachdem ich von meiner Dornrosa hinter die Rosenhecke gelockt worden war.

Hinter diesem blumigen Bild verbirgt sich eine kleine Begebenheit, auf die eine Art Erleuchtungsblitz erfolgte. Damals hatte meine Tochter entschieden, den steinigsten Weg des Patriarchats einzuschlagen und zu heiraten. Sie war sich so sicher, daß sie die eine Auserwählte ist, die es richtig machen wird, genau wie wir anderen alle vor ihr, daß sie nicht zu bremsen war. Genaugenommen habe ich gar nicht erst versucht, sie davon abzuhalten. Ich sah, wie sie so schwer beschäftigt damit war, verheiratet zu sein, und nahm mir fest vor, als gute Mutter gute Miene zum Ganzen zu machen. Aber im Grunde stänkerte ich wohl doch herum. Es war mir anzumerken, wie unglücklich es mich machte.

Eines Tages saß sie da und schloß sich in irgendeiner Diskussion der Meinung ihres Gatten an. Befremdet rückte ich von beiden ab und wunderte mich, wen ich da eigentlich großgezogen habe. Eine große Distanz tat sich zwischen uns auf. Und da war es plötzlich. Ich sah sie als Dornröschen mit ihrem Prinzen. Dann sah ich mich. Und dann dachte ich: „Ach, es muß aber auch ganz schön schockierend sein, wenn Dornröschen auf einmal feststellt, daß die Königin, ihre Mutter, in Wahrheit die dreizehnte Fee ist."

Das ist alles einige Jahre her. Meine Tochter hat inzwischen eine realistischere Einstellung zur Bedeutung von Männern im Leben einer Frau gewonnen. Und ich lebe seither mit den dreizehn weisen Frauen, nähre sie in meinem Inneren, belebe und beseele sie und habe viel, sehr viel von ihnen gelernt. Als sie dann so weit gereift waren, daß ich sie zum Mittelpunkt eines Buches – dieses Buches – machen konnte, stellte ich fest, daß die dreizehn Bilder weiblichen Seins in vielem den zwölf Sonnenzeichen der Astrologie ähnelten. Es ist nur eine Ähnlichkeit, denn die dreizehn Aspekte sind eigenmächtig und eigenständig. Sie haben nicht zum Ziel, neue und weibliche Definitionen der zwölf Sternzeichen zu sein. Aber ich bin sicher, daß Astrologinnen viel in ihnen finden können, das ihr astrologisches Wissens bestätigt und bereichert.

Die moderne Astrologie basiert auch auf altem, ganz altem Wissen. Das für mich Interessanteste an ihr ist, daß es sich um kreatives Wissen handelt, d.h. sie hat sich seit ihrer Wiederentdeckung weiterentwickelt, wurde modernen Vorstellungen angepaßt und funktioniert deshalb, vielleicht auch trotzdem in jeder weiterentwickelten und gewandelten Form.

Das alte Wissen kennt viele Kommunikationsformen, die von den heutigen Wissenschaften gerade freudig wieder-entdeckt, angeblich gar erfunden werden. Die Kraft und Macht der Symbole beispielsweise ist so eine Kommunikationsform, eine, mit der nicht herumgelabert wird, sondern Tatsachen geschaffen werden.

Die Beziehungsvarianten verschiedener Bezugspunkte in einem Kreis ist eine weitere, die wir aus der Astrologie kennen. Die Opposition, also die spannungsgeladene Beziehung zweier am weitesten voneinander entfernten Punkte ist schon mehrfach erwähnt worden. Es gibt dann noch das Trigon, das Quadrat und die auch schon genannte Konjunktion. Diese Beziehungsformen habe ich mir aus der Astrologie ausgeliehen, die selbstverständlich noch viel mehr Beziehungen kennt, die in der Astrologie Aspektierungen genannt werden, was mit dem, was ich mit den dreizehn Aspekten meine, nichts zu tun hat. Ich habe mich auf diese wesentlichen vier Beziehungsformen konzentriert, da sie ausreichen, um sich umfassend mit den dreizehn Aspekten weiblichen Seins zu beschäftigen.

Ich denke, nun ist es an der Zeit, daß wir uns der Frage zuwenden, was denn Aspekte weiblichen Seins sind und was sie uns sein und geben können.

Elftes Kapitel
ASPEKTE WEIBLICHEN SEINS
WAS SIE SIND UND WAS SIE KÖNNEN

Deshalb sage ich, daß du recht hast,
wenn du deine Mauer
rings um die Quellen baust.
Hier aber sind andere Quellen,
die nicht von ihr
umschlossen werden
(St. Exupéry)

Die dreizehn Bilder weiblichen Seins aus der Archesphäre sind als identitätschaffende Hilfen die Gaben, die das wahre Selbst dem Ich aus dem großen Meer der Ewigkeit mitgebracht hat, damit es sich besser zurechtfinde in dieser Welt der Materie und vor allem die Übersicht nicht verliere. Der Begriff Archesphäre stammt von Mary Daly. Ich verwende ihn für die Bereiche des Lebens, die uns allen gemeinsam sind. Es ist eine andere Bezeichnung für das kosmische Selbst und das Meer der Ewigkeit, in dem wir alle miteinander verbunden und voneinander abhängig sind. Die Gaben des wahren Selbst sind:

- Die Amazone
- Die Bäuerin
- Die Denkerin
- Die Liebende
- Die Königin
- Die Wissende
- Die Händlerin
- Die Heilerin
- Die Künstlerin
- Die alte Weise
- Die Priesterin
- Die Mutter
- Die wilde Frau

Solange uns ein Aspekt nicht bewußt und noch nicht mit Identifikation versehen ist, treten uns aus dem Außen Personen, Schwie-

121

rigkeiten und Aufgaben entgegen, die uns zwingen, in unserem Inneren diesen dazugehörigen Aspekt erwachen und erblühen zu lassen. Eine Zeitlang bestimmt dieser Aspekt dann unser Bewußtsein, im Grunde so lange, bis er sitzt, d.h. bis wir gelernt haben, so zu sein. Dann verschwindet er wieder ins Unbewußte. Allerdings nicht, um vergessen zu werden, sondern um in unser Ich so weit integriert zu werden, daß wir unser Sein als bereichert, erweitert, vervollkommnet empfinden können, ohne ständig darüber nachdenken zu müssen, wie eine sich als dieser oder jener Aspekt verhält.

Sobald der Aspekt verinnerlicht wurde, hat die Lebensenergie eine neue Färbung, der Lebenstanz einen neuen Rhythmus bekommen. Das Leben erscheint uns auf einmal anders, neu und leicht. Dann haben wir einen neuen Zyklus begonnen und den alten abgeschlossen. Oder eine bedeutsame Aufgabe gelöst oder eine Herausforderung erfolgreich angenommen. Dann folgen friedliche und ruhige Zeiten, in denen eine sich dem Leben gewachsen fühlt und so etwas wie Könnerinnenschaft verspürt. Das bleibt so bis zum nächsten Mal, bis ein weiterer Aspekt erfahren und gelebt werden muß. Dann fühlen wir uns vielleicht ratlos, überfordert, auf jeden Fall aber unsicher. Wenn wir schon ein wenig älter sind, kann es sein, daß wir uns über uns selbst ärgern, weil wir nicht verstehen, wieso eine ansonsten doch recht lebenserfahrene Frau dasteht, als wäre sie eine Anfängerin. Jedesmal, wenn ein Aspekt ins Bewußtsein kommt, sind wir trotz aller Erfahrenheit wieder eine Anfängerin.

Manchmal schickt uns das Leben unerwartet und unvorhersehbar in einen neuen Aspekt, so wie es zur Zeit bei mir der Fall zu sein scheint. Aber es ist auch möglich, sich diesem Werden bewußt zuzuwenden und gezielt daran zu arbeiten, daß ein noch nicht erwachter Aspekt in unser Bewußtsein kommt.

Die Königin, die Heilerin, die Händlerin, die Weise, die Wissende, die Künstlerin, die Liebende, die Mutter sind im Lauf der letzten dreiunddreißig Jahre zu mir gekommen. Die wilde Frau, die Priesterin, die Denkerin und die Bäuerin habe ich von mir aus gesucht. Danach wurde es natürlich Zeit, daß ich lernte, eine Königin zu sein. Das war die Transformation der vergangenen Monate. Ich habe mein Bestes getan. Und nun drängt die Amazone gerade herein, kaum daß die Königin selbstbewußt auf ihrem Platz sitzt. Sie stampft herum, berstend vor Energie, bereit loszulegen und das Reich zu verteidigen. Athena Nike, die wunderbare Nike, Göttin des Sieges, ganz in Leder gekleidet, strahlend wie der Morgen nach einer dunklen Nacht. Meine liebste Tageszeit.

Manchmal geht es so schnell, daß eine kaum hinterherkommt. Noch vor ein paar Wochen war ich vollauf damit beschäftigt, daß sich niemand auf meine Flügel setzte oder – um im Königinnen-Ambiente zu bleiben – niemand auf meine Schleppe trampelte. Nun geht es wieder um etwas anderes, ein neuer Aspekt will belebt werden. Nun steht sie da, die heilige Jungfrau, die tapfere Kämpferin, und fordert mich auf, endlich zu handeln, denn mein Reich ist bedroht. Ich muß um den Schlangenberg kämpfen.

Es ist nicht weiter verwunderlich, daß die Amazone sich meldet, denn wenn ich auch eine kämpferische Frau bin, ging es doch nie wirklich um etwas. Oder besser gesagt, solange die Königin nicht erwacht war, konnte die Amazone gar nicht so, wie sie eigentlich kann. Kampferprobt, wie ich bin, habe ich doch noch nie in meinem Leben Krieg geführt. Jetzt aber geht es um einen Ort, von dem viele Frauen sagen, es sei der Ort, zu dem sie augenblicklich führen, wenn es ihnen schlechtginge und sie nicht mehr weiterwüßten. Die Bäuerin in mir bewirtschaftet diesen Ort. Die Liebende liebt ihn. Die Händlerin sichert ihn wirtschaftlich ab. Die Heilerin heilt hier. Die Priesterin hütet diesen Ort. Die Königin beansprucht ihn. Die Amazone verteidigt ihn, wenn er in Gefahr ist. Letzteres hätte ich nie für möglich gehalten. Ich habe immer geglaubt, ich könnte mich um das Kriegführen herummogeln. Hier herrscht jedoch nicht weniger Krieg als anderswo.

Das ist nur scheinbar ein Widerspruch. Krieg ist mir zuwider. Und so gab ich in meinem Leben immer nur Kostproben meiner kämpferischen Seite, um dann, so schnell es nur ging, brummend Ruhe zu geben und dem Gerangel aus dem Weg zu gehen.

Daran kann eine immer recht gut erkennen, ob ein Aspekt bereits erwacht ist, daß sie sich scheut, entsprechend zu handeln und zu reagieren, obwohl sie eigentlich weiß, daß sie sollte, und ahnt, daß sie alle Fähigkeiten dazu hat. Wir finden meist recht plausible Ausreden, warum wir uns nicht bewegen. Dabei muß es nicht unbedingt um das Kämpfen und den Aspekt der Amazone gehen. Alle anderen zwölf Aspekte können ebenso umschifft werden. Da flitzt eine ungeerdet wie ein Papierflieger durch die Welt, weil angeblich nur Trottel Radieschen ziehen. Da weicht eine ihren Gefühlen aus, als wären sie ein tödliches Virus. Da geht eine in ihrem Chaos unter, weil sie Ordnung für spießig hält. Da erstarrt eine im immer gleichen Tanz, weil sie glaubt, daß Veränderungen sie umbringen. Da betet eine lieber Computer an, als daß sie einen göttlichen Baum liebt. Da sitzt eine noch immer im Faltenrock mit parallel zusammengelegten Beinen, während um sie herum die Schweine grunzen und rülpsen. Da lebt eine lächelnd in einer absurden Diktatur, weil sie ihr Reich nicht regieren mag. Das ist schrecklich, aber nicht aussichtslos.

Aus dem Außen branden die Wellen der sai-vala immer wieder an dein Seelenschiff. Und wenn du auch jederzeit das Recht hast, diesen Planeten eines Tages so dumm zu verlassen, wie du ihn betreten hast, lautet mein Rat, in diesem Fall nicht rechthaberisch zu sein. Irgendwann gibt es auch in deinem Leben heftigen Wellengang, und dann kommt dein Boot ins Wanken. Besser, du springst gleich ins Wasser und läßt dich von den Kräften in dir tragen, von denen du bis zu dem Augenblick geglaubt hast, daß du sie nie haben wirst.

Jedesmal, wenn ein neuer Aspekt sich meldet, geht es doch immer wieder um das gleiche, nämlich um die Lebensthemen. In meinem Fall geht es also erneut um Verlassenheit, Verrat, Zurückweisung, Lieblosigkeit, Existenzangst, Einsamkeit. Die Königin ist damit anders umgegangen als alle anderen. Und nun wird die Amazone noch einmal ganz andere, ganz neue Erfahrungen mit diesen Themen machen. Erfreulicherweise kann ich mich inzwischen auf die Seinsqualitäten aller anderen Aspekte verlassen, die der Amazone mit ihrer Erfahrung und ihrem Wissen zur Seite stehen. Ein Gefühl der Verbundenheit belebt mich. Verbundenheit mit mir selbst, das heißt mit allen dreizehn Aspekten meines wahren Selbst, die ich kaum als getrennt voneinander wahrzunehmen vermag, sondern die zu einer immer reiferen Person verschmelzen, die imstande ist, Meisterinnenschaft zu erlangen.

Meisterin des Lebens ist eine, die das Leben als Kunst begreift. Lebenskünstlerinnen werden bei uns ja nicht verehrt, sondern eher belächelt oder als schillernde Persönlichkeiten auf Abstand von den ordentlichen, fleißigen Biomatenfrauen gehalten. Dabei sollten wir eigentlich Schulen haben, in denen eine die Kunst des Lebens lernen kann. Da es diese Schulen nicht gibt, müssen wir uns den Lebenslehrerinnen aus unserem Inneren zuwenden, den dreizehn weisen Frauen aus der Archesphäre. Die Amazone kann sich in Ruhe ihrem Kampf widmen, denn da sind schon zwölf andere vor ihr und haben ganze Arbeit geleistet.

Die Händlerin hilft, mit der Existenzangst fertigzuwerden. Ich habe in den Jahrzehnten meiner Selbständigkeit gelernt, welchen Wert meine Arbeit und ihre Früchte haben. Verrat schmerzt nicht so sehr, wenn die Heilerin, die Künstlerin, die Priesterin aktiv sind. Lieblosigkeit und Zurückweisung sind trotz allem schwer zu ertragen, aber die Mutter, die Liebende und die Weise tragen mit. Einsamkeit und Verlassenheit können in Stärken gewandelt werden, wenn die wilde Frau in dein Leben tritt. Vieles, was sie tut, erfordert eine gewisse Zurückgezogenheit. Nicht, daß sie nicht auch an einem U-Bahnsteig wirken kann, aber auch dort schafft sie sich eine Aura von Ungestörtheit. Und auf einmal bist du nicht mehr allein. Die wilde Frau sagt: Verlaß dich selbst nicht, dann bist du nie verlassen. Und das ist beinahe das Wichtigste.

Wann und zu welchen Themen sich ein Aspekt bei einer Frau meldet, ist ganz unterschiedlich. Wir wandern im Lauf unseres Frauenlebens alle durch alle Bilder. Die Reihenfolge ist eigentlich beliebig. Ich habe sie in diesem Buch und in der Arbeit mit Frauen in die Abfolge des Jahres gereiht, so daß deutlich wird, wieweit sie den Zeichen des Tierkreises entsprechen. Auf diese Weise kann eine herausfinden, welcher Aspekt derjenige ist, mit dem sie ihr Leben begonnen hat, und entdecken, durch welche Bilder sie wandern wird, bis sie am Ende ihres Lebens angelangt ist. Es bedeutet aber nicht, daß die Aspekte sich schön einer nach dem anderen bei dir melden, sauber voneinander getrennt, um auch in deinem Inneren eine Art multiple Existenz zu führen. Im Leben kommen sie, wie sie wollen und wie das Leben sie fordert. In meiner Arbeit mit ihnen gehe ich mit ihnen um, als wären sie die Zeichen in einem Horoskopradix.

Wenn die Bilder kreisförmig angeordnet werden und du in die Mitte des Kreises trittst, wirst du feststellen, daß einzelne mehr miteinander korrespondieren als andere und wieder andere weniger berührt werden. Dies ist eine Frage der Aspektierung, so wie der Begriff in der Astrologie benutzt wird. Wenn ich hier von Bildern spreche, dann meine ich die, die sich dir in deinem Inneren zeigen. Du kannst dir aber auch welche anfertigen, wobei du nicht unbedingt eine Malerin sein mußt. Nimm, was immer du glaubst, daß es sie symbolisiert. Wie du im zweiten Teil des Buches sehen wirst, ist jedem Aspekt auch ein Tier zugeordnet. Vielleicht hilft dir die Beschäftigung damit, ein äußeres Abbild dieser inneren Bilder aus der Archesphäre zu schaffen.

Astrologische Aspektierung ist ein anderes Wort für Beziehung. Beziehung wiederum ist ein anderes Wort für Kommunikation und Berührung. Es besagt nichts anderes, als daß du dein dir selbstverständliches Knie wahrscheinlich sehr bewußt wahrnimmst, sobald dir jemand leicht draufklopft. Und je nachdem, wie dir draufgeklopft wird, wird es dir schmerzhaft oder eher angenehm bewußt. In der Astrologie sind es die Planeten, die im Tanz ihrer Umlaufbahnen sich auf symbolische und unterschiedliche Weise berühren und so symbolische Spannungsbilder ihrer Beziehungen liefern, die wir dann auf unser persönliches Leben umdeuten. Mit einer so definierten Form von Kommunikation werden wir uns im dritten Teil dieses Buches befassen. Hier wollen wir die Beziehung der einzelnen Frauenaspekte untereinander betrachten und sehen, welchen Einfluß dies auf unser Sein haben kann. Ich bediene mich daher der Form des Dreiecks (Trigon), des Quadrats, der Opposition und der Konjunktion, aber was wir mit ihnen anstellen, ist schon wieder außerhalb des astrologischen Ordnungssystems.

Zwei Zeichen, die nebeneinander liegen, sind einander nah, und das hat tatsächlich Vorzüge und Nachteile. Jede Geschichte, jede Entwicklung beginnt mit so einer Konjunktion, d.h. mit zweien, die aufeinander zugehen. Das ist eine simple Sache. Zwei, die aufeinander zugehen, nebeneinander, beieinander stehen, beeinflussen sich gegenseitig. Wenn es auch am Anfang sehr schön und aufregend ist, mit der Zeit muß Bewegung in die Angelegenheit kommen. Die Nähe kann nicht so bleiben, denn dann bekämen sie einander so satt, daß Überdruß sich einstellt. Und so wie Dane und Leyla Rudhyar – die Ikonen der modernen Astrologie – schon in den vierziger Jahren beschrieben, entwickelt sich ein folgerichtiger Prozeß. Aus dieser Konzentration des subjektiven Seins geht die Entwicklung auseinander und zuerst in ein Quadrat, d.h. beide suchen sich andere Bezugspunkte. Da sie auch dort nicht bleiben, streben sie wieder aufeinander zu, was in der Bewegungsdynamik ein Quadrat bildet.

Im Kreis der dreizehn Feen ist die Symmetrie der Astrologie nicht aufrechtzuerhalten, und das ist gut so. Deshalb bilden nicht automatisch bestimmte Figuren eine Spannung zum Quadrat. Dasselbe gilt für die berühmte Dreiecksbeziehung, das Trigon. Die Opposition bilden alle Zeichen, die einander vom entferntesten Punkt gegenüberstehen. Daß immer eine übrigbleibt, ist genau wie im Märchen und hat große Wirkung. Sie ist die, die sämtliche Ordnungsprinzipien über den Haufen wirft. Traditionell ist dies die wilde Frau, die dir die Unbezähmbarkeit erhält. Aber auch aus einem ganz anderen Aspekt weiblichen Seins kann entstehen, daß nichts wirklich berechenbar ist, zumindest ein Quentchen Unberechenbarkeit und Überraschung übrigbleibt.

In der Annäherung an die dreizehn Aspekte weiblichen Seins beginnt die zukünftige Lebenskünstlerin zu begreifen, daß es darum geht, den Sinn des Lebens darin zu finden, eine Meisterin des Lebens zu werden. Weise allein genügt eben nicht. Du mußt das Leben lernen wie einen Beruf. Mußt dein „Handwerk" können, daran arbeiten, vollkommen zu werden (was nicht mit Perfektion verwechselt werden darf). Finde heraus, daß das „Handwerk" der Lebenskünstlerin darin besteht, ein Leben in voller Seelenruhe mit einem Minimum an Verschleiß und zerstörerischer Anstrengung zu leben. Du mußt beginnen, das eigene Verhalten objektiv beurteilen und analysieren zu lassen, darfst nicht blind gegenüber eigenen Fehlern sein, darfst dich nicht blenden, nicht erpressen lassen, mußt dir, deinem wahren Wesen treu bleiben. Und dann setz dich dem Leben aus, indem du deiner größten Angst begegnest und deinen größten Schmerz berührst. Lerne, daß du es nicht nur überlebst, sondern entlang dieser beiden deine größte Kraft entwickelst, so daß du zu deiner Selbsterneuerung findest und allen Konfrontationen des Lebens gewachsen bist.

Zwölftes Kapitel
MEISTERINNENSCHAFT – DER SINN DES LEBENS

Würdest du
auf einem Schiff mitfahren,
auf dem du die Kapitänin bist?

Selbsterneuerung bringt alle Quellen wieder zum Fließen. Wenn wir von ihnen aus bis zu den Flüssen schwimmen und über die Delten bis ins offene Meer, dann müssen wir viel, sehr viel lernen. Welche stimmt diesem Satz nicht zu? Die, die es nicht tun, wehren sich deshalb dagegen, weil sie glauben, sie hören ihre Mutter reden. Abgesehen davon, daß wir so etwas ein Ablösungsproblem nennen, ist hier ein ganz anderes Lernen gemeint. Es geht um den Sinn des Lebens, ein etwas schwergewichtiger Begriff, von dessen Existenz es aber abhängt, ob du glücklich wirst oder nicht.

Das Leben vieler Frauen ist von vielen „ich kann nicht" bestimmt, gefolgt von „du sollst nicht" und abgeschlossen mit „du darfst nicht". Wogegen wir mit zahlreichem „du mußt" eingedeckt werden. Worin der patriarchale Sinn einer solchen Zurichtung besteht, habe ich ausführlich in „Mama ante portas!" beschrieben. Auch, worin die Auswege aus einem solchen Dilemma bestehen. Hier geht es nun darum, auf der sai-vala, der wallenden Seelensee bis zum Kapitänspatent zu gelangen (Kapitänin schreibt sich gar zu blöd). Der Sinn des Lebens besteht darin, eine Meisterin des Lebens zu werden, um das wahre Selbst eines Tages lebenssatt und zufrieden in das kosmische Selbst zurückkehren lassen zu können. Das läßt sich lernen.

Die Art und Weise, wie wir das Lernen lernen, ist nicht dazu geeignet, Meisterin des Lebens zu werden. Wir kennen es ja alle. Unser Lernen besteht in dem mechanistischen Üben der ewigen Wiederholung, bis wir etwas können. Hier wäre sogar der patriarchale Begriff „beherrschen" angebracht. Oder – wenn es sich nicht um praktisches Lernen handelt – wir lernen auswendig, schaufeln in unser Kurzzeitgedächtnis, was hineingeht, bis das Wissen abgefragt ist, und dann weg damit. Das meiste, was ich in der Schule und während des Studiums gelernt habe, ist heute aus meinem Wissensspeicher verschwunden. Es war auch ein ziemlicher Blödsinn, der nicht mal die geringe Beachtung wert war, die ich ihm schenken mußte.

Ich habe damals nicht gelernt, daß eine sich körperlich und geistig auf das Lernen vorbereiten kann. Daß es eine Frage von Atemtechnik sein kann, von Körperhaltungen, sogar von passender Nahrung. Erst viel später wußte ich, daß es vor allem etwas mit Loslassen zu tun hat, denn solange Körper, Seele und Geist noch an Altem haften, kann Neues nicht aufgenommen werden. Und wenn, wird es vom Alten dominiert und interpretiert, und auf diese Weise hat es mit der neuen Wirklichkeit nichts zu tun.

Welche meiner LehrerInnen wäre imstande gewesen, mich wissen zu lassen, daß die Beseitigung persönlicher Hemmnisse mir die Spannkraft gegeben hätte, auch unbekannte Aufgaben leicht zu lösen. Genie statt Fleiß. Das ist natürlich eine vermessene Erwartung. Wie hätten die fleißigen Lieschen des Lehrkörpers mich anleiten können, ein Genie zu werden? Indirekt haben sie mir natürlich doch auf die Sprünge geholfen. Ich konnte im Alter von elf oder zwölf Jahren aus einem leeren Schreibheft meine nicht gemachten Hausaufgaben mühelos vorlesen, ohne daß es irgendein Lehrkörper merkte. Dafür hätte mir ein Einser gebührt. Statt dessen hätten sie mich, wäre ich erwischt worden, dafür bestraft, daß ich meine Aufgaben nicht erledigt hatte. So geht es zu in der Biomatenschule.

Nicht alle sind gleich gescheit, und viele haben nicht die Nerven für das risikoreiche Leben außerhalb von Fleiß und Schweiß. Aber es gibt bei allen Menschen eine angeborene Form der Intelligenz, und die heißt Neugierde. Die Kultivierung dieser Neugierde führt zu einer Lebensgeschicklichkeit, die vielleicht die Bezeichnung sozialer Instinkt verdient. Diese Art von Lernen hilft auch im seelischen Bereich. Da steht uns Frauen vieles im Weg, sowohl im Innen wie in der Außenwelt. Interessanterweise sind die Dinge, die uns in unserem Inneren im Wege stehen, oft schwieriger zu überwinden als Probleme aus der Außenwelt.

Was uns im Weg steht, sind die Eigentümlichkeiten der jeweiligen Zurichtungsformen unseres Ich. Wir halten sie wahlweise für unveränderliche Charakterfehler oder für verurteilungswürdige

Fehler im Sinn von: Ich scheine offenbar immer alles falsch zu machen. Fest steht, daß es keine Frage des eigenen Wesens ist, sondern Ergebnis von Zurichtung. Sicher ist auch, daß es sich nicht darum handelt, daß eine etwas falsch macht, und doch sind wir ab einem gewissen Lebensalter selbst dafür verantwortlich.

Kehren wir noch einmal zurück zu Pat Ogdens Ich-Kategorien und schauen uns an, wie unterschiedlich die Steine sind, die wir uns selbst in den Weg legen. Das Pseudo-Ich ahmt Leben nach und sucht irgendwelche Schaltpläne, die es leiten könnten. Es glaubt, wenn es nur die richtigen Knöpfe findet, kann es draufdrücken, und der Film läuft in 3D ab. Es hegt den Verdacht, daß alle anderen wissen, welche Knöpfe gedrückt werden müssen, nur es selbst nicht.

Das kindliche Ich sitzt im Nest und sperrt den Schnabel auf. Es lernt für gute Noten, aber es wendet nichts von dem Gelernten an. Es ist wütend und zornig, weil sein Ernährer/seine Ernährerin nicht gut genug gelernt hat, um nun klug und nährend zu sein. Ein lebender Tamagotchi.

Das demütige Ich verweigert Lernen, denn das bedeutet, daß jemand anders Macht über es erlangt. Es ist sogar über jeden Mißerfolg froh, denn damit wird sein inneres Nein rund und fett. Es rackert sich tapfer ab und macht immer dieselben Fehler. Niemand ist darüber betrübter als das demütige Ich, und wann immer jemand darüber ein Aufhebens macht, fühlt es sich einsam und unverstanden.

Das aufgeblasene Ich tut alles für ein kleines bißchen Anerkennung und fragt nie nach dem Sinn. Es folgt den Vorschriften und basta, sogar dann, wenn die Vorschriften längst aufgehoben sind. Ich mußte einmal in einem Frauenzentrum mit der verantwortlichen Veranstalterin eines meiner Seminare einen kleinen Machtkampf kämpfen, um meine eigene Vorschrift aufheben zu können. Aus alten Zeiten gab es die Regelung, nicht mehr als zwölf Frauen als Teilnehmerinnen zu akzeptieren. Nachdem ich inzwischen aber auch mit zwanzig Teilnehmerinnen pro Seminar arbeite, hatte ich echte Probleme. Die Veranstalterin erlaubte mir nicht mehr als zwölf Teilnehmerinnen, obwohl noch viele auf der Warteliste standen. Und ich stand in ihren Augen als geldgieriger Hai da, auf Masse aus statt auf Klasse.

Das aufgeregte Ich kann mit solch schrecklichen Dingen wie Lernen nicht belastet werden, außer die völlig gefühllosen LehrerInnen wollen riskieren, daß es auf der Stelle einen Anfall bekommt. Es diskutiert. Es argumentiert. Es tobt und schreit. Aber es lernt nicht. Und das manipulative Ich hat es gar nicht nötig, etwas zu lernen. Es denkt: Das merkt doch sowieso keiner, wenn es blendet, und wenn doch, macht es eben etwas anderes, das es nicht gelernt hat und trotzdem kann. Volltreffer!

Wenn wir uns diesen „Irrsinn" betrachten, der vielen wahrscheinlich bekannt vorkommt, erlaube ich mir die folgenschwere Frage: Würdet ihr im Ernst auf einem Schiff mitfahren, auf dem ihr Kapitänin seid? Oder in einen Jumbo-Jet einsteigen mit euch als Pilotinnenteam? Eben.

Diese persönlichen Hemmnisse gilt es zu überwinden. Das ist das, was ich als Sprung über den eigenen Schatten bezeichne. In der Hinwendung zu den dreizehn Aspekten des wahren Selbst führt dich eine Frauenkraft nach der anderen in ein Licht unterschiedlicher Färbung, in dem du auf unterschiedliche Weise sehend wirst. Nichts davon ist ewige, allgemeingültige, unveränderliche Wahrheit. Du hast die Aufgabe, die Dinge von allen Seiten zu betrachten und deine Schlüsse daraus zu ziehen. Sonst kannst du dein eigenes Maß nicht finden. Um mehr geht es nicht. Aber es ist auch wahr, es ist nicht gerade wenig. Was glaubst denn du, warum eine kosmische Unterrichtseinheit ca. vierundachtzig Jahre dauert?

In dir lebt Meisterinnenkraft, sie steckt im Bereich des Unbewußten, denn sie gehört dorthin, wo du nicht mehr darüber nachdenken mußt, ob du nun ein Genie bist oder nicht. Solange du darüber nachdenken mußt, bist du es übrigens noch nicht.

Das Bild, das ich vor Augen habe, ist das der kretischen Stierspringerinnen, wie sie in Knossos vor viertausend Jahren dargestellt wurden. Anmutig und spielerisch springen sie in einem mächtigen Salto über einen Stier, den sie bei den Hörnern packen. Wenn es auch leicht aussieht, stelle ich mir doch vor, daß die Springerinnen sehr mit ihrer Angst zu kämpfen gehabt haben. Kaiserin Nero hat dies einmal so dargestellt, daß die Springerin zwar springen, aber nicht sicher landen kann. Sie stürzt und bricht sich das Genick. Dieses Bild erklärt, warum die Kaiserin so grau sam wurde. Die Ursache liegt in einer großen Angst vor dem Leben, das heißt vor dem Sprung. Aus dem Mißtrauen in die eigenen Fähigkeiten rührt der Haß auf alle erfolgreichen Springerinnen.

Nicht zu springen erzeugt also Haß und Frustration. Daher ist es besser, eine Meisterin des Lebens zu werden, indem du deine Angst überwindest. Wenn du das tust, wirst du eine erstaunliche Entdeckung machen. In der Angst war viel von deiner Lebensenergie eingesperrt. Und so ist dieses Bild auch als Sinnbild dafür zu nehmen, daß aus der größten Angst die meiste Kraft bezogen wird, wenn du dich nur traust, ihr entgegenzugehen und dich von ihr nicht einschüchtern zu lassen. Die destruktiven Kräfte des Patriarchats ernähren sich davon, daß wir uns von der eigenen Angst einschüchtern lassen, daß unser größter Schmerz, der meist aus der frühen Kindheit rührt, uns klein und angepaßt hält. Aber du darfst nie vergessen, daß es um dein Leben geht, das gelebt werden will. Es ist dein einziges, wahres, unverwechselbares Selbst, das diesen einen Weg gewählt hat, um zu erfahren, was Leben ist und sein kann.

Am Ende identifiziert sich dein Ich mit allen dreizehn Aspekten, das heißt, daß du nicht die eine oder andere dieser Subpersönlichkeiten bist, sondern daß dein Ich sich mit ihnen verbindet. Diese sind dreizehn verschiedene Qualitäten einer Kraft, die dir helfen, ein stabiles Ich in der Welt zu sein. Du mußt dir vorstellen, daß du die Dirigentin eines dreizehnköpfigen Orchesters bist, das die Melodie deines Lebens spielt.

Dreizehntes Kapitel
VERÄNDERE DIE STRUKTUREN, UND DU VERÄNDERST DIE WELT

Steter Tropfen
Höhlt den Stein

Keine von uns ist länger in den Strukturen der Zurichtungskategorien gefangen, als sie unbedingt muß, und jede würde die Welt gern dahin verändern, daß sie eine bessere wird, eine, in der alle Lebewesen gern und frei leben. Die Frage ist nur, wie wir das anstellen. Das vergangene Jahrhundert war ja eines der ungezählten Ideologien, die die persönliche Befreiung des Menschen wie die Veränderung der Gesellschaft zum Ziel hatten. Alle waren für den Hugo, denn keine hat funktioniert. Wenn wir sie im nachhinein betrachten, ist auch klar, warum. Sie blieben alle auf dem Boden des patriarchalen Systems.

Es gibt gar nicht so wenige Möglichkeiten, die Welt zu verändern. Die, die das Patriarchat kennt und anwendet, sind allerdings nicht geeignet, den sinnvollen und zyklischen Wandel aller Lebewesen und aller Dinge anzuregen und zu fördern. Meist laufen sie auf so destruktive Dinge wie Krieg, Gerichtsprozesse, private Gewalt, Mehrheitsentscheidungen und wertneutrale Ergebnisse wissenschaftlicher Forschung hinaus.

Wenn wir dieses Patriarchat zu verändern, gar aufzulösen wünschen oder unser eigenes kleines Leben zu verbessern beabsichtigen, gibt es zwei Dinge zu bedenken. Die Polaritätenachse der oben genannten patriarchalen Destruktivitäten führt geradlinig zu mindestens ebenso sinnloser Gegenwehr und zwingt uns, in der Destruktivität zu verbleiben, denken wir nur an Baader, Meinhof und Ensslin, die seinerzeit glaubten, daß es angemessen sei, mit einem deutschen Staat blutig Räuber und Gendarm spielen zu können und allen Ernstes vertraten, daß ihre Art der Gewalt zu rechtfertigen sei.

Auch die Zeiten sind lange vorbei, in denen sich das Böse im Patriarchat auf Personen oder Parteien projizieren ließ. Das bedeutet, daß die klassische Revolution ein sozialromantischer Traum ist, der in der Wirklichkeit der Gegengewalt seine Unschuld verliert. Das Patriarchat ist außerdem schon lange eine Macht, die anonym auch die Mächtigen beherrscht und im Griff hat. Wirtschaftsbosse heben kaltschnäuzig und ohne es groß zu verbrämen politischen Willen der Wähler auf, und sollte jemals eine von uns Bundeskanzlerin werden, wird sie lernen müssen, daß sie zu funktionieren hat, oder sie wird von der Platte geputzt.

Die zweite Sache, auf die es ankommt, ist das, was dem Patriarchat fehlt. Es ist – wie soll ich sagen – so unglaublich unweiblich. Wobei betont werden muß, daß ein Bundeskanzler im Faltenrock noch lange keine Schwalbe im Sommer ist. Also mehr männliches Rollenverhalten für uns, das zu mehr weiblichem Rollenverhalten bei den Männern führt, ändert auch nichts an dieser Ausstrahlung von Trostlosigkeit, die wir überall da finden, wo Männlichkeit einseitig dominiert. Das wissen wir deshalb, weil diese Art Rollentausch und Rollenaufweichung ja seit geraumer Zeit im Schwang ist. Aber es ist – ich muß daran erinnern – der alte langweilige Polsprung von einer Eiskappe auf die andere. Das führt zu gar nichts.

Daraus ergibt sich erstens, daß wir gewaltlose Wege der Veränderung gehen müssen, und zweitens, daß mehr, viel viel mehr Frauenenergie dorthin fließen muß, wo sie jetzt nicht ist. Frauenenergie – damit meine ich die der dreizehn weiblichen Aspekte – kann das Flußbett versetzen und das Wasser woandershin fließen lassen. So können Meere entstehen, wo heute noch Wüste ist. Ich denke an das alte heilige Meer der Amazonen von Kolchis, das Schwarze Meer, in das die gute alte Donau quer durch Europa fließt. Nicht alle Flüsse fließen also in die Nordsee oder ins Mittelmeer. Manche machen sich ihr Meer anderswo. Soweit die Landschaft der äußeren Welt als Metapher für die innere.

Es ist gar nicht so leicht, alles unter Wasser zu setzen, zugerichtet wie wir nun mal sind. Auch verzagen nicht wenige angesichts der Größe des Anspruchs, gleich eine ganze Gesellschaft verändern zu wollen. Aber gerade diese Absicht sollten wir (vorerst) fallenlassen und wie eine Magierin an die Sache herangehen. Während wir einerseits die Kraft der Imagination einsetzen, konzentrieren wir uns andererseits auf das eigene Leben. Da gibt es genügend zu tun, um die Strukturen zu verändern. Wie das mit der

Imagination funktioniert, kannst du in meinem Buch „Macht und Magie" und in Luisa Francias Büchern nachlesen. Wenn es um die Strukturveränderung in deinem Leben geht, dann denk zuerst daran, dich nicht so klein zu machen, und dann schau dir an, was dich von den dreizehn Aspekten weiblichen Seins trennt. Du wirst sie wie durch einen Zerrspiegel erkennen, sei es im eigenen Leben oder dem anderer Frauen.

Vielleicht wird das Bild deutlicher, wenn wir uns die kanalisierten Lebensflüsse mit ihren begradigten Ufern betrachten, die im Patriarchat aus den dreizehn weiblichen Aspekten geworden sind. Damit meine ich dreizehn patriarchal deformierte Typisierungen. Diese kommen im übrigen noch in den fünf Ich-Varianten von Pat Ogden daher.

- *Mutter Maria, die Dulderin*
  Ihr entsprach einmal der Aspekt der Mutter. Wir kennen sie als die Frau, die sich für ihre Kinder aufopfert. Aber meist benutzt sie ihre Kinder, um eine Identität zu haben.
- *Die Karrierefrau*
  Sie hat ihre Selbstachtung auf dem steilen Weg nach oben längst abgegeben. Dafür belohnt sie sich mit Statussymbolen, die sie über den Verlust hinwegtrösten sollen. Ihr entsprach einmal der Aspekt der Händlerin.
- *Die alte Hure*
  Sie war einmal die alte Weise. Auf deformierte Art ist sie die, die das Leben durchlitten hat. Sie hat keine Illusionen mehr, aber sonst auch nichts.
- *Die Gut-im-Bett-Frau*
  Ihre eigene Sinnlichkeit erscheint ihr nicht so wesentlich oder zu egoistisch. Sie kann auch eine Art Beziehungsjunkie sein, die alles tut, um nur ja nicht allein zu sein, was sie für einen Zustand des Ungeliebtseins hält.
- *Die Hausfrau*
  Gemütlichkeit, ein sauberer Fußboden, eine blitzblanke Küche und eine gut gegossene Yucca. Die Hausfrau muß die Kräfte der Bäuerin auf Bonsai-Größe zurückschneiden.
- *Die Nonne*
  Sie ist mit einem ermordeten Mann verheiratet, den sie nie kennengelernt hat. Die Nonne entspricht der Priesterin.

- *Die Helferin, Therapeutin, Rückenstärkerin, Liebesarbeiterin*
  Ein Schatten dessen, was die Heilerin ist und kann. Sie versteht alles, ohne auch nur im geringsten eine Ahnung zu haben, was sie da eigentlich tut. Aber sie fühlt sich wichtig. Immerhin konnte sie helfen.
- *Die Politikerin, mächtige Macherin*
  Sie ist die, die einmal die Königin war. Kaiserin Nero im neutralen Nadelstreifenkostüm. Oder das protektionierte Weibliche im Dienst des Patriarchats. Von Männern beauftragte Frauenbeauftragte.
- *Die fit-und-schlank-Frau*
  Sie muß immer in Bewegung sein. Sie denkt praktisch. Sie denkt voraus, aber sie weiß nicht mehr, daß sie träumen kann. Sie war einmal die Denkerin. Am meisten ist sie selbst darüber erstaunt.
- *Die Kindfrau*
  Sie ist, was von der Amazone übriggeblieben ist. Sie hält den großen Mann in der Hand und bietet das Bild eines sexuell reifen Kindes, die Beine nach innen gedreht, die Schultern hochgezogen. Oder sie ist die freche kleine Lesbe mit Schirmmütze und Latzhose, die ihren Zorn heimlich gegen sich selbst richtet.
- *Die Sekretariatskrankenschwester und Durchhaltende*
  Sie, die einmal die Wissende war, ist nun die Dienende geworden. Ihr geschickter Geist, der die organisierte Struktur jeder Situation erkennt, leitet daraus keine Macht ab.
- *Die Süchtige*
  Die Sehnsucht der Künstlerin verbog sich in die Sucht der Suchenden. Statt Transzendenz erschafft sie Zerstörung.
- *Elisabeth, die nette, zeitlose*
  Die domestizierte wilde Frau glaubt, daß alle Männer große harmlose Jungs sind. Sie ignoriert, was sie sieht, und verschmilzt mit ihrer eigenen Fassade. Manchmal bricht ihre ganze Kraft in einer Kurzschlußhandlung durch.

Hinter diesen Gestalten die dreizehn ursprünglichen Aspekte wieder zum Vorschein zu holen, kann dich ganz schön ins Schleudern bringen. Aber sei sicher, es wird zu erdrutschartigen Veränderungen kommen, die denen aus meinem Traum, mit dem ich dieses Buch begonnen habe, in nichts nachstehen.

Deine Veränderung verändert deine Beziehungen zu anderen Menschen. Dies wiederum zieht weitere Kreise, denn es zwingt auch deine Mitmenschen in Veränderungen. So kommt alles in Bewegung und Frauenkraft ins Fließen. Nimm nur mal an, aus der alten Hure wird endlich die alte Weise. Oder die niedliche Kindfrau zieht sich die Amazonenboots an, die Mutter schmeißt endlich ihre Kinder raus (vor allem den Ältesten, den sie zu den selbst geborenen auch noch mit durchschleppt), die Hausfrau pachtet sich einen Gemüsegarten, die Heilerin verhilft Biomatenfrauen zu einem saftigen Dissidentinnenleben, die fit-und-schlank-Frau läßt plötzlich eine Erkenntnis zu, Elisabeth lernt das Rülpsen, die Süchtige wagt es endlich zu finden, die Nonne setzt sich über die Dogmen hinweg und mit der Göttin in Verbindung, die Liebende liebt, welche und wen sie will und das in völliger Freiheit, die Königin setzt sich auf den Thron ihres Reiches und sorgt endlich dafür, daß es nicht mehr drunter und drüber geht. Hallelujah!

II

INNEN

Willkommen an Bord

Das wahre Selbst
und seine
dreizehn Aspekte

Erster Aspekt weiblichen Seins
DIE AMAZONE

Ich bin. Ihr Tier ist das Pferd.
Sie gibt dir Initiative und Kampfkraft.

Sie ist das pure Sein, berstende Kraft, lodernde Neugier. Die Amazone ist der Anfang des Aspekte-Kreises, jedoch dürfen wir sie uns nicht allein als junge Frau vorstellen, wenn Jugendlichkeit auch eine Kraft ist, die sie prägt. Sie lebt von dem, was vor ihr liegt. Es ist nicht die Vergangenheit, die sie interessiert. Sie spürt ihre Kraft und freut sich an ihrer Neugierde auf die Welt. Ursprünglich habe ich sie „Kriegerin" genannt. Nun bezeichne ich sie als Amazone. Worte haben eine große Macht, und die Bezeichnung „Kriegerin" hält den Krieg in der Welt. Selbstverständlich ist die Amazone ein weitaus größerer Begriff als die Kriegerin. Aber die Kriegerin ist auch nicht mit der Soldatin gleichzusetzen, die nur eine weibliche Vertreterin eines patriarchalen Unterdrückungsinstruments wäre. So erscheint mir die Amazone, die freie, ungebundene Frau passender, selbst wenn sie symbolisch für vieles mehr, zum Beispiel für Lesbe steht. Dennoch ist sie eine, die kämpfen kann, wirklich kämpfen.

Um kämpfen zu können, braucht eine strategische Intelligenz und muß im Gebrauch unterschiedlicher Waffen geübt sein. Unter Waffen verstehen wir hier nicht reale Waffen – von der MP bis zum Nudelholz –, sondern die Angemessenheit der Mittel, um sich verteidigen zu können. Mittel, sich zu verteidigen, können körperliche Fähigkeiten und Fertigkeiten sein, zum Beispiel Wen Do oder das Wissen, wie sich eine in welchen Situationen mit Angreifern auseinandersetzt. So gehören zu ihr auch Autorität und ein gewisser Mangel an Scheu vor Macht. Jedoch ist es nur der Teil von Macht, der sie inspiriert, zu verteidigen oder zu erobern. Sie selbst ist keine Königin.

Sie hat einen starken Willen und kein Interesse an der matriarchal-spirituellen Mutterkraft. Sie ist die personifizierte Selbstbehauptung. Tochterkraft, nicht wirklich an Verantwortung und den

141

damit einhergehenden Einschränkungen und Belastungen interessiert. Und daher kommen mit ihrer Ankunft in deinem Leben alle befreienden Kräfte daher, die nicht im Dunstkreis von Verantwortung gedeihen. Sie ist heiter, sie ist leicht, aber sie ist nicht zu unterschätzen. Ein wenig ist sie in das Spiel mit Provokationen verliebt, aber genaugenommen verbirgt sich dahinter eine leichte Unsicherheit, wie sie junge Lebenskraft spürt, die noch nicht viel Lebenserfahrung sammeln konnte. Trotzdem hat sie die Qualität einer Macherin. An ihr ist nichts Niedliches, Liebliches. Von Spitzfindigkeiten und Charme hält sie für sich selbst nicht viel. Auch Witz und Sarkasmus sind nicht ihre Stärke. So vermutet sie hinter Dingen, die sie (noch) nicht versteht, leicht etwas, das sie zum Kampf auffordert.

Sie ist die personifizierte Ungebundenheit. Das heißt, sie ist eine, die nicht entbunden hat, also kein Kind geboren hat. Es ist von großer Bedeutung, daß in diesem Satz das Wörtchen „noch" fehlt. Das heißt, Amazonenkraft ist kinderlos, und das ist nicht als Vorentwicklung zum künftigen Da-Sein als Mutter gemeint. Amazone ist kein Übergangszustand. Sie hat sich für ein Leben entschieden, das sich außerhalb der patriarchalen Bahnen bewegt, in denen Frauen normalerweise fahren sollen. So eine hat beide Arme frei, um zu reiten, zu kämpfen und mit ihnen das ganze volle Leben zu umarmen. Die Amazone hat die Kraft zu idealisieren. Für ihre Königin würde sie beinahe alles tun. Zu ihr, der Kraft der Königin, hat die Amazone die eindeutigste Verbindung.

Weniger innig ist ihre Verbindung zum Aspekt Mutter. Wenn sie auch ihre eigene Mutter lieben und achten mag, ist ihr eigene Mutterschaft doch unvorstellbar. Die alten Amazonenheere vom Schwarzen Meer und aus Afrika sind der Legende nach entstanden, nachdem die Mutterreiche von den Horden patriarchaler Eroberer bedroht waren und viele von ihnen bereits zerstört. Die Amazonen sahen sich als Töchter besser imstande, die Macht der Frauen zu verteidigen.

Die Frage, ob es die Amazonen wirklich gegeben hat, wäre für die Griechen der Antike ungefähr so seltsam gewesen, als würde man heute fragen, ob es wirklich Franzosen gibt. So beschreibt es Bertha Eckstein-Diener in ihrem in den dreißiger Jahren erschienenen Buch „Mütter und Amazonen, Liebe und Macht im Frauenreich". Völker, bei denen nur Frauen Waffen trugen, jagten, ritten und sich Männer nahmen auf Zeit, um sie wieder zu verstoßen, waren im Bewußtsein des Altertums alltäglich. Dort, wo ihre Heimat war, zwischen Schwarzem und Kaspischem Meer, wurden vor einigen Jahren Gräber in großer Zahl gefunden. Die meisten waren Frauengräber, in denen sich Waffen als Grabbeigaben fanden, und wenige Männergräber, in denen sich keine Waffen, dafür aber Haushaltsgegenstände und Nähzeug fanden. Auch Nordafrika soll Amazonenheimat gewesen sein. Die Berber – Urvolk in Tunesien und Marokko – nennen sich Amezzin. Die alte Frauengesellschaft von Malta ist möglicherweise mit ihnen in Verbindung zu setzen.

Die Frauen der Amazonengemeinschaften wurden getragen von der energetischen Dynamik der Vorwärtsbewegung, wie das in der Reihenfolge der weiblichen Aspekte der Amazone nachfolgende Zeichen von der energetischen Dynamik des Verharrens bestimmt wird. Diese Vorwärtsbewegung führte in den alten Zeiten zur Gründung vieler Städte, die alle nach sagenhaften Amazonenanführerinnen benannt wurden. Mytilene beispielsweise, die Hauptstadt der Insel Lesbos, oder Smyrna, das heutige türkische Izmir. Die intensive, schnell fließende Energie der kampffähigen Amazone ist auf ein inneres Gleichgewicht angewiesen, sonst verströmt sich diese Kraft, ohne wirklich etwas zu bewirken.

Dieses Gleichgewicht zu halten, fällt ihr leichter, wenn sie tanzt. Das heißt, daß sie etwas von der Harmonie der Bewegung verstehen muß und einen meditativen Zugang zum Kämpfen benötigt, um sich nicht zu verausgaben und das Siegen spielerisch zu erreichen. Eigentlich sind es nicht Siege und Niederlagen, die sie am meisten interessieren, wenn sie kämpft. Sie läuft leider auch immer wieder Gefahr, daß es sie nicht wirklich aus der Tiefe heraus interessiert, wofür oder wogegen sie kämpft. Sie glüht für ein Ideal. Es ist nicht so, daß die Amazonenkraft keine Tiefe hat. Es ist eher so, daß sie sie nicht kennt und sie ihr eigentlich auch Angst macht. Die Amazone fürchtet, ihre Leichtigkeit zu verlieren und Bindungen einzugehen, die sie an ihrer Vorwärtsbewegung hindern würden. Amazone kann sich nicht vorstellen, seßhaft zu sein.

Darum kann ihr die Denkerin helfen, Zusammenhänge zuzulassen und vernünftige Gründe für einen Kampf zu finden. Die Liebende kann ihr die Kräfte des Instinkts schenken, die sie sicher in Krisensituationen leiten können. Die Wissende wird sie kritisch analysieren, um sie lernen zu lassen, die Heilerin ist für sie da, wenn sie zerrauft, mit verwundetem Herzen nach Hause kommt. Die Amazone wiederum wird damit fertigwerden müssen, lebenslang zwölf ältere Schwestern zu haben, die alles besser wissen.

Die Amazone ist die, die das Aggressionspotential jeder Frau verwaltet und hütet. Ich halte die Amazone deshalb für das am wenigsten genutzte Potential bei Frauen. Kämpfende Frauen sind unerwünscht, und wenn es eine doch wagt, ernsthaft Krieg zu führen, wird sie zu einem Mythos wie Jeanne d'Arc, dargestellt als eine pubertäre, schwärmerische Einzelerscheinung, einsam, isoliert und am Ende gefoltert und getötet, mundtot gemacht, für lächerlich und krank erklärt.

Dabei ist sie eher wie Athena Nike, die als Siegesgöttin dargestellte Jungfräuliche, die über klaren Geist und einen durchtrainierten Körper verfügt. Die sich mit der Leichtigkeit des Frühlings bewegt und reiten kann wie der Teufel. Die heilige Jungfrau ist intelligent, stark, schön und mutig. Unterwerfung ist ihr völlig wesensfremd.

Eine Amazone ist eine Gestalt der Stärke, und doch braucht sie die anderen. Nicht, weil sie allein nicht kann, sondern weil sie nicht allein sein mag. Die Gemeinschaft bedeutet ihr viel. Sie braucht die große Schwesternschaft. Dies ist auch ein Hinweis darauf, daß für Frauen der Begriff Stärke anders definiert wird als in der patriarchal geprägten Männerwelt. Wir haben also nicht statt des lonesome Cowboy das lonesome Cowgirl, sondern das Symbol individueller Stärke, die sich allein behaupten kann, aber die Potenzierung ihrer Kraft durch die Gemeinschaft mit anderen wünscht.

Diese Kombination aus Aggressionspotential und dem Angewiesensein auf Gemeinschaft, dazu ein gewisses amoralisches Wesen machen aus unausgelebter Amazonenkraft gefährliche Fähigkeiten, die die unterdrückte Amazone sich anzuwenden nicht scheut. Im illusionären Gefühl, für die Gemeinschaft zu handeln, wird sie die Kriegerin des Mobbing, eine feige Heckenschützin, die kaum aufzuhalten ist. Daher ist es angebracht, daß wir lernen, pfleglich mit diesem Potential umzugehen.

Pfleglich mit dem Aggressonspotential umgehen bedeutet, Ärger klar und direkt auszudrücken; sich zu fragen, ob Angst vor dem Ausgeschlossenwerden aus einer Gruppe nicht die Beißhemmung herabsetzt; keine Ersatz-Aggressionsobjekte wählen; nicht von eigenen Fehlern und Unzulänglichkeiten ablenken wollen.

Die Amazone kann den Schatten aber auch über sich selbst werfen. Dann neigt sie zu Autoaggressionen und kann eine ganze Palette an Selbstzerstörungstechniken entwickeln. Dann macht sie einen ungeliebten, unbehausten, ja verwahrlosten Eindruck, als sei sie von allen zwölf Schwestern verlassen. Sie kann sie dann häufig nicht einmal mehr als ihre Schwestern erkennen.

Ich habe ihr aus naheliegenden Gründen das Pferd zugeordnet. Es ist das Tier, das in den Legenden von den Amazonenreichen eine überragende Rolle spielt. Sich mit dem Tier des jeweiligen Aspekts zu verbünden, ist einer der Wege, sich dem Aspekt zu nähern.

Das Pferd beschleunigt die Kraft der Amazone. Es zwingt sie auch, konzentriert zu bleiben und die Bodenhaftung nicht zu verlieren. Ob als Reiterin oder Wagenlenkerin, in jedem Fall erfordert diese Art der Bewegung die Fähigkeit, mit einem Mehrfachen der eigenen Kraft umgehen zu können. Dies darfst du auch symbolisch sehen. Bravour, Konzentration, Wildheit, Temperament – so beschreibt Eckstein-Diener die Amazonen vom Schwarzen Meer. Diese Eigenschaften schreiben wir auch den Pferden zu. Pegasus, das berühmte geflügelte Pferd, entsprang der Sage nach aus dem Blut der libyschen Amazone Medusa. Selbst die heute kaum noch mit Wildpferden vergleichbaren Züchtungen haben etwas von dem mystischen Zauber, der die wilden Pferdeherden der alten Zeit umgab. Nimm sie heraus aus der eigenartigen Welt von Stallbox, Sattel und Zaumzeug, steig herunter von ihrem Rücken und begegne ihnen auf gleichem Boden, sprich mit ihnen wie mit einer Schwester und erfahre von ihnen, wer sie wirklich sind, die Pferde.

Den Berichten aus der Antike zufolge hängten die Amazonen den Begriff „Pferd" häufig an ihren Namen. Das erklärt, warum sich die Griechen mit der streitbaren Gattin des Sokrates so schwer taten, deren Name sie als Amazone erkennen läßt. Sie hieß Xanthippe. Das heißt übersetzt: hellhaariges Pferd. Keine Griechin konnte so heißen, nur die Töchter aus Medeas Reich in Kolchis trugen solche Namen. Heute haben wir vergessen, wie groß die Bedeutung und der Ruhm der Amazonen im alten Griechenland war. Einen Mann eine Amazone zu nennen, hieß, ihm das höchste Lob zu erteilen, das bekannt war. Nennen wir die Amazone in Anlehnung an Xanthippe: die Frau, die sich vor dem Licht nicht fürchtet.

Um dieses Ansehen geht es, wenn die Amazone erwacht. Sie ist deine Würde und dein Stolz, dein Mut und deine Kampfkraft.

Zweiter Aspekt weiblichen Seins
DIE BÄUERIN

Ich habe. Ihr Tier ist die Kuh.
Sie gibt dir Sicherheit.

Sie ist die personifizierte Fülle, die Pracht des Wachstums, der
Überfluß. Die Bäuerin ist produktiv, sie ist es, die den Überfluß
erschafft. Sie ist schöpferisch wie eine Gärtnerin. Ihre Kunstwerke
sind zweckmäßig und natürlich. Sie gibt allen zu essen, und ihre
Sinnlichkeit erstreckt sich auf das gesamte Leben. Sie ist langsam,
eine ihrer ganz großen Qualitäten ist ihr Umgang mit Zeit. Sie ist
die, die warten kann. Ihr Wissen umfaßt alles, was die Jahreszeiten
erfordern und bringen. Wenn sie auch immer tätig ist, so auf eine
Art und Weise, die Zeit dafür läßt, den Himmel zu beobachten, um
zu wissen, wie das Wetter wird und ob sie Vorsorge treffen muß,
weil ein Gewitter naht.

Die Bäuerin scheint die energetische Dynamik der Amazone,
die Vorwärtsbewegung zu bremsen, um dafür zu sorgen, daß alles
seine Zeit hat. Ihr Interesse gilt dem Materiellen, dem Wachstum
der Dinge. Sie liebt Besitz, und das bedeutet in ihrem Fall nicht,
daß sie dem Materiellen hinterherhechelt. Sie hat. Und wenn sie
nicht hat, sorgt sie dafür, daß sie haben wird. Auf selbstverständliche Weise weiß sie, was sie tun muß, um besitzend zu werden,
zu sein und zu bleiben. Dabei begreift sie Besitz als Verantwortung. Diese Verantwortung trägt sie gern, sie kann sie nicht als
Bürde oder Last empfinden.

Sie ist eine schlichte Erscheinung, und so ist auch ihre Erwartung an das Leben. Sie mag einfache Bäuerin sein oder Land-
baronin. Sie wird immer eine sein, die anpackt. Sie muß selber tun
oder doch zumindest im Zentrum des Geschehens sein, denn sie
kann nicht verstehen, warum sie sich nicht um ihre ureigenen
Angelegenheiten kümmern sollte. Wenn sie sie anderen überließe,
verlöre sie ihre Identität.

Es sind Lebensqualitäten wie hegen und pflegen, nähren und
stützen, genießen und besitzen, die sie in dein Leben bringt. Sie

lehrt dich, Ausdauer zu haben, und zeigt dir, wie Gedeihlichkeit entsteht. Die Dynamik der Bäuerin ist die Kreisbewegung. Alles muß wiederkehren. Darum liebt sie Überraschungen ganz und gar nicht, sondern benötigt die Verläßlichkeit des immer Gleichen. Frühling, Sommer, Herbst und Winter. Von dieser ewigen Wiederkehr der Zeit lebt die Bäuerin. Hüte dich davor, das als langweilig zu bezeichnen. An einem wunderbar gewachsenen Krautkopf ist ganz und gar nichts Langweiliges. Es ist ein kleines Wunder, zu dem die Bäuerin viel beigetragen hat. Nenn sie niemals unflexibel oder gar dumm, nur weil sie Neuem gegenüber nicht besonders aufgeschlossen ist. Eine Stadtfrau mag flippig sein und damit auf der Höhe der Zeit. Die Bäuerin würde nichts ernten, wenn sie darauf aus wäre, dauernd etwas anders zu machen. Ihre Langsamkeit bedeutet Intensität und Sicherheit zugleich. Die acht Frauenfeste des Jahreskreises sind Sicherheit in der Zeit und Entertainment zugleich, um der Gleichförmigkeit des Jahres zu entgehen.

Sie braucht den Nutzen, um einen Sinn in allem zu sehen. Dies ist die Qualität an Lebenspotential, an dem es vielen Frauen mangelt. Praktisch veranlagt sind viele von uns, mehr, als unser Ruf vermuten läßt. Aber welche wagt es, bei allem und jedem nach dem Nutzen zu fragen? Oder selbstbewußtes Besitzdenken zu entwickeln? Welche traut sich, stolz zu feiern, was sie erarbeitet hat? Wem danken wir, wenn wir Erntedankfeste feiern? Der Göttin? Und was ist mit der Bäuerin, die sich den Rücken krumm gearbeitet hat? Den Rücken krumm arbeiten, kommt uns nicht obszön vor. Stolz auf das Erreichte zu sein, fällt uns sehr viel schwerer.

Wir sind allesamt daran gewöhnt, daß Frauen Mangel an Materiellem haben. Besitzdenken ist verpönt, und Überfluß hat beinahe etwas Unanständiges. Wir müssen Besitz als Teil unserer Kultur begreifen und von der Bäuerin lernen, ihn zu kultivieren, d.h. zu hegen und zu pflegen, zu säen, zu ernten und zu verarbeiten, damit auch dann etwas da ist, wenn draußen nichts wächst. Die Bäuerin ist nicht sparsam, sie kann wirtschaften. Was sie an Überfluß produziert, wird die Händlerin in den großen Kreislauf der überfließenden Energien geben, so daß andere daran teilhaben können und ein Austausch der Kräfte möglich ist.

So ist die Händlerin ein Aspekt, der der Bäuerin hilft, beweglich zu werden. Die wilde Frau sorgt dafür, daß es in ihrem Garten nicht so aussieht, als ob man vom Fußboden essen könnte, denn auch die wilden Kräfte brauchen einen Platz, an dem sie wirken können. Die Denkerin erzählt ihr Geschichten, so daß sie weiß, was es in der Welt jenseits des Gartenzauns alles gibt. Die Priesterin hilft ihr, die Seele in allem wahrzunehmen und jenseits praktischen Nutzens darauf zu achten, daß die Schöpfung geehrt wird. Die Liebende mag ihr davon berichten, daß es Formen der Liebe gibt, die nur gedeihen, wenn kein Gartenzaun die Welt aussperrt.

Dennoch sollten wir daran denken, daß ein Zaun nichts Kleingeistiges ist. Schnell haben wir Vorstellungen parat, in denen es um Schrebergärten und Laubenpieper geht. Wir sehen Planschbecken aus Plastik und alberne Gartenzwerge, die unser ästhetisches Empfinden beleidigen. Aber ein Zaun oder eine Mauer um einen Garten schützt auch, was wir lieben und hüten. Es ist der Ort, der von anderen Teilen der Erde abgeteilt wurde, um Nahrung und Schönheit eigener Art entstehen zu lassen. Jeder Garten ist immer auch eine Art Temenos. Die Grenze ist von Bedeutung. Ein spirituelles Zentrum, ein Meditationsraum, eine Nische für die Hausgeister, ein Zimmer für die Liebenden, ein Ahninnentopf – lauter Bereiche mit Begrenzungen, die eine Konzentration hervorrufen, aus der dann etwas Besonderes entsteht.

Der noch schlummernde Aspekt der Bäuerin zeigte mir an, erweckt werden zu wollen, als ich eine Vision hatte, die ich in „Der weise Leichtsinn" beschrieben habe. Ich sah einen Garten. Es war ein Garten, wie er in orientalischen Ländern – früher auch in Griechenland und Spanien – angelegt wird. Umrandet von einer Mauer und so bepflanzt, daß er zwischen Blumen und Gemüse Wege zum Schlendern hat. Die Büsche und Bäume geben viel Schatten und bieten den Augen erholsame Beschäftigung, das Sonnenlicht scheint zu tanzen. Ich sah Frauen im Garten. Die einen arbeiteten, andere gingen spazieren und plauderten. Einige Zeit später war ich in Portugal zu Gast auf einem Landsitz, der über einen Gemüsegarten verfügte, so groß wie ein kleiner Park. Der wilde Neid packte mich. Aber das war gar nicht notwendig. Die Bäuerin in mir stand schon bereit, den Spaten in der Hand.

Bald darauf zog ich aufs Land. Heute lebe ich von den Früchten aus meinem Garten und nicht nur ich, denn wenn das Essen aus der Erde wächst, dann tut es das immer gleich im Überfluß.

Nun hat nicht jede Frau das Bedürfnis und auch nicht das Talent, im Dreck zu wühlen, wobei mit Dreck hier die mit allem Leben gesegnete Erdkruste gemeint ist. Was macht eine mit dem Aspekt der Bäuerin, die auch weiterhin ihre Radieschen im Supermarkt zu kaufen beabsichtigt?

Sie soll sie weiterhin im Supermarkt kaufen, aber sie sollte eine andere Einstellung zu ihnen finden. Zu den Radieschen, dem Kraut und den Rüben und zu allen, die sich die Hände schmutzig machen, damit es etwas zu essen gibt, ein Dach über dem Kopf und eine warme Decke für den Bauch. Aus der Wertschätzung des Materiellen, übersetzt: dessen, was von der Mutter kommt, erwächst in dir bereits Bäuerinnenkraft. Es ist nicht so sehr das Geldverdienen, Schilling, Mark, Franken, Euro und Dollar. Nenn es von mir aus Schleifen, Mäuse, Chips, das macht diese Substanz auch nicht wirklicher. Dafür ist eher die Kraft der Händlerin vonnöten. Die Bäuerin kann so nicht rechnen, denn wenn sie in ihr Bewußtsein ließe, was das Erzeugen eines gesunden Salatkopfs wirklich kostet, würde sie wahrscheinlich der Schlag treffen.

Wertschätzung des Materiellen sprach aus der Äußerung der Chefin eines chinesischen Restaurants, die sagte, es sei falschtig, Rindfleisch zu essen, denn die Kuh müsse für die Menschen schon zu Lebzeiten hart arbeiten. Darum hätten wir sie zu achten und zu ehren, aber nicht zu schlachten und zu fressen.

Ich habe die Kuh dem Aspekt der Bäuerin als Tier zugeordnet. In den prähistorischen Zeiten, als der Ackerbau als Lebenskultur entwickelt wurde und die Frauen zur Initiation in die Höhlen gingen, gehörten die Kuh, die Mondin und der Kalender zusammen. Wir können davon ausgehen, daß die Hörner der Kuh in den Darstellungen, die Marie E. P. König bei ihren Höhlenforschungen fand, eine Art Zeitmesser waren, die den nachfolgenden Höhlenbenutzerinnen etwas über den Mondstand sagten.

Es gibt noch einen weiteren Hinweis zum Zusammenhang von Mond, Zeit und Kuh. In Çatal Hüyük, dem wahrscheinlich bedeutendsten Fundort matriarchaler Kultur, fand sich die Darstellung einer Kuh, deren Hörner unmißverständlich präzise menschliche Eierstöcke, Eileiter und Uterus zeigen. Damit ist die Verbindung zu Fruchtbarkeit und menstruellem Blut hergestellt. Auch die Milch, eine weitere der heiligen – magischen – Flüssigkeiten, bringt die

Bäuerin und die Kuh zusammen. Das Land, in dem Milch und Honig flossen, war das Land der Frauen, der Mutterreiche. Der Bäuerin, dem Aspekt, der für den Frühling steht, gehört die Kuh als Lieferantin dieser geheimnisvollen, lebenserhaltenden Flüssigkeit. Die Biene, die das einzige Nahrungsmittel auf dieser Welt liefert, das nicht verderben kann, gehört der Wissenden. Dieser Aspekt gehört in den frühen Herbst, in die Erntezeit. So bilden die beiden, die einander brauchen, eine Achse.

Beide Zeichen sind Erdzeichen. Die Bäuerin weiß, daß die Erde uns allen gemeinsam ist. Diese dünne Kruste, die von Käfern, Würmern und Mikroben bevölkert ist, überdeckt den glühenden Feuerball, der die Erde eigentlich ist. Diese Kruste ist etwas Zusammenhängendes wie eine Haut. Sie ernährt die Fichte in Polen ebenso wie den Rosenbusch in den Catskills, den Feigenbaum in Umbrien wie das Gras in der sibirischen Steppe. Dies ist der Bäuerin im Bewußtsein, wenn sie in ihrem Garten werkelt. Der Himmel mag ihr allenfalls der Ort sein, den sie im Auge behalten muß, um zu wissen, ob es regnet oder schneit. Ihre Spiritualität erwächst ihr in Gestalt von Kürbissen und Zuckererbsen. Oder in Gestalt ihrer Tiere, die durch die Kuh symbolisiert sind.

Ob Holsteiner, Fleckvieh, Wasserbüffel, Yak oder Bison – wenn du dich mit dem Tier der Bäuerin verbünden willst, mußt du in der Anderswelt gut zu Fuß sein. Es ist, wie das Pferd, ein Herdentier. Doch von welch anderer Kraft ist die Kuh. Nicht nervös, sondern ausdauernd. Nicht temperamentvoll, sondern ruhig. Sie rennt nicht, sie geht. Es sei denn, es droht Gefahr, dann setzt sich die Herde als Gesamtorganismus in Bewegung und ist nicht mehr aufzuhalten. Dann dröhnt die Erde, und eine gewaltige Staubwolke wirbelt auf. Versuch, mitzulaufen, um etwas von der Kraft der Erde und der Kuh in dir aufzunehmen.

Nennen wir die Bäuerin die Frau, die den Dreck nicht scheut, eine, die das Glück gefunden hat. Sie findet den Reichtum ihrer Psyche in ihrem Garten. Sie gibt dir die Sicherheit, auf dem Boden der Tatsachen zu sein, und nimmt dir die Existenzangst, mit der im Patriarchat so gern grausame Spielchen getrieben werden. Ihre Botschaft lautet: Mach dir keine Sorgen. Essen wächst aus der Erde, Jahr für Jahr.

Dritter Aspekt weiblichen Seins
Die Denkerin

Ich erkenne. Ihr Tier ist die Ratte.
Sie gibt dir die Sprache.

Es ist von erheblicher Bedeutung, daß das Patriarchat keine Philo-
sophinnen kennt. Das liegt zum einen daran, daß die Frauen im
Patriarchat das arbeitende Geschlecht sind. Während die Männer
seit der Antike irgendwo herumhängen und labern, was sie seither
allen Ernstes als Arbeit und Geisteswissenschaft bezeichnen, damit
sie von den Frauen nicht weiter um ihren Beitrag zur Alltagsbe-
wältigung angegangen werden, haben Frauen zu tun, um den Laden am Laufen zu halten. Zum anderen ist die Ursache natürlich
darin zu suchen, daß das Nachdenken über die Welt Wirklichkeit
schafft, die eine große Macht darstellt. In einer männerzentrischen
Welt kann man Frauen an dieser Art von Arbeit also nicht kreativ
teilhaben lassen, denn sonst wäre sie in kürzester Zeit eine frau-
enzentrische Welt. Ist doch logisch, oder?

Die Perfidie besteht darin, Frauen zu unterstellen, daß die Welt
des Verstandes nicht die ihre ist, es sei denn, sie denken wie ein
Mann. Frauen und Bewußtheit gehören jedoch zusammen und
zwar ursächlich.

Die Denkerin ist die Frau, die entzückt ihr Bewußtsein entdeckt. Sie folgt in der Reihenfolge der Aspekte auf die Bäuerin und
setzt solche vereinzelten Erscheinungen wie Kuh, Mondin, Blut
und Geburt in interessante, geradezu aufregende Zusammenhänge. Und nicht nur das, sie rennt sofort los und erzählt allen
anderen, daß sie diese Zusammenhänge entdeckt hat und was sie
bedeuten. Wenn sie davon erzählt, hat alles plötzlich ein Ord-
nungssystem, von dem niemand mehr überrascht ist als die Denkerin selbst. Sie ist Rotkäppchen, das dem Wolf wortreich erklärt,
wie die Geschichte weiterzugehen hat.

Die Denkerin kennt nicht nur diese, sie kennt alle Geschichten.
Sie spricht das aus, was andere für undenkbar halten. Sie ist auch
das Kind in dem Märchen von des Kaisers neuen Kleidern, das

schreit, der Kerl habe ja gar nichts an. Der Denkerin ist es ein Rätsel, warum so viele Frauen Schwierigkeiten haben, das Offensichtliche zu benennen, das Unaussprechliche auszusprechen. Nicht, daß sie mutiger ist als die angepaßten Frauen. Es ist nur so, daß sie platzen würde, wenn sie den Mund hielte. Sie ist auf der Welt, um zu entdecken, was ist. Und dann muß sie berichten, komme, was da wolle.

Sie vereinigt die Bewegungsdynamik der Lebensenergie der Amazone und der Bäuerin, so daß aus dem Kreis und der vorwärtsdrängenden Kraft eine dreidimensionale Spirale wird. Sie muß sich von der Erde lösen, um besser erkennen zu können, was die Schwere des sich wiederholenden Kreises nicht zeigen kann. So steigt sie in die Spirale. An der saust sie hinauf und hinunter und weiß auf einmal, daß das Leben ganz genauso verläuft. Weiß, daß sie immer dieselben Punkte berühren muß und jedesmal eine andere Spiraldrehung vollzogen hat. Ist doch logisch! Philosophie? Mitnichten. Sie ist nicht Freundin, schon gar nicht der Freund der Weisheit, die auf griechisch Sophia heißt. Sie ist Sophia selbst.

Sophia Siebenschlau liebt die Logik und die Plausibilität. Sie schafft Zusammenhänge, knüpft Verbindungen, schafft Netzwerke, die andere dann nutzen. Selbst macht sie selten Gebrauch davon, denn dazu hat sie zuwenig Zeit. Ihr unruhiger Geist rennt hierhin und dorthin und strickt ununterbrochen an neuen Geschichten.

Die Denkerin erkennt patriarchale Täuschungen, denn sie ist in die Wahrheit verliebt. Das macht diesen Aspekt so kostbar. Auch andere Aspekte benötigen die Wahrheit. Aber die Denkerin liebt die Wahrheit ohne Absichten, ganz einfach um ihrer Klarheit willen, weil sie wissen will, wie es wirklich ist.

Dabei ist gerade sie es, die die Fähigkeit hat, mit der Wirklichkeit so zu spielen, daß sie sich verändert und dem Willen der Denkerin folgend sich zu neuen Welten wandelt. Dichtung oder Lüge. Sie schafft die Kraft der Imagination. Sie hat die Magie der Gedanken und der Sprache erfunden. Und schreit begeistert laut auf, weil es funktioniert.

Die Sprache selbst stammt nicht von ihr. Die hat die Mutter in die Welt gebracht, mit den ersten Lauten, mit denen sie ihr Neugeborenes begrüßte. Aber die Denkerin ist es, die erkannt hat, was eine mit Sprache alles machen kann. Und das ist viel.

Sie hat sie in Zeichen umgesetzt. Hat sie zu Symbolen zusammengefaßt. Hat Ziffern erfunden. Zu rechnen begonnen. Sie schuf die Mathematik, was übersetzt heißt: von der Mutter gelernt. Auf den von ihr geschaffenen geistigen Leitsystemen kommen die Unsichtbaren in die Welt und nehmen Gestalt an. Sie gibt den Gefühlen Namen und hilft, daß wir mit ihnen umgehen können. Sie hat das Prinzip der Magie gefunden und lehrt alle, wie es angewendet wird. Für sie ist es das Selbstverständlichste der Welt, daß wir in der unsichtbaren Welt mit unseren Gedanken und unserem Willen zusammenbrauen, was sich in dieser Welt zu Materie verdichtet. Was die Bäuerin mit Erde und Samen kann, kann die Denkerin mit Bildern und Gedanken.

Sie ist eine Zauberin. Dazu braucht sie Freiheit. Die Freiheit des Geistes und auch die räumliche, die körperliche Distanz schafft. Ihre Botschaft lautet: Geh nicht zu nah heran, sonst siehst du nicht, worum es geht. Sie muß den Überblick behalten, damit ihr nichts entgeht. Sie will nicht die Kontrolle behalten, sie hat ganz einfach Angst, sie könnte etwas Wunderbares versäumen. An dieses Wunderbare glaubt sie, so wie der Mai an den kommenden Sommer glaubt.

... Ich will meinen Willen und will meinen Willen begleiten
die Wege zur Tat;
und will in stillen, irgendwie zögernden Zeiten
wenn etwas naht
unter den Wissenden sein
oder allein.
(Rilke)

Sie hat den Witz und den Sarkasmus erfunden, um von Trauer und Schmerz nicht überwältigt zu werden, denn die Welt der Gefühle ist nicht ihre Ur-Heimat. Sie ist Sturm und Wind, der über das Wasser bläst, aber das Wasser selbst ist ihr zu naß. Ihre Spiritualität holt sie nicht aus den Kräften der Erde wie die Bäuerin. Im Grunde fühlt sie sich auf ihr nicht wirklich sicher. Sie kann einfach nicht vergessen, daß sie sich auf einem glühenden Feuerball befindet, der darüber nur eine verletzlich dünne Erdkrumenhaut hat und mit unvorstellbarer Geschwindigkeit durch das Weltall saust. Wenn ihr dieses Bewußtsein Angst macht, dann muß sie darüber reden, um ihre Angst zu lindern.

Die Gemeinsamkeit aller Lebewesen liegt für die Denkerin in der Luft. Luft hat eine große, vor allem eine verbindende Macht. Wo immer du dich befindest, ein paar Häuserblocks weiter wohnt vielleicht ein übler Kerl, mit dem du niemals auch nur drei Worte wechseln würdest. Aber du kannst nicht sicher sein, daß die Luft, die du gerade einatmest, die Luft ist, die dieser Kerl eben ausgeatmet hat. Auf der emotionalen Ebene mag dies degoutant sein, auf der spirituellen Ebene ist es die Art und Weise, wie die Denkerin mit allem, was existiert, verbunden ist und das kosmische Selbst berühren kann.

Das Tier, das der Denkerin zugeordnet ist, ist die Ratte. Eine unserer Schwestern, die nicht den besten Ruf hat – wie ich meine, völlig zu unrecht. Die Ratte ist eine intelligente Kosmopolitin, eine Meisterin der Kommunikation. Sie schafft mühelos Netzwerke und Leitsysteme, die allen anderen Ratten höchst nützlich sind. Ratten sind sehr gesellige Tiere und suchen sogar von sich aus unsere Gesellschaft. Ich kannte einmal eine gewisse Marika, die im Keller eines Restaurants wohnte, das Freunden gehörte. Einmal, als wir nach der Sperrstunde noch zusammensaßen, erschien Marika, die mir damals noch unbekannt war, indem sie an einem Heizungsrohr heraufkletterte. Als sie uns sah, erschrak sie und verschwand mit einem lauten Quietscher. Mit der Zeit gewann sie Zutrauen und schien unser nächtliches Zusammenhocken ganz gemütlich zu finden. Sie machte es sich in der Nähe des Heizungsrohrs bequem, ich bin hundertprozentig sicher, daß sie genau zuhörte. Leider haben meine Freunde sie aus Angst vor der Gewerbeaufsicht umgebracht. Arme Marika. Sie ruhe in Frieden.

Ratten als sogenanntes Krafttier, als symbolisches Tier also, sind Wesen mit einem starken Verantwortungsgefühl für alle anderen Ratten. Sie sind Überlebenskünstlerinnen. Dich mit ihnen zu verbünden, eröffnet dir eine Welt der Kommunikation, gegen die das Internet wahrscheinlich ein harmloser Witz ist. Die Ratte drückt aus, daß alles sich bewegt.

Die Denkerin hütet die Fähigkeiten, die den meisten Frauen nicht wirklich fremd sind. Was sie dir vor allem geben kann, ist der selbstverständliche Umgang mit Verstand und Imagination. Sie erinnert dich daran, daß nicht nur dein Bauch, sondern auch dein Kopf dir gehört. Kühnheit ist die Kraft, die sie in die Welt bringt.

155

Kalkül, Berechnung und eine bunte Welt nach deinem Willen. Von ihr kannst du lernen, was der Unterschied zwischen patriarchalem Verständnis und matriarchalem Verstehen ist. Sie läßt die Trennung von Theorie und Praxis nicht gelten, denn sie ist es, die die Erfahrungen aus der Praxis in Worte zusammenfaßt, so daß sie anderen zur Verfügung stehen. Das mag die Denkerin nicht Theorie nennen.

Ihr Verständnis für vieles in der patriarchalen Welt ist eher gering. Trotzdem will sie es verstehen. Und dann will, ja muß sie handeln. Ihre Art, Taten zu setzen, ist anders als die der Amazone oder der Bäuerin. Sie springt nicht aufs Pferd und nimmt auch keinen Spaten in die Hand, sondern greift zum Telefon und wirft den Computer an. Sie ist die Stimme der Frauen, die sich erhebt und Unrecht Unrecht nennt. Darüber schreibt sie Bücher und ist davon überzeugt, daß sie damit die Welt bewegen kann.

Die Denkerin ist das, was in der patriarchalen Welt eine Moralistin genannt wird, das Gewissen einer ganzen Nation. Sie schützt dich davor, daß du dir selbst etwas vormachst, wenn du mal wieder unterwegs zu einem faulen Kompromiß bist. Darum ist sie der Teil deines Innenlebens, der äußerst unbequem ist. Sie denkt die Dinge zu Ende. Darum hütet sie die Konsequenzen und klaren Schlußfolgerungen, zählt eins und eins zusammen und das auch noch meistens vor und nicht nach dem Schlamassel.

Die Denkerin kann noch viel mehr. Sie ist alles andere als eine Intellektuelle, denn sie ist es, die träumt. Darum hat sie intensive Verbindungen in die Anderswelt und zum kosmischen Selbst. Ihre Träume erschaffen die Welt, immer neue Welten. Eine Geschichtenerzählerin, eine Magierin. Sie ist die Frau, von der wir sagen, daß sie das „Angelium" bringt, was übersetzt die Botschaft von den Göttinnen bedeutet. Sie ist Trägerin, Über-Trägerin von Geist, damit er Materie werden kann.

„Hör mir erst einmal zu", sagt die Denkende, und du wärst dumm, wenn du es nicht tätest. Denn in dem, was sie zu sagen hat, können die großen Wunder in ihrem Keim verborgen sein. Sie verschenkt sie großzügig, das ist ihre Vorstellung von Freiheit.

Vierter Aspekt weiblichen Seins
DIE LIEBENDE

Ich fühle. Ihr Tier ist die Wölfin.
Sie gibt dir Liebesfähigkeit.

Die Welt der Liebenden ist eine, in der Festes in Fluß gerät und Fließendes sich in Luft verwandelt. Die Liebende ist die nach dem Unendlichen Verlangende. Dies setzt sie auf einfache Weise um. Das Wunderbare, das die Denkerin erwartet und ersehnt, kann sie entstehen lassen, denn es gehört zu ihrem Wesen. Sie läßt aus dem Samen eine Blume wachsen. Feuerlilien, Mohn, ganze Felder davon. Durch ihre Augen der Liebe sieht die Blume noch schöner aus, als sie eh schon ist. Sie schwelgt in Harmonie und Sonnenschein. Du sinkst in sie hinein, wirst selbst zur fließenden Auflösung, eine Feuerlilie, ein Mohnfeld.

Durch den Aspekt der Liebenden findest du Nähe und Intimität. Die Liebende führt dich in die erstaunliche Welt der Gefühle ein. Dazu gehört alles zwischen erotischer Liebe und religiöser Ekstase. Das ist ein weites Feld und für Frauen eines, das im Bereich der patriarchalen Zurichtung nicht völlig zubetoniert worden ist. Dennoch gibt es viel zu entdecken, viel zu heilen, viel zu befreien von den Lasten der Zurichtung, wenn der Aspekt der Liebenden in deinem Leben erwacht. Denn sie ist es, die den Bereich berührt, den wir im allgemeinen mit „Herz" bezeichnen. Das ist nicht nur eine Metapher. Viele körperlich Herzkranke sind Menschen, die Probleme mit der Liebe haben. Die es am Herzen hat, hat die Liebende noch nicht in ihr Leben gelassen.

Wenn sie danach verlangt, daß sie dir bewußt wird, müssen das nicht unbedingt die Zeiten sein, in denen du dich verliebst. Es ist möglich, daß deine ganze Jugendzeit mit allen hormonellen Verwirrungen, sexuellen Entdeckungen und intensiven Gefühlsbegegnungen dahingeht und die Liebende sich in dir nicht bemerkbar gemacht hat. Dieser Aspekt geht ja über das, was im Patriarchat im allgemeinen unter Liebe verstanden wird, weit hinaus. Es ist eine Sicht der Welt, die aus Gefühl besteht.

Viele sehnen sich danach, daß dieser Aspekt in ihrem Leben endlich erwachen möge, aber das täuscht. Bei den meisten ist die Angst vor dem, was kommen kann, wenn die Liebende auftaucht, noch viel größer als ihre Sehnsucht. Das Pseudo-Ich erwartet seinen sicheren Tod, das demütige Ich erwartet verschlungen zu werden, das aufgeregte Ich fürchtet zu implodieren, dem kindlichen Ich erscheinen Geschenke sicherer, das aufgeblasene Ich erhöht seine Leistung bis zum Herzkasperl, und das manipulative Ich versinkt in Angst, verletzt zu werden. Darum aber ist das Auftauchen der Liebenden die große Chance im Leben jeder Frau, aus den Gefängnissen der Überlebensstrategien herauszutreten.

Die spiralförmige Energie der Denkerin erweitert die Liebende, indem sie in die Bewegung des Verströmens geht. Aus dem aufgeregten kreiselnden Auf und Ab geht die Energie jetzt in die ätherische Unsichtbarkeit. Sie dehnt sich aus wie Sonnenschein im Sommer. Darum hat die Liebende übernatürliche Wahrnehmungen, die letztlich nichts anderes sind als die gefühlsmäßige, instinktmäßige Wahrnehmung dessen, was nicht offensichtlich, aber zweifellos vorhanden ist.

Wenn dieser Aspekt in uns erblüht, erleben wir einen ungeheuren Anstieg an Lebensenergie. Alle Sinne sind geschärft. Die Liebende braucht diese Schärfe der Sinne, denn wenn sie mitten im Meer der Gefühle hockt, ist ihr Überblick eher gering. Sie folgt mehr ihrem Instinkt als ihrem Intellekt. Das bedeutet nicht, daß sie dumm ist, sondern daß sie sich woanders und anders bewegt als die Denkerin, die Bäuerin oder die Amazone. Sie fühlt, daß sie erkennt, hat und ist. Sie will berühren, und das tut sie. Das ist es, was sie dir geben kann: Kontakt mit der Welt durch Berührung.

Ihre Liebe als Mutter zu ihren Kindern ist manchmal so intensiv, daß diese sich kaum wehren können. Als Geliebte rückt sie dir manchmal so auf den Pelz, daß du deine eigenen Grenzen zu verlieren fürchtest. Die Liebende hat andere Vorstellungen von Nähe und Distanz als die meisten anderen Aspekte. Die Denkerin, die Wissende und die alte Weise können ihr da manchmal behilflich sein, um den Überblick zu finden und die Grenzen anderer zu respektieren. Die Priesterin mag ihr zeigen, daß die Bewegung des Verströmens auch rückläufig sein kann und auf Antworten aus der Anderswelt trifft. Die Priesterin weiß, daß das Gebet Ausübung der

Liebe ist. Die Mutter kann ihr behilflich sein, ihre Kinder der Liebe auch loszulassen. Sie selbst kann der Amazone helfen, weicher und runder zu werden. Die Heilerin benutzt sie zu Zeiten, um sie uns sozusagen als Hilfe in die Transformation auf den Hals zu schicken. Sie wiederum mildert der alten Weisen ihre Einsamkeit.

Sie weiß, daß wir alle durch unsere Gefühle miteinander verbunden sind. Sie hat das Bedürfnis nach Zusammengehörigkeit wie ein Rudel, aber sie ist eigenständig wie eine einzelne Wölfin. Dieses wunderbare Tier habe ich der Liebenden zugeordnet, weil es in seinem Wesen alle die Fähigkeiten hat, die auch der Liebenden eigen sind. Wir identifizieren die Wölfin – vor allem aber den Wolf – als Jägerin. Dies ist eine völlig unzulängliche Projektion. Unter den vielen Tierarten, die sich durch das Jagen von Beute ernähren, gibt es größere Jägerinnen als die Wölfin, zum Beispiel alle Großkatzen. Sie gilt als verschlagen, denken wir nur an den Spruch vom Wolf im Schafspelz oder vom Wolf, der Kreide gefressen hat. Diese Vorstellung vom Wesen der Wölfin ist eine große Ungerechtigkeit. Die Wölfin ist ein stolzes Tier, das sich ohne Harm und Tücke in den Schöpfungskreislauf einfügt.

Darüber hinaus hat die Wölfin Eigenschaften, die sie zum Begleittier für die Liebende machen. Sie ist fähig, Dinge zu wittern, die in der Luft liegen und nicht faßbar sind. Sie ist als domestizierte Wölfin oder Hündin eine treue Begleiterin und wird dennoch ihre Unabhängigkeit bewahren. Sie ist eine mit großer Intensität liebende Mutter. Die Wölfin ist ein höchst empfindsames Tier, das dir viel über die wahre Liebe zum Leben zeigen kann.

Wenn du dich mit der Wölfin verbündest, befreit sie dich möglicherweise von überholten Vorstellungen, was die Welt der Liebe und der Gefühle angeht. Sie wird dir zeigen, wie du gleichzeitig reines Gefühl sein kannst und dennoch dafür sorgst, daß du dich schützt. Sie zeigt dir, daß die Flamme der Freiheit der Liebe erst ihren Glanz verleiht. Sie hat mit der Knechtschaft des Herzens, zu dem sie im Patriarchat geworden ist, nichts zu tun. Noch in jedem Hund ist etwas von dieser Freiheit zu entdecken. Hunde lieben dich, weil sie dich lieben, und nicht – wie das Vorurteil lautet – weil sie gefüttert werden. Ihre Treue ist nicht berechnend.

Verwechsle die Liebe nicht mit dem Rausch des Besitzes, der die schlimmsten Leiden mit sich bringt. Denn du leidest nicht unter der Liebe oder unter dem Mangel an ihr, sondern unter dem Besitztrieb, der das Gegenteil der Liebe ist. Das macht den Besitztrieb nicht zu etwas Schlechtem, nur zu etwas anderem. Liebe und Besitz gehören nicht zusammen. Dies ist die Katastrophe der modernen Form des Liebeslebens. Da werfen wir Liebe, wirtschaftliche Abhängigkeiten und Elternschaft zusammen, als sollte eine Seiltänzerin als Bankkassiererin und Kindergärtnerin zugleich arbeiten. Eine Seiltänzerin aber will auf dem Seil tanzen, sonst nichts. Sie kann auch nur das und sonst nichts.

Die wahrhaft Liebende erkennen wir daran, daß sie nicht gekränkt werden kann. Was wir nicht mit der masochistischen Haltung des demütigen Ich verwechseln dürfen. Die wirkliche Liebe beginnt, wo keine Gegengabe erwartet wird, wo nicht ausgerechnet wird, was an Dankbarkeit zurückzufließen hat. Das kindliche Ich sollte sich nicht zu früh freuen. Das bedeutet nicht, daß jetzt die Zeiten der großen Fütterung beginnen.

Eine solche Liebe hätte Haß als Grundlage, denn dann benutzt das kindliche Ich die Liebende als Vorrat, aus dem es schöpft. Wir im Patriarchat benutzen die Liebe, um nur das in der geliebten Person zu sehen, das verneint, was wir selber sind. Und ebenso kann die andere Person nur das aus dir herauslesen, was sie selbst als Person verneint. Eine jede weiß wohl, daß in ihr noch etwas anderes als eisige oder haßerfüllte Verneinung steckt, aber diese Gefühle, die aus einem dramatischen Mangel kommen, sind stärker. Und so haßt ihr einander, weil sich eine jede eine lügnerische und hohle GegnerIn erfindet. Der Aspekt der Liebenden kann neben solchen Gefühlen nicht lange leben. Die Seiltänzerin stürzt vom Seil. Die Feuerlilie verdorrt, der Mohn verbrennt.

Jede Liebe schafft eine Richtung in der Welt, und die Richtung läßt dich größer werden, weil Berührung und Begegnung auch Austausch der Kräfte bedeutet. So bringt die Liebende Bewegung und Veränderung ganz besonderer Art in die Welt. Auch sie ist eine Helferin, wenn es um Transformation geht. Nur daß sie eben nicht für den großen Veränderungsprozeß, der durch Feuer, Wasser, Erde und Luft führt, zuständig ist, sondern für einen anderen, der durch die Harmonie der Berührung und die Zärtlichkeit des Austauschs entsteht.

Fünfter Aspekt weiblichen Seins
DIE KÖNIGIN

Ich handle. Ihr Tier ist die Löwin.
Sie gibt dir Eigen-Macht.

Die Königin rufe ich aus
in der Nacht
ohne Worte
  Deine Krone blitzt
  Dein Leib sprüht
  Die Luft um Dich singt
Wesen kommen und gehen
Die Schwestern
Die Liebste
Hüte dein Spiel mit
dem goldenen Ball.
(Margret Gentner)

Die Königin in uns verkörpert sich in der Fähigkeit einer Frau, ihr eigenes Zentrum sein zu können. Sie weiß, was wir für den Rest unseres Lebens machen wollen oder für den Rest des Monats oder für den Rest des Tages. Sie macht dir deutlich, was du wirklich willst, ohne in deiner Wahl von den Meinungen anderer um dich herum beeinflußt zu werden. Die Königin steht in Verbindung mit dem Feuer deiner Entschlußkraft und der Intensität der Liebe zu ihrem Reich.

Bei den meisten von uns sitzt ein kleines Kind auf dem Thron der Königin und terrorisiert in seiner Angst und Überforderung uns und vor allem den Rest der Welt. Ich habe den Verdacht, daß die grausame Kaiserin Nero ein haßerfüllter Säugling ist. Im Körper einer erwachsenen Frau kann solch ein böses Baby zu gewaltigen Kräften gelangen, und doch wagt niemand, ihr Einhalt zu bieten, denn Baby Böse ist als solches kaum zu erkennen. Ein Kind, besonders ein kleines, braucht Grenzen, um sich sicher fühlen zu können. Das große Reich des Ego in allen bewußten und

161

unbewußten Bereichen, des wahren Selbst und seiner Aspekte und des kosmischen Selbst ist viel zu grenzenlos, als daß ein Kind die Regierungsgeschäfte übernehmen kann, ohne von Todesangst geschüttelt zu werden.

So ist es notwendig, dieses Kind vom Thron herunterzuheben und sich darum zu kümmern, daß es bemuttert, geliebt und gehalten wird. Auf dem Thron muß die Königin in uns Platz nehmen. Manche von uns projizieren die Königin ins Außen, sogar weit ins Außen, denken wir nur daran, welche Gefühle die liebliche, wenn auch ein wenig unterbelichtete Lady Diana Spencer in frauenbewegten, sogar in lesbischen Kreisen auszulösen vermochte. Und nehmen wir betrübt zur Kenntnis, daß dies viel darüber sagt, wie wir uns unsere Königin vorstellen: ein verletzliches bulimisches Mädchen, das nicht auf sich aufpassen kann. Da hätten wir ja gleich das Kind auf dem Thron sitzen lassen können.

Vorbilder von starken Frauen im Außen sind solange notwendig, wie wir junge Frauen oder aus der patriarchalen Hypnose erst kürzlich Erwachte sind, die sich nicht zutrauen, daß in ihnen selbst eine Königin existiert. Die Vorbilder müssen geeignet sein, die inneren Bilder einer Frau von einer Königin zu nähren, so daß die Königin eines Tages der Aspekt sein wird, der zum Leben erwacht. Die Königinnen im Außen, die starken Frauen als Vorbilder müssen die unerwachten Königinnen in sehr vielen Frauen tragen und repräsentieren, zumindest so lange, bis die einzelnen Frauen sich dem eigenen inneren Aspekt der Königin zuwenden können. Dies sollte denen, die in der Frauenbewegung jeweils Königinnen der Bewegung sind, stets bewußt sein. Es bedeutet, daß es seinen Preis hat, wenn eine den Königinnenaspekt so auslebt, daß er weit über die Pflege des eigenen Egos hinausgeht.

Aber auch die Vorbilder und Königinnen der Bewegung haben die eigene innere Königin zu erwecken, und zwar so, daß sie in ihrem Leben den Raum einnehmen, der ihnen gebührt. Es gibt Frauen, die sind große Königinnen, wenn sie vor einem Publikum reden, eher mäßig, wenn sie sich mit fünf oder sechs Menschen unterhalten, und ziemlich schwach, wenn sie mit einer einzelnen Person zusammen sind. Es gibt andere, da ist es genau umgekehrt. In jedem Fall bedeutet es, daß es noch gar keine Königin im Inneren gibt. Sie schläft tief und fest wie Dornröschen vor dem großen Erwachen. Wenn unser Leben darauf aufgebaut ist, den Wünschen und Vorstellungen anderer zu entsprechen, dann ist der Thron der Königin verwaist, und das ist mehr als eine Katastrophe. Die Köngin bist du immer und immerzu oder noch nicht.

Es kann manchmal lange dauern, bis sie erwacht, und natürlich ist es niemals ein Prinz, der damit in irgendeinem Zusammenhang stehen könnte (eine Prinzessin übrigens auch nicht). Mir kam es wie beinahe hundert Jahre vor. Jahrzehnte hatte ich mich abgemüht, sie wachzukriegen, aber es war nichts zu machen. Ich übte, machte mich breit, lockte, rief, tat so als ob. Die Zeit war noch nicht reif. Nun aber ist es vollbracht. Es war ein Akt von ein paar Jahren, wenn auch die Inbesitznahme des Thrones erst vor ein paar Monaten geschah.

Wie ist nun die Königin, die unser Reich zwischen kosmischem Selbst und bewußtem Ego regieren soll? Sie nimmt Raum ein. Sie beansprucht die Führung. Demokratische Beschlüsse sind ihr fremd. Sie steht an der Spitze, darum entscheidet sie. Sie wird getragen von dem Lebensgefühl, das besagt, das Leben ist groß, ich bin es auch. Sie ist niemandem Rechenschaft schuldig. Sie gibt dir Selbstsicherheit. Sie gibt dir Würde. Sie gibt dir *pride*. Sie weiß, was Verantwortung ist, sie kennt alle Antworten. Sie hat die Kontrolle. Sie trägt an ihrem Gürtel einen Bund mit Schlüsseln. Diese Schlüssel passen in alle Türen deines Seelenhauses.

Die Königin steht in enger Verbindung mit dem kleinen Mädchen, das einmal einen goldenen Ball hatte, den es verlor, als die Welt der Biomaten mit ihren Anforderungen über es hereinstürzte. In meinem Buch „Die sinnliche Frau" habe ich die Geschichte der kleinen Prinzessin erzählt, die die Aufgabe hat, den goldenen Ball von der wilden Frau zurückzuholen.

Die Königin in dieser Geschichte repräsentierte die Mutter des Mädchens, und in der Tat sind wir alle im Patriarchat Gefangene der vorhergehenden Generation, das heißt, wenn wir schon von einer Königin in unserem Leben ausgehen, dann ist es unsere Mutter, und das bedeutet meist nichts Gutes. Deshalb nicht, weil es den Teil der Königin belebt, den wir fürchten, wir ewigen Töchter. Wir haben die Macht über unser Leben in die Hand einer anderen gelegt. Da wird sie zur alles kontrollierenden Diktatorin, die jede Entwicklung in unserem Leben hemmt, denn wir benötigen ihre Zustimmung, und die gibt sie uns nur, wenn wir so werden wie sie. Solange wir Töchter sind und den Platz der Königin einer anderen zuschreiben, solange kann die Königin in uns nicht lebendig werden.

Die Sehnsucht nach der Königin ist in vielen Frauen brennend. Das liegt daran, daß das Patriarchat, das seinen Höhepunkt zu Zeiten der Hexenmorde hatte, insgesamt am Ende seiner Entwicklung angekommen ist. Im persönlichen Leben einzelner Frauen bedeutet das, daß sie es nicht mehr als natürlich ansehen können, das zweitrangige Geschlecht zu sein. Die Königin sagt: Das Leben ist groß, und ich bin es auch. Das ist die Kraft, die sie dir geben kann. Dies genau ist ihre Botschaft. Diese Botschaft führt dich in die Eigen-Macht. Eigen-Macht kann Angst machen, besonders wenn wir nicht sehr geübt sind in diesen Dingen. Aber Eigen-Macht ist das, was eine erwachsene Frau verdient. Nimm sie dir, und deine Selbstachtung wird wachsen.

Die Bewegung ihrer Energie ist ruhend und gerade wie ein langsamer Gang über eine weite Ebene. Die Königin stellt sich selbst in den strahlenden Glanz der Energie der Liebenden und schreitet in diesem Glanz ruhig voran. Sie ist sich bewußt, daß es ihr Leben ist. Was ihr fehlt, bringt ihr Leid. Was ihr nicht gefällt, bereitet ihr Unbehagen. Was sie nicht fordert, wird sie nicht bekommen. Was sie nicht beansprucht, gebührt ihr nicht. Das ist unbequem, denn es bedeutet, daß sie selbst dafür sorgen muß, daß sie bekommt, was ihr fehlt, daß sie abstellt, was ihr Unbehagen bereitet, daß sie fordert, wenn sie haben will. Darum scheuen einige Frauen die Eigen-Macht und stänkern lieber weiter aus der zweiten Reihe.

Aber eines Tages hilft es nichts mehr. Die Königin fordert, daß du ihr Erscheinen akzeptierst. Sie nährt dich und fordert nun ihren Anteil am Sein. Ihre Ankunft wird deine Welt verändern.

Die Gefahr, die ihr droht, wenn du ihr nicht in den Glanz folgen magst, wenn du diesen Aspekt also nicht klar und offen auszuleben wagst, ist der Leerlauf in die Pose; die Verausgabung der Kräfte; der Verlust des Kontakts zu den anderen. Dann neigt die Königin zum hohlen Getöse und plustert sich auf, um wahrgenommen zu werden. Ich will hier noch einmal an Marie-Antoinette erinnern. Gefahr bedeutet es, weil es den Fluß der Energien im

Kreis der Aspekte unterbricht und staut. Dann nimmt die Königin mehr, als sie gibt, und das wird sich rächen.

Das Tier, das ich ihr zugeordnet habe, ist die Löwin, die als Königin aller Tiere gilt. In den prähistorischen Zeiten war die Löwin die Begleiterin der Großen Mutter. Sie ist ein ur-matriarchales Tier, das in einem gut funktionierenden sozialen Gefüge lebt. Löwinnen gehen gemeinsam jagen, die alten Löwinnen bekommen ihren Anteil, auch wenn sie nicht mehr mitjagen können. Die Löwin ist wirklich eine gute Königin und ein gutes Symbol für die Königin als weiblicher Aspekt der Menschenfrauen.

Wenn du dich mit der Löwin verbündest, kommst du mit Katzenkraft zusammen. Sie ist ein gefährliches Tier, keine niedliche Mieze. Das gilt auch für Zimmertiger. Mein Kater Ralf-Rüdiger, dessen harmloser Name täuscht, hat mir vor kurzem eine so kräftige Bißwunde auf dem Handrücken zugefügt, daß ich eine tiefe Narbe zurückbehalten werde. Wenn er auch durch Zufall keine der großen Adern erwischt hat, hat er mir doch glatt eine Sehne durchgebissen. Zwar bin ich versehentlich zu seinem Opfer geworden, er hatte eigentlich seinen Bruder Luigi angreifen wollen, aber das spielte dann auch keine Rolle mehr, als ich mit einem Kreislauf-Kollaps zu Boden ging. Also nimm die Kraft der Katzen so ernst wie die Königin in dir.

Ralf-Rüdigers Überfall auf meinen linken Handrücken kündigte mir die endgültige Ankunft der Königin in mir an. So bemerkenswert, wenn auch nicht so blutig, ist es anscheinend jedesmal, wenn die Königin mit Leben erfüllt zu werden wünscht. Sie liebt halt die große Geste. In den darauffolgenden Wochen schickten mich die alte Weise, die Heilerin und die Priesterin auf die ganz große Transformation, an deren Ende mich die Königin in ihre großzügigen Arme nahm und ihren weiten Mantel schützend um mich wickelte.

Die Königin ist die Frau, die sagt, wenn jeder an sich denkt, ist an alle gedacht. Sie schaut auf sich. Und das tut allen anderen aus dem Kreis der weiblichen Aspekte ebenfalls gut.

Sechster Aspekt weiblichen Seins
Die Wissende

Ich ordne. Ihr Tier ist die Biene.
Sie gibt dir Klarheit.

In der Kraft der Wissenden gibt es etwas, das die Königin nicht hat, dessen sie aber bedarf. Es ist die Wissende, die hilft, das eigene Leben zu organisieren, es in funktionierende Strukturen zu lenken. Sie macht aus Besitz, aus Materiellen ein funktionierendes Leben, indem sie es mit ihrem Geist in neue Sphären führt. Du darfst sie dir weder als wandelndes Lexikon vorstellen noch als eine auf ihren vielen Erfahrungen ruhende Frau. Das wäre eine patriarchale Vorstellung von Wissen, das auf dem Motto „viel hilft viel" beruht, also von der Menge des Wissens einer Person ausgeht. Die Wissende aber ist eine praktische Frau, eine realistische Frau, eine Logikerin. Ihre Logik richtet sich nach der Bedeutung der Dinge und nicht nach ihrer Menge.

So wie nach einem heißen Tag die kühle Abendbrise erfrischt, bringt die Wissende Klarheit in dein Leben. Sie macht dich darauf aufmerksam, daß es so etwas wie soziale Verantwortung gibt, und erinnert die Königin daran, daß es noch andere Königinnenreiche gibt, deren Ansprüche an das Leben ebenso berechtigt sind.

Sie ordnet die Ernte nach einem langen Sommer und sorgt dafür, daß alles gerecht verteilt wird. Die Wissende unterscheidet sich von der Denkerin in vielem. Vor allem darin, daß sie den großen sozialen Ideen dient und das Königinnenreich mit ihrer Macht unterstützt. Auch sie gibt ihr Wissen weiter, wie die Denkerin. Aber ihr geht es nicht um die begeisterte Erkenntnis, sondern um Meisterinnenschaft. Sie ist die Frau mit dem Durchblick. Sie sagt: Leben ist Intelligenz. Das ist ihre Botschaft. Sie zeigt dir, was du tun mußt, um Meisterinnenschaft für dein Leben zu erlangen.

Sie macht aus der Löwin der Königin die Sphinx, die ein Geheimnis hütet. Das lodernde Feuer, das die Königin umgibt, wird von ihr zum heiligen Herd verwandelt. Sie selber wird Hestia, die das Feuer hütet, zähmt und kultiviert, so daß alle im Reich der

Königin daran sitzen können und gewärmt werden. Sie sagt: Leben ist Tätigkeit. In ihren Augen gibt es so vieles zu tun. Das ist nun mal so, ist ihre Ansicht, das Prinzip des sozialen Lebens. Das ist zuerst eine Frage des Bewußtseins, und das ist exakt der Bereich der Persönlichkeit, der die Wissende am meisten interessiert. Sie benutzt das Bewußtsein, um produktiv zu arbeiten, und es liegt auf der Hand, daß diese Produktivität eine ganz andere sein muß als beispielsweise die der Bäuerin. Die Wissende erntet nicht, sie weiß, wie die Ernte organisiert wird. Das ist von großer Bedeutung.

Wenn du mitten im Winter nicht mehr weißt, wo du die Marmeladen gelagert hast, und feststellst, daß die Kartoffeln austreiben, weil du sie zusammen mit Äpfeln in den Keller gelegt hast, dann fehlt die Wissende in dir. Die Welt der Zahlen bedeutet ihr nicht viel, wenn sie nichts mit ihnen anfangen kann. Sobald sie sich als ein System offenbaren, mit dem sich Geld und anderes verwalten läßt, wird es für die Wissende interessant. Dieses Wissen lernt und lehrt die Wissende lebenslang. Es ist ihre Auffassung von richtig.

Die Bewegung ihrer Energie ist gebündeltes Licht. Der Glanz der Königin wird von ihr zusammengefaßt zu einem konzentrierten Strahl, den sie wie einen Laser auf alles richtet, das ihre Aufmerksamkeit erweckt. Und vieles erweckt ihre Aufmerksamkeit. Sie hat die Dinge gern im Griff und alles im Blick.

Es ist ihr vollkommen klar, daß auf die große Geste der Königin alle Details einer Sache, Situation, eines Zusammenhangs ihre Aufmerksamkeit benötigen. Sie kümmert sich darum und weiß, daß jedes Detail seinen Sinn hat, daß jeder Sinn einer Ordnung unterliegt, die eingehalten werden muß. Dennoch ist sie nicht kleinlich oder detailversessen. Sie kann mühelos für ein großes Ganzes arbeiten, ohne alles kontrollieren zu müssen. Aber sie muß in diesem großen Ganzen einen sozialen Sinn entdecken, dem sie mit ihrem Wissen dienen kann.

Das Tier, das ich der Wissenden zugeordnet habe, ist die Biene. Vergessen wir alle Vorurteile, mit denen wir Menschen des Patriarchats dieses interessante Lebewesen mißachten, indem wir die Biene als fleißig bezeichnen. Eine Biene ist nicht fleißig, sondern tätig. Das ist ein großer Unterschied. Fleißig sind Biomaten. Ein

Bienenvolk ist das lebendige Prinzip des großartigen Zusammenspiels eines sozialen Gefüges, bei dem jede einzelne weiß, was sie zu tun hat. Schaust du auf einen Bienenstock, wirst du vielleicht nur verwirrendes Gewimmel sehen. Dies aber ist nur das Urteil derjenigen, die es betrachtet, und aus der Sicht der Bienen ist es eine Unwissende, die ihren Blick darauf wirft.

Wenn du dich mit der Biene verbündest, lernst du, daß Dienen nichts mit Unterwerfung und Unterwürfigkeit zu tun hat. Die große Schwesternschaft der Bienen dient der Königin, wie die Königin der Schwesternschaft dient. Es hat damit zu tun, eine Sache am Laufen zu halten, sie nicht dem Chaos zu überlassen.

Die Wissende glaubt zuerst an Wissen und dann an Taten. Sie weiß, die Seele ist voller Schlaf. Die ungeübte Seele noch mehr. Sie selbst aber ist wach, hellwach. Darum nutzt sie das Bewußtsein, um zu lernen und Erfahrungen zu sammeln, die sie in reiches Wissen umwandelt. Sie strebt nach Vollkommenheit. Davon erwartet sie sich die Schönheit eines wohlgeordneten Ganzen, die sich entfalten kann zum Nutzen aller. Sie ist die Rechtsanwältin der Königin, ihre Beraterin, die Organisatorin des Palastlebens, im Grunde das, was der *consigliere* für die Mafia ist. Das ist eine wesentliche Machtposition, auch wenn es nicht die an der Spitze ist. Dort kann ihr Platz nicht sein, denn Wissen erwirbt eine in einer ruhigeren, streßarmen Atmosphäre, in Zeiten der Stille in den Grenzen, die ein Zimmer bietet, ein Haus, ein Garten und nicht oben auf dem Siegertreppchen.

Sie stützt ihr Verhalten nicht auf Vernunft. Vielmehr macht sie die Vernunft ihrem Verhalten dienstbar. Das Sein ist der Vernunft unzugänglich. Sein Sinn ist zu sein und Spannungen zu schaffen, die dem Wassertropfen Erfahrungen bringen. Die Vernunft wird erst wesentlich, wenn es um Handlungen geht. Diese Handlungen stärkt die Wissende durch Vernunft. Ihre Logik entfaltet sich erst, wenn ihr Werk sich in Raum und Zeit vollends entfaltet hat. Dann zeigt sich, daß alle Zufälle zu einer in sich logischen Schöpfung geführt haben. Die Wissende wußte es irgendwie schon immer.

Wenn die Wissende in dir erwacht, bist du wirklich erwachsen geworden. Dann bist du bereit, der Meisterin in dir zu begegnen, ihr zumindest entgegenzuwachsen. Meisterin sein ist ein Zustand, der vielen Frauen unangenehm ist. Sie haben Angst vor der Einsamkeit einer solchen Position. Sie fürchten sich, unübersehbar, sichtbar, also auch kritisierbar zu werden und zur Rechenschaft gezogen werden zu können. Und in der Tat, es hat ein Flair von Einsamkeit, unter lauter Ratlosen die zu sein, die Ratschläge gibt. Das, was die Wissende tröstet und wärmt, ist die Erwartung, daß die heute Ratlosen eines Tages des Rates voll sind. Solange sie den Laden am Laufen hält, wird ihre Erwartung nach Vollkommenheit eventuell erfüllt werden. Das ist die Beschaffenheit ihrer Seele. Das hält sie lebendig.

Die Macht, über die sie verfügt, ist, erstens zu wissen, daß es nur Essen gibt, wenn das Feuer im Herd brennt, und zweitens dafür zu sorgen, daß ausreichend Holz für das Feuer vorhanden ist und kontinuierlich nachgelegt wird. Wenn keine andere es tut, macht sie es selbst. Aber eigentlich ist es ihr lieber, wenn sie die anderen dirigieren kann. Sie sagt: „Erfolg ist, was erfolgt. Jammere nicht über deinen Hunger. Hol Holz, mach Feuer, putz Gemüse, setz den Topf auf den Herd, deck den Tisch. Dann kannst du essen. Und vergiß nicht, die anderen zum Essen zu rufen."

So ist ihre Kraft also fokussiert, aber nicht unbedingt zielgerichtet. Es sind die anderen, die die Ziele haben. Sie hat das Wissen, was getan werden muß, um sie zu erreichen. Professionalität ist ihr Geschenk an dich. Auch dies ist ein für Frauen mit Scham überdeckter Bereich. Wir Frauen des Patriachats sind so erzogen, daß wir Professionalität nur bei Männern und bei Huren erwarten. An uns, die wir nicht als Huren arbeiten, erschiene uns Professionalität herzlos und unfreundlich, irgendwie lieblos. Handwerkerinnen erwecken daher noch immer Erstaunen und Befremden. Es ist nicht der ungewohnte Anblick des Schraubenschlüssels in Frauenhand oder ein von Frauen abgedichteter Zylinderkopf. Es ist die Verbindung von Frau und Professionalität, die nicht erlaubt ist. Deshalb kochen daheim vor allem Frauen und in den Restaurants vor allem Männer.

Eine Rechtsanwältin erzählte mir, sie hätte soviel zu tun, daß sie ihre Akten nicht mehr findet, während ich vor ihr saß und darauf wartete, daß sie einen Sieg für mich errang. Wer soll eine Anwältin bemühen, die ihre eigenen Akten nicht findet? Die matriarchale Consigliera kann darüber nur staunen. Sie käme niemals auf die Idee, ihrer Königin mit einer solchen Haltung gegenüberzutreten.

Die Wissende ist eine Professionelle. Sie lehrt dich, daß du dein Handwerk zu lernen hast. Und sie lehrt es dich auf nicht immer bequeme Weise. Sie weiß zu kritisieren und findet das keineswegs unhöflich. Sie läßt nicht locker, bis du's kapiert hast. Notfalls handelt sie auch über deinen Kopf hinweg und trifft Entscheidungen, von denen sie meint, daß sie zu deinem Besten sind. Es kann schon passieren, daß sie dich auf die Bühne hinausstößt, obwohl dir die Füße bluten. Sie ist keine Schinderin. Sie weiß nur, daß das Stück nicht wegen einer Fußverletzung abgesagt werden kann.

Wenn die Wissende im Leben einer Frau lebendig geworden ist, dann kann die Königin ihren Raum besser einnehmen, die Netzwerke der Denkenden werden genutzt, die Amazone weiß, wofür sie kämpft, die Bäuerin kommt mit der Händlerin zusammen, so daß ihr Überfluß zu denen gelangt, die bedürftig sind.

Ihr Wissen ist die Geburt eines Baums und nicht glücklicher Fund einer Formel. Es kommt dabei vor allem auf die Zeit an, denn mit Hilfe der Wissenden sollst du eine andere, eine reifere werden, als du bisher warst. Die Wissende läßt die Zukunft wie einen Baum gedeihen, der nach und nach seine Zweige entfaltet. Von Gegenwart zu Gegenwart wird dieser Baum wachsen. Wisse also, daß jede wirkliche Schöpfung nicht in einer Vorwegnahme der Zukunft, in der Verfolgung von Utopien besteht. Sie ist vielmehr die Fähigkeit, die Gegenwart neu und anders zu verstehen, die existiert, so wie du existierst. Sie ist geboren aus der Vergangenheit, an der du nichts mehr ändern kannst. Alles, was du hast, ist diese Gegenwart.

Aber schau genau hin. Was hast du denn, wenn du die Gegenwart hast? Lern sie kennen, nimm sie wahr. Und dann bilde dich aus zur Meisterin dieses Jetzt, das dein Leben ist. Daraus erfolgt deine Zukunft ganz von allein. Sie wird sich entfalten wie die Flügel eines Vogels. Sie wird sich entwickeln wie eine Rolle kostbaren Papyrus. Sie wird sich öffnen wie eine Tür, die du getischlert und dann in das Haus deiner Seele eingebaut hast.

Das ist das Geheimnis, das die Sphinx hütet, um es jeder zu schenken, die es wirklich wissen will.

Siebter Aspekt weiblichen Seins
DIE HÄNDLERIN

Ich wäge ab. Ihr Tier ist die Krähe.
Sie gibt dir dein Maß.

Dieser Aspekt ist eine Frau, die in der Fülle und Schönheit inmitten ihrer Schätze sitzt. Stell dir eine Marktfrau vor, die im Herbst die Früchte ihres Gartens kunstvoll aufgebaut hat und diese Pracht zum Verkauf anbietet. Wirtschaften können, ökonomisch denken und handeln ist der Machtbereich der initiierten, erwachsenen Frau. Sie kann handeln. Und wie sie handeln kann, die Händlerin. Sie hat nicht nur einen ausgezeichneten Riecher für ein gutes Geschäft. Sie kennt und liebt ihre Ware, und in ihrem Herzen sieht es wahrscheinlich so bunt aus wie in einem gutsortierten Bazar. Sie verteilt. Sie tauscht. Sie lagert. Sie kauft ein. Sie verkauft wieder. Auf ihrer Schulter sitzt eine zahme Krähe.

Sie ist, wie ich es in meinem Buch „Die wilde Frau" beschrieben habe, keine *allein*stehende Frau, sondern eine allein*stehende*. Sie braucht beide Hände frei, um mit ihrer Ware umgehen zu können. Sie wirtschaftet, und Wirtschaft ist Netzdenken, Beziehungsdenken. Die Kunst von Geben und Nehmen. Ökonomie begreift sie als Licht des Ganzen und sich selbst als konzentrierte Linse, durch die das Licht fällt.

Sinn und Zweck ihres Daseins ist es, den zwischenmenschlichen Austausch, die Gemeinschaft, das Zusammenleben innerhalb einer realen, organischen, stabilen und dauerhaften Verhaltensstruktur, einer Gemeinde zu gestalten. Die Händlerin wird nach den Reisen in die Transformation, in die dich die Heilerin begleitet hat, erscheinen können, um nun ihre Kräfte auf eine ganz neue Weise wirken zu lassen. Jetzt erst ist die Zeit reif, um das eigene Maß finden zu können. Die Händlerin hat nun den notwendigen Weitblick dazu.

Das ist der Augenblick, in dem sich viele Frauen kleinmachen. Ökonomischer Weitblick, Kreislauf der Wirtschaft, dauerhafte Verhaltensstruktur – den meisten ein Buch mit sieben Siegeln. Und wenn es nach ihnen geht, soll es auch so bleiben. Alles ein paar Nummern zu groß. Die Gründung eines Vereins tut's doch auch. Jedoch kannst du nicht darauf rechnen, daß immer andere deine Pyramiden bauen, dein Tadsch Mahal, das große Labyrinth von Helsingör. Das ist ja alles keine Frage der großen Ideen. Die haben viele von uns. Nicht wenige verspüren in sich das Bedürfnis, mehr Spuren auf dieser Welt hinterlassen zu wollen als den Kassenzettel von Ikea für eine Schlafcouch und ein Billy-Regal. Aber dann soll die Pyramide im nachhinein mit einem Kettenbrief finanziert werden, und das Tadsch Mahal bedarf der Spendenflut von Frauen, die selbst kaum was zu beißen haben. Dies sind in der Tat Maßlosigkeiten derer, die der Händlerin in sich keinen Raum eingeräumt haben.

Die Händlerin wägt ab und nimmt Maß. Sie hat einen guten Blick für den Wert der Dinge und für die Angemessenheit von Größenordnungen. Sie lehrt dich, mit Geld und seinem Energiefluß umzugehen. Die Bewegungsdynamik ihrer Energie geht von dem konzentrierten Laserpunkt der Wissenden aus und dreht ihn auf zu einer großen sprühenden Spirale kreisförmig um sich herum. Solange die Händlerin in dir noch nicht in Erscheinung getreten ist, geht deine Erwartung dieser Energie in die umgekehrte Richtung. Dann meinst du, es müßte von außen in dich hineinspiralen. Auf diese Weise kommt es, daß eine glaubt, eine gute Idee für ein Geschäft oder ein Projekt sei alles, worauf es ankomme. Der Rest habe ihr dann zuzufließen. Da kann die Händlerin nur müde lächeln.

Sie sagt: „Du mußt von innen nach außen handeln. Schöpfe aus deiner Kraft und schick sie hinaus in die Welt. Dann kommt der Gegenwert herbei." Darum meine ich, eine soll sich nicht klein machen, denn sie braucht eine gerade aufgerichtete Gestalt, wenn sie sich von innen nach außen im Kreis dreht wie ein Sufi in der Trance. Es soll sich eine aber auch nicht größer machen, als sie ist, denn dann kann sie sich nicht auf den Füßen halten, wenn sie herumgewirbelt wird. Und das wird sie ohne Zweifel, wenn sie mehr nimmt, als ihr zusteht, weil sie glaubt, die Kraft der Frauen sei dazu da, die Eitelkeit einer einzelnen Macherin zu nähren.

Die Drehbewegung von innen nach außen (und auch die von außen nach innen – aber die mußt du vertragen können) ist eine alte magische Form des Wünschens. So kann sich eine bei den Wesen der Anderswelt bemerkbar machen und einiges in Bewegung bringen.

Die natürliche Fähigkeit der Händlerin zur Verbundenheit läßt sie leicht ein Netz der Verbindungen knüpfen, halten und pflegen. Diese Verbindungen geben ihr umgekehrt genügend Halt, wenn sie sich mal verspekuliert hat und ihrerseits bedürftig wird. Sie hat klare Vorstellungen davon, was Ausgewogenheit bedeutet. Sie versteht viel von den verschiedenen Energien und der Art und Weise, wie sie von hier nach dort und von dort woandershin fließen müssen. Das Maß aller Dinge, die Händlerin in dir kennt es.

Ihr Sein steht in klarem Gegensatz zum patriarchalen Ausbeutungsdenken. Ihr Maß ist bestimmt von dem Grundsatz „soviel wie nötig" und lehnt die patriarchale Auffassung von „soviel wie möglich" ab. Sie zeigt dir, daß „soviel wie nötig" den Sinn aus dem Fluß des Handels nicht vertreibt und daß du auch an die großen Zusammenhänge denken mußt, wenn du dein eigenes Maß finden willst. Sie zeigt dir, daß Wirtschaft auch Kultur ist und eine Kunst der ästhetischen Feinheit.

Sie lebt nicht von dem, was sie empfängt, sondern von dem, was sie gibt, denn dadurch allein wird sie wachsen. Das ist so zu verstehen: Patriarchale Produktion will haben und überlegt, was und wie sie produzieren kann, um möglichst viel zu bekommen. Dieser Gedanke ist der Ausgangspunkt, der Schwerpunkt. Patriarchale Frauen müssen darüber nachdenken, wie sie ihren Lebensunterhalt sichern können, und versuchen, einen Job zu finden, der ihnen das ermöglicht. Der Aspekt der Händlerin geht vom umgekehrten Fall aus. Sie schöpft aus ihrem Potential, erwirbt mit Hilfe der Wissenden die Meisterinnenschaft und schickt ihr Können in die Welt, nicht ohne den Wert ihrer Arbeit zu kennen und zu beanspruchen.

Die Händlerin geht mit ihren Gaben, ihrer Ware um wie die Tänzerin, die ihren Tanz tanzt; wie die Blume, die ihre Samenkörner im Wind abschüttelt. Niemals wird sie dem Wind zuliebe ihre Farbe, ihren Geruch, ihre Form wechseln.

Sie weiß, daß ihre Ware, eine Ware, jede Ware aus Gefühlen besteht, die zur Entstehung dieser Ware geführt haben. Aus Wünschen nach Nahrung, aus der Sehnsucht nach dem Meer, aus

Träumen von einem guten Leben, aus dem Begehren nach Vollkommenheit entsteht alles, was Geist und Hände erschaffen. Wenn das nicht so wäre, wäre ein Haus ein Haufen zusammengeklebter Steine. Ein Boot wäre eine bestimmte Menge an polierten, zusammengeschraubten Brettern, ein Trinkbecher nur gebrannter Ton. Diese Frau ist berechnend. Was sie von der Denkerin über Zahlen und ihre Welt gelernt hat, setzt sie um in die Harmonie einer ausgewogenen Bilanz. Es ist die Harmonie, auf die es ihr dabei ankommt. Wenn sie dich lehrt, berechnend zu werden, dann geht es ihr nicht um Fragen des profanen Wertausgleichs, Alterssicherungen und andere auch nicht unwichtige Fragen des Wirtschaftslebens. Ihr schweben Bilder vor, die etwas mit Gerechtigkeit und dem natürlichen Kreislauf der Energien zu tun haben. Sie weiß, daß die materialisierten Träume und Wünsche, die zu Waren und Gütern, zu Kunstwerken und Projekten geworden sind, einen Ausgleich für den Aufwand brauchen, der betrieben wurde, um sie Wirklichkeit, Materie, Ware, Güter, Kunstwerke und Projekte werden zu lassen. Das heißt, sie bezahlt ihre Rechnungen, sie verwirft Kettenbriefe und andere Bettelformen. Sie will nichts geschenkt, sie fürchtet sich vor einem Unterdrückungsinstrument namens Dankbarkeit. Darum erwartet sie, daß auch ihre Kundschaft würdigt, welchen Aufwand sie betreibt, um den Kreislauf zum Drehen zu bringen, und ihr zahlt, was sie wert ist.

Ich habe ihr die Krähe als Tier zugeordnet. Dieser Vogel ist intelligent, witzig und okkult und vor allem ungemein anpassungsfähig. Die russischen Saatkrähen beispielsweise sind im Sommer auf einen Sicherheitsabstand von ungefähr hundert Metern zum Menschen bedacht. Wenn sie im Winter in Städte wie Wien einziehen, verringert sich der Sicherheitsabstand auf ca. einen Meter. Eine meiner Nachbarinnen, die achtzehn Jahre mit einer zahmen Krähe zusammengelebt hat, erzählte mir, daß die einen guten Blick für alles Wertvolle hatte. Im Grunde konnte sie alles gebrauchen. Aber offenbar folgte sie dabei einem nur ihr bekannten Wertsystem, das sich durchaus mit dem menschlichen deckte. Schmuck und Uhren fanden ihr Interesse eher als irgendwelcher Talmi. Aber auch den Talmi hat sie nicht verschmäht.

Wenn die Händlerin in deiner Seele auftaucht, dann sind für dich die Zeiten vorbei, in denen du ohne nachzudenken eine der

Frauenarmut produzierenden Maschinen bedienst. Dann erwacht dein Wunsch nach Selbstwert, und deine Träume von einem Leben in Wohlhabenheit fangen an, sich in dein Bewußtsein zu drängen. Unter Wohlhabenheit verstehe ich nicht die Annehmlichkeiten eines dicken Bankkontos oder den Zugang zu begehrten Statussymbolen. Es geht nicht um Geld und Materielles, wenn es um Geld und Materielles geht. Es geht um das Maß aller Dinge. Um deines und das der anderen. Darum, daß jede haben muß, wenn es sich zu einem Ganzen fügen soll.

Ausgewogenheit ist kein Zustand des Stillstands, sondern nur der kurze Augenblick der Harmonie, bevor alles wieder in Bewegung gerät. Die Welt des Begehrens, der Träume und Sehnsüchte ist der Sinn der Welt des Handels. Der Pfeffer war nur solange kostbar wie Gold, wie es ein aufregendes Abenteuer war, ihn über lebensgefährliche Schiffsreisen herbeizuschaffen. Solange das Salz von den stolzen Tuareg mit ihren Kamelkarawanen transportiert wurde, war es von funkelndem Wert wie Diamanten. Auch diese sind eigentlich nicht wertvoller als ein besonders schöner Ackerstein, den ich hinter meinem Haus finde. Erst die Sehnsucht nach dem Einzigartigen macht aus natürlichem Glas eine große Macht. Diamanten sind nur deshalb Diamanten, weil wir sie verherrlichen. Das darf in diesem Fall sogar wörtlich genommen werden.

Verherrlichung, reichlich dämliche Verherrlichung ist es, wenn wir glauben, die Klunker hätten einen tatsächlichen Wert, wenn vergessen wird, daß sie nur Ergebnis von Sehnsucht, Abenteuer und Arbeit sind. Die Achtung vor der Sehnsucht, dem Abenteuer und der Arbeit ist Teil des Wesens der matriarchalen Händlerin. Aber es ist ihr Augenmaß, ihr Blick für die Angemessenheit einer Sache, Ware, Situation oder Begebenheit, die ihr Urteil und den Preis bestimmen.

Die Händlerin hilft dir nicht nur in Fragen der Ökonomie des Geldes und der Waren. Sie kann dir auch deutlich machen, ob mit deiner Liebesökonomie alles in Ordnung ist. Sie wägt ab und rechnet dir vor, daß du in eine Beziehung oder eine Liebe nicht soviel hineinfließen lassen kannst, daß du eigene Lebenskraft weniger wird. Wenn zwei sich zusammentun, dann sollte ein sich potenzierendes Mehr daraus werden. Leider ist das in vielen Fällen nicht so, und das betrifft lesbische wie heterosexuelle Liebesdinge gleichermaßen. Dann hast du eine LiebespartnerIn, die deine Kraft verzehrt, ohne dich zu nähren. Die dich besitzt, um dich ihr zu Ehren zu verbrennen. Die nicht durch deine Liebe erleuchtet wird und nicht wächst, sondern dir den Weg versperrt, der dich zu einer bedeutenden Begegnung führt. Diese Begegnung hast du mit der alten Weisen in dir.

Sie, die die Hüterin aller Strukturen in Raum und Zeit ist, wird beurteilen, ob dein Maß dir angemessen ist oder nicht. Doch bevor das der Fall ist, mußt du stürzen. Dein Reich muß untergehen.

Achter Aspekt weiblichen Seins
DIE HEILERIN

Ich transformiere. Ihr Tier ist die Schlange.
Sie gibt dir die Fähigkeit zu verändern.

Sie ist von einer besonderen Faszination, die manche Frauen
schaudern macht. Du fühlst dich von ihr angezogen, bezaubert
und betört, aber du weißt, daß sie dir den Boden unter den Füßen
wegziehen wird. Vielleicht nicht jetzt, nicht sofort, aber irgendwann, eines Tages, wenn du ganz und gar nicht damit rechnest.
Sie sagt: „Verlaß dich nicht auf mich. Ich könnte dich enttäuschen.“
Du hörst es, du weißt es, aber du glaubst es nicht wirklich. Bis es
geschieht. Und es wird geschehen. Denn das ist ihre Aufgabe in
deinem Leben. Die Heilerin hat ein heißes Herz. Sie kennt die
Ekstase. Sie ist durch den Wahnsinn gegangen. Sie ist viele Tode
gestorben, bevor sie begann, andere hinein und hindurch zu begleiten. Der Heilerin ist das brennende Verlangen nach Wandlung
so wesensnah wie anderen Hunger und Schlafbedürfnis. Manchmal hat sie für dich erschreckende Züge, mag dir grausam erscheinen, weil sie sich nicht vor den dunklen Kräften fürchtet, die dich
so schrecken. Aber wie sonst soll sie eine Heilerin sein? Sie lebt
mit den Elementen, mit den Geistern. Sie ist intensiv, dramatisch.
Für sie ist Leidenschaft, glühendes Feuer, eine antreibende Kraft.

Die Heilerin repräsentiert die Göttin auf einer ganz bestimmten
Ebene. Sie muß alle Gefühle in großer Intensität und Tiefe durch-
leben, damit sie weiß, wovon sie spricht, wenn sie zu heilen
beginnt. Damit sie weiß, was du fühlst, wenn du in der Mitte der
Transformation steckst. Mit ihr verarbeitest du Vergangenes, bis du
es loslassen kannst. Sie begleitet dich in die Anderswelt, dorthin,
wo das kosmische Selbst lebt.

Vielleicht ist sie der Göttin liebstes Kind. Das mag ihr selbst oft
nicht so erscheinen, denn sie hat es nicht unbedingt leicht mit sich
selbst. Sie kann spüren, daß etwas sie treibt, und sie fühlt sich dem
eigenen inneren Erleben oft genug ohnmächtig ausgesetzt, weil sie
nicht anders kann als diesem Antrieb, diesem leidenschaftlichen

Antrieb zu folgen. Wenn sie den Gedanken zuließe, daß die Göttin, das kosmische Selbst ihr diesen schweren Job offenbar auferlegt hat, weil sie ihr ihn ganz einfach zutraut, wäre das Leben für sie wahrscheinlich leichter. Wenn für sie selbst das Leben schwer wird, hilft der Heilerin die Kraft der alten Weisen, die ihr davon erzählen kann, daß das alles schon so seine Richtigkeit hat. Die Wissende mag ihrem hitzigen Leid Kühlung verschaffen, die Liebende verwickelt sie in eine spielerische Wolfsbeißerei in einem Mohnfeld. Wenn es um die eigene Transformation geht, wenn auch die Heilerin geheilt werden muß, dann ist es Zeit, daß die wilde Frau in Erscheinung tritt und sie mit in das Labyrinth nimmt, wo sie sich erneuern kann.

Die Heilerin hilft dir nicht unbedingt, das Leben zu begreifen. Sie hilft dir eher, dein Leid zu erleben, zuzulassen, wahrzunehmen. Wenn es so weit gekommen ist, daß wir der Heilung bedürfen, wenn also Leid uns beherrscht und bestimmt, kann es auch nicht mehr darum gehen, aus der Distanz eine Klärung deiner Probleme zu erreichen – dann mußt du deinem Leid begegnen, ihm gegenübertreten und von diesem Standpunkt aus wieder in Bewegung kommen. Das ist bei körperlichen Krankheiten etwas anderes als bei sozialem Elend oder seelischem Schmerz. Wenn du dich verletzt hast, mag Breitwegerich deine Wunde heilen lassen. Vielleicht lindert das Sozialamt deine finanziellen Symptome, eine gute Therapeutin hört dir aktiv zu. Aber die Heilerin kann sich damit nicht begnügen. Genausowenig solltest du es tun.

Wahre Heilung geschieht aus deinem Innersten heraus. Sie ist eine Frage des Loslassens und Anerkennens dessen, was ist.

Die Bewegung der Energie der Heilerin ist schlängelnd, zuckend, lodernd, spiralig, es ist eine Abwärtsbewegung, die in die Tiefe geht. Es kann sein, daß du sie erlebst, als täte eine Falltür sich unter deinen Füßen auf. Dann geht es nicht langsam genug, um die Abwärtsspirale zu empfinden. Es ist aber eine, da sei ganz sicher. Du fühlst, wie der Boden unter dir verschwindet. Und bevor du noch weißt, was geschieht, befindest du dich schon im freien Fall. Dann hast du genau solange Zeit, dich für das Leben zu entscheiden, wie du brauchst, um unten anzukommen. Dort, wo Hekate bei den unterirdischen Quellen unseres Seins auf dich wartet, um dir zu zeigen, wie Heilung beginnt.

Wenn du vor dieser Bewegung zurückschreckst, bedenke, daß es nicht die Heilerin ist, vor der du dich fürchten solltest. Sie ist es nicht, die dich in die Tiefe stößt. Nicht sie läßt dein Boot kentern und absaufen. Nicht sie errichtet den Scheiterhaufen unter deinen Füßen und zündet ihn an.

Es ist die Transformation, die dich beschwert. Die Transformation gibt es nicht, weil es die Heilerin gibt, sondern es gibt die Heilerin, damit du dich verändern kannst. Es ist nicht viel, was sie für dich tun kann. Sie kann nicht wirklich heilen, wenn du dich im freien Fall befindest. Aber wenn du glaubst, daß deine Seele bereits von stummen Engeln zu Grabe getragen wird, dann stärkt die Heilerin deine Kraft, daß du dich erneuerst.

Wenn es sich häutet, lebt jedes Geschöpf in Trauer und Angst. Wenn es sich häutet, ist jedes Geschöpf ein Friedhof und voller Klage. Die Raupe stirbt, wenn sie ihre Puppe bildet. Die Pflanze stirbt, wenn sie in Samen schießt. Niemand kann die Raupe heilen oder die Pflanze retten. Wenn das Alte verbraucht ist, muß es verschwinden und Neuem Platz machen. Die Zeiten der Trauer sind erst vorüber, wenn der neue Zustand erreicht ist. Wenn aus der Puppe der Schmetterling schlüpft, wenn die neue Haut fest geworden ist. Deine gesamte Vergangenheit ist nur eine Geburt. Das Vorbereiten der Zukunft besteht nur im Begründen der Gegenwart.

Ich habe der Heilerin die Schlange als Tier zugeordnet. Das hat viele Gründe. Es muß eine enge Verbindung zwischen beiden geben, was schon daraus ersichtlich wird, daß die Äskulapschlange noch heute gemeinsam mit einem Stab das magische Zeichen der Ärzteschaft ist. Beinahe hätte sie die Priesterin für sich als Zeichen beansprucht, was auch nicht so ganz von der Hand zu weisen ist, wenn wir daran denken, daß Kassandra eine Seherin und Priesterin war, die die kretische Tradition, sich von einer Schlange beißen zu lassen, um unter der Wirkung des Giftes in Trance zu gehen und wahrzusagen, fortführte. Aber ich halte sie dennoch mehr für ein Symbol der Transformation, und das nicht erst, seit ich auf einem Hügel wohne, der Schlangenberg heißt, und auf der Stirn die Tätowierung einer Schlange trage.

Die Fähigkeit der Schlange, sich zu häuten und damit sichtbar zu machen, daß das Leben aus zyklischem Wandel und steter Erneuerung besteht, macht sie zur Begleiterin der Heilerin. Seit ich die Schlange auf der Stirn trage, hat sich mir auf überraschende Weise offenbart, daß dieses Tier als Symbol augenscheinlich transformatorische Kräfte freisetzt. Die Schlange als Symbol läßt alles Morsche zusammenfallen, bringt jede Zahnvereiterung in den akuten Zustand. Sie läßt jeden ungeliebten Job unerträglich werden. Frauen, die in diesem Bereich zaunreiterisch und magisch tätig sind, wissen, daß in ihrer Anwesenheit alles Technische, vor allem alles elektronische Gerät einen seltsamen Hang zum Defekt zeigt. Es handelt sich immer um das, was schon einen leichten Knacks hat oder eigentlich überholt oder auf den Müll geworfen gehört. Eigentlich hätte auch die Geierin, die eine beeindruckende Freilandputzfrau ist, das Begleittier der Heilerin sein können.

Wenn die Zeiten kommen, da du von der Welt abgeschnitten bist wie durch eine blinde Tür, wenn du nicht mehr weißt, was du mit den Wallungen deines Herzens beginnen sollst, wenn du von seelischen und körperlichen Schmerzen gepeinigt bist, dann brauchst du die Heilerin. Sie schenkt dir keinen Trost und schmiert dir keine Salbe auf die alten Wunden. Sie stößt dich ins Wasser und schaut dir beim Ertrinken zu. Sie ist es, die dich auf die trockenen Felsen zieht. Sie ist es auch, die deine Knochen ins Feuer wirft, wenn du aus der Luft heruntergefallen bist. Und wenn die stummen Engel kommen, weist sie sie zurück und heißt sie warten. Diesmal bewirkt ihre rasche Abwärtsbewegung, daß du deine Flügel öffnen mußt. Phoenix.

Es gibt Frauen, die nicht über sich hinauswachsen können oder wollen, wie der Vogel Phoenix aus der Asche steigt. Sie finden ihr Glück in einer mittelmäßigen Zufriedenheit, nachdem sie selbst in sich abgetötet haben, was einmal groß an ihnen war. Sie versagen sich alles, um nicht in Bewegung zu geraten. Sie sitzen in ihren kleinen Rettungsbooten und halten sich über Wasser. Sie reden sich ein, daß es ihre Sensibilität ist, die sie hat stürzen und nicht wieder aufstehen lassen, und nicht etwa ihre Angst vor dem Leben. Sie wollen schon jetzt den Frieden, den eine erst erlangt, wenn sie gestorben ist. Von goldenen Bällen wollen sie nichts wissen. Sie legen Vorräte an. Vorräte an Geld, an Menschen, an Versicherungen und Verträgen.

Diese Frauen haben die Heilerin in sich nicht finden können. Vielleicht haben sie sie auch fortgeschickt, als sie sich bemerkbar machte. Sie behandeln ihre Symptome oder ignorieren sie. Sie betäuben und beschäftigen sich. Töten alles Fühlen ab. Im Lauf der Zeit wird von allen bereits erwachten Aspekten einer nach dem anderen sterben, verdorren, vergehen.

Das ist nicht nur traurig. Das ist gefährlich, wie ich meine. Zwar wird die Heilerin wiederkommen. Jedoch ist es möglich, daß sie spät kommt, eventuell sogar zu spät. Heilung oder besser gesagt Wandlung geschieht sowieso. In manchen Fällen so nachhaltig, daß sie nach einem ungelebten, das heißt nicht transformierten Leben mit einer tödlichen Krankheit in die eine, die ganz große Transformation geht. Es ist nicht so, daß diese große Transformation, der Tod etwas Schlimmes wäre, es ist aber eine schreckliche Tragödie, wenn der Tod nach einem nicht gelebten Leben kommt. Nicht gelebt bedeutet, dem wahren Selbst den Durst nach Leben nicht gestillt zu haben. Es bedeutet nicht, möglichst alt werden zu wollen. Ich kenne jede Menge alte Leute, die nicht gelebt haben.

Du kannst jede Lebensaufgabe verwerfen. Du kannst dich allen Veränderungen verweigern. Aber du kannst nicht darauf hoffen, auf diese Weise glücklich zu werden. Du wirst dann jahrelang deinen Ruf in die leere Nacht hinausschicken und glauben, die Zeit vergehe umsonst und beraube dich deiner Schätze und Vorräte, denn auch diese verschwinden wie die Liebe und die Lust.

Die Heilerin antwortet: Es ist gut, wenn die Dinge vergänglich sind. Es ist ein Geschenk, daß die Zeit vergeht. Es ist Ausdruck kosmischer Liebe, wenn du lernen mußt, loszulassen.

Wenn du deine Vergangenheit akzeptierst und losläßt, wenn du die Gegenwart mit Hilfe der Wissenden gestaltest, dann kannst du darauf vertrauen, daß die Zukunft in Weisheit entsteht. Ertrage die Stille im Inneren des Labyrinths und schrecke nicht vor den Dämonen in deinem Inneren zurück. Mach dich weich und durchlässig. Gib dich der Verwandlung hin, und du wirst als eine Neue wiedergeboren werden.

Ich habe es noch niemals so bewußt erlebt wie in dem einen grausamen Augenblick, als ich mich selbst über die Wiese auf dem Schlangenberg gehen sah und wußte, diese Frau, die barfuß in schwarzen Hosen mit den Ziegen wandert, ist tot. Ich wußte, was auch immer geschehen mag, diese Frau werde ich niemals wieder sein können. Und in einer Sekunde tiefsten Schmerzes und größten Entsetzens umfing ich diese Frau mit umfassender Liebe und hüllte sie in warme Zärtlichkeit. Niemals zuvor habe ich das Leben so geliebt wie in diesem kurzen Moment der Trauer und Klage, in diesem Lidschlag der Verzweiflung und Einsamkeit. Eine unteilbare Liebe zum Leben.

Neunter Aspekt weiblichen Seins
DIE KÜNSTLERIN

Ich ehre. Ihr Tier ist der Schmetterling.
Sie gibt dir die Fähigkeit, den Sinn zu finden.

Sie ist der ewig sprudelnde spirituelle Quell, sie kennt die Rituale, sie singt, sie schafft Schönheit, sie ehrt die Göttin und die Schöpfung, sie träumt, sie fliegt. So wie die Heilerin transformiert, schafft die Künstlerin Transzendenz. Damit bringt sie dir die Dinge in dein Leben, die du brauchst, um den Sinn im Leben zu finden. Der Sinn im Leben kann nur aus den Dingen kommen, die über die Belange des Alltags hinausgehen und von den universellen Zusammenhängen erzählen, die dich manchmal mehr bewegen, als du zugeben magst. Häufig hat die Künstlerin keine Antworten zu bieten, aber sie hat die Fähigkeit, die richtigen Fragen im richtigen Augenblick auf die richtige Weise zu stellen.

Ihr Werk ist immer ein wenig größer als sie selbst. Ihre Bücher sind intelligenter als sie, wenn sie Sängerin ist, weiß sie genau, wann aus ihr eine Stimme singt, die nicht von dieser Welt ist. Es ist das kosmische Selbst, das sich durch die Künstlerin offenbart. Die Künstlerin ist ein Klangkörper für das Fühlen der Frauen. Sie ist Resonanz, Widerhall. Die Membran in beide Richtungen. Sie drückt aus, was viele fühlen, ersehnen und träumen, und sie überrascht mit dem, was sie von ihren Fischzügen aus der sai-vala mitbringt. Nichts bleibt, wie es war, wenn es in ihre Hände gelangt. Sie verändert, verschönt, erweitert, transzendiert.

Die Künstlerin ist immer auch ein wenig die, der die Wirklichkeit zuwenig Zauber enthält. Ihre Sinne sehnen sich nach größerer Vollkommenheit, als die Welt zu bieten hat. Und so schreibt sie Geschichten, die andere zum Lachen und Weinen bringen. Sie malt in Farben, die die Betrachterin erleuchten. Ihre Skulpturen sind magisch, ihr Tanz ist atemberaubend.

Ihr Sein beginnt in dem Augenblick, wenn der Schmetterling aus der Puppe schlüpft und seine Flügel ausbreitet. Aus der Tiefe des dunklen Reichs, in dem Hekate regiert, aufgestiegen, trägt dich wieder eine Kraft nach vorn wie anfangs die Amazone. Aber diesmal ist die Bewegung aufstrebend, in den Himmel gerichtet und verliert sich scheinbar in seiner Unendlichkeit. Die Künstlerin ist die Mittlerin zwischen Himmel und Erde. Ihre Kraft richtet sich in die Unendlichkeit, aber sie ist eine Tochter der Erde, die sie liebt, weil sie ihre Kraftquelle ist.

Die Künstlerin läßt die Dinge werden, weil ihre Sehnsucht nach Schönheit und Wahrhaftigkeit so groß ist. Sie will ausdrücken, was Schönheit ist, will erfahren, was Wahrhaftigkeit ist. Die Künstlerin erkennt das Leben als ein Fest, das zu Ehren der Göttin gefeiert wird. Ein Fest aber ist ein sich entfaltendes Zeremoniell, bei dem jeder Augenblick eine bestimmte Bedeutung hat und eine entsprechende Würdigung erforderlich macht.

Ich habe früher nie verstanden, wenn KünstlerInnen aller Sparten erzählten, daß der Schaffensprozeß das Wesentliche für sie ist. Ich dachte an meine Bühnenzeit und wie mich die Proben langweilten und die Last des Organisierens ermüdete. Ich erinnerte mich, wie ich funkelte, sobald Publikum da war und der Zauber funktionierte, wenn der Vorhang aufging. Auch dachte ich an die Einsamkeit, wenn ich ein Buch schrieb. Zeiten, in denen ich mich vom wahren Leben abgeschnitten fühlte und argwöhnte, daß alle anderen gerade der glitzernden Wunder des Lebens offenbar werden, während ich auf ein beleuchtetes Viereck starrte und es zwölf Stunden täglich mit Buchstaben überzog. Dann aber trat die Künstlerin in mir in Erscheinung, und ich verstand.

Es geht um das Zeremoniell, mit dem die Transzendenz gefeiert wird. Solange ich meine Kunst (eigentlich müßte ich sagen Künste, denn es sind ja mehrere), als Arbeit auffaßte, interessierte mich vor allem das Ergebnis und die Frage, wann es am interessantesten war und wann ich wieder frei hatte. Als ich aber entdeckte, daß aus einem Werk die Göttin hervortreten muß, konnte ich es nicht mehr so profan betrachten.

In allem, was die Künstlerin erschafft, ist etwas von der Suche nach dem kosmischen Selbst. Solange sie noch um ihre Fertigkeiten kämpft, ist es die Wissende in ihr und das Handwerk, das sie zu erlernen hat, denn es ist die Voraussetzung für die Kunst. Solange sie sich auf das Handwerk beschränkt, ist sie weit entfernt davon, in den Himmel zu fliegen, um die Göttin zu finden.

Die Künstlerin ist die Wiedergeborene, die Transformierte, die Initiierte. Sie muß erlebt haben, wie sie stürzt, und muß die Kraft gefunden haben, wieder aufzustehen. Und wenn sie mehrfach stürzte, muß sie mehrfach wieder aufgestanden sein. Anders als beim patriarchalen Künstler, der nekrophil vom Leid seiner Frauen und Musen lebt, so wie Orpheus erst den Tod Eurydikes verursachte, um anschließend herzzereißende Lieder über ihren Verlust zu schreiben, rührt die Kraft des weiblichen Aspekts der Künstlerin nicht vom Leid, schon gar nicht von dem anderer Menschen. Sie trotzt dem Leid, triumphiert über das Leid. Sie stürzt, aber sie stirbt nicht. Sie läßt auch nicht stürzen und sterben. Sie steht wieder auf und feiert das Leben. Sie ist wie der Augenblick der Sonnenwende im Dezember. In ihr lebt das Licht als ein Versprechen und eine Zuversicht. Mag es auch noch finster sein, Tag für Tag. Die Künstlerin malt die Hitze eines Sonnentags in dein Herz.

Die Künstlerin sagt: „Der wahre Sinn des Lebens besteht in dem Zeremoniell. Schick deinen Geist weit hinaus ins All, aber tu dies angemessen und bewußt, denn du mußt sicher wieder auf die Erde zurückkehren können." So besagt ihre Botschaft, daß es in deiner Macht liegt, ob du in Mittelmäßigkeit versinkst oder ob du das Leben als ein leuchtendes Fest feiern willst. Sie ist es, die die Zeremonien erschafft, aber es ist nicht die Künstlerin, die sie wirklich vollzieht, das heißt, um wahre Transzendenz zu erreichen, muß erst der Aspekt der Priesterin in uns zum Leben erwachen.

Die Künstlerin ehrt die Formen und Strukturen und bereitet so die Ankunft der alten Weisen vor. Im Grunde gibt sie der alten Weisen die Schönheit und den Glanz, die dieser vor lauter Ernsthaftigkeit abhanden zu kommen drohen. Auf diese Weise kann die alte Weise dann dafür sorgen, daß der Priesterin der Boden bereitet wird. Zum Potential der Künstlerin gehört außerdem die Fähigkeit des sinnlichen Ausdrucks. Aber ihre Liebe gilt den Formen, der Äußerlichkeit und dem Geheimnis des Universums.

Sie verschafft der Äußerlichkeit und der Form den Respekt, die Beachtung und Anerkennung, die wir ihnen häufig nicht geben wollen. Ich spreche nicht von denen unter uns, die in den Äußerlichkeiten getünchter Fassaden auf Gesicht und Lebensplan verlorengehen, sondern von denen, die sich in den Strukturen des Lebens sinnvoll zu bewegen wünschen, deren Fluß den Weg zum

Meer finden soll, aber von den unsterblichen Energien leichter zu begeistern sind als von den Bahnen, in denen sie fließen. Mit der Schönheit und dem Zauber, den die Künstlerin den Formen gibt, haben diese eine Chance auf größeres Interesse bei diesen Frauen. Die Bedeutung der Form ist für die Künstlerin so wichtig wie die Puppe, die aus der Raupe den Schmetterling werden läßt. Das universelle Geheimnis birgt das Versprechen auf etwas, das größer ist als das mühsame Leben einer Raupe. So haben die weise Alte und die Priesterin eine sinnvolle Verbundenheit zu ihr. Die weise Alte gibt ihren Kunstwerken diese besondere Tiefe, die sie vom Kunsthandwerk unterscheiden und vor den Ausrutschern in den Kitsch bewahren. Die Priesterin nimmt von ihr die Zeremonien entgegen und erfüllt sie mit Ekstase.

Weil die Künstlerin auch die Zeichen ihrer Zeit in sich aufzunehmen und auszudrücken weiß, weil sie überhaupt verliebt in die Zeichen ist, gibt es eine Verbindung zur Denkerin, die der Künstlerin alle Zeichen liefert, die sie nur braucht. Umgekehrt ist die Denkerin von der Kreativität entzückt, zu der sie die Künstlerin anregt. Das gibt der Denkerin das Gefühl, sinnvolle Anstöße gegeben, etwas bewegt zu haben. Sie ist einfach so gern behilflich.

Aus Religion und Philosophie, aus dem, was das Sein der Denkerin und der Priesterin ausmacht, formt die Künstlerin ihr Werk. Ich habe ihr als Tier den Schmetterling zugeordnet, der eines der ältesten Wiedergeburtssymbole ist, das wir kennen.

Wenn du dich mit dem Schmetterling verbündest, dann löse dich von so vordergründigen Vorstellungen wie Leichtigkeit und Farbenpracht. Ein Schmetterling empfindet sich selbst nicht als leicht, seine Farbenpracht ist ganz normal für ihn. Sobald du dieses Wesen von deiner unangebrachten Romantik befreist und es ernst nimmst, trittst du in eine Welt besonderen Zaubers ein. Eine Welt, in der alle deine Sinne berauschendere Nachrichten aus dem Außen in dein Inneres strömen lassen, als du es je gekannt hast.

Das Lebensgefühl, das dir der Schmetterling geben kann, ist das, was die Künstlerin in dir ausmacht. Dieses Lebewesen ist eine Tochter der Erde und als diese geliebt, willkommen und geborgen. So lautet das Geburtsrecht aller, die in Raum und Zeit geboren werden, vom Schmetterling bis zur Menschenfrau. Und gleichzeitig ist der Schmetterling die Kraft, die himmelwärts strebt, ein Symbol des universellen Geheimnisses. Die Frauen des minoischen Reichs auf Kreta machten aus der Form des Schmetterlings eine Doppelaxt, die Labrys, und setzten sie in ein magisches Zentrum, das Labyrinth, das einen Durchgang in die Anderswelt darstellt. An diesem Geschehen war die Künstlerin ursächlich beteiligt bis dorthin, daß sie die Baumeisterin, die Architektin des Labyrinths war.

Die Dynamik der Lebensenergie der Künstlerin trägt die spiralige Abwärtsbewegung der Heilerin aus der Tiefe wieder herauf und in ungeahnte und sehnsuchtsvolle Höhen. Manchmal mag die Aufwärtsbewegung wie ein pfeilschneller Flug erscheinen, manchmal wie der zeremonielle Tanz zweier Schmetterlinge, die im zärtlichen Schwebeflug die heilige Hochzeit vollziehen.

Wenn die Künstlerin in dir zum Vorschein kommt, dann hast du mindestens eine der großen Transformationen erfahren. Das ist ein großes Glück, denn nun weißt du, daß du sie nicht nur überlebst, sondern aus ihnen als eine völlig Neue hervorgehst. Wenn das Potential deiner Talente kreativer, musischer Natur ist, dann kann sich jetzt entfalten, weshalb du geboren wurdest. Die Frage ist, wie die Frauen mit der Künstlerin in sich umgehen, die weder Talent noch Ambitionen haben, k. d. lang, Marion Zimmer-Bradley, Niki de Saint Phalle, Sarah Schumann zu werden.

Bevor wir nun eine Flut von gutgemeinten, ein wenig uninspirierten selbstgetöpferten Kerzenhaltern und Salzteiglabyrinthen in die Welt setzen oder fleißig, aber ungenial die Werke großer Künstlerinnen imitieren oder uns an der am meisten mißbrauchten Form der Literatur versündigen, dem Gedicht (ich danke der Göttin noch heute auf Knien, daß es mir damals nicht gelungen ist, meine Gedichte zu veröffentlichen), ist es angebracht, darüber nachzudenken, wie die Künstlerin sich in denen ausdrücken kann, die nicht in der Welt der Galerien und Vernissagen landen wollen.

Ich denke, in jeder von uns schlummern die Kräfte des Ausdrucks. Und in jeder von uns können sie erwachen. Es muß ja nicht gleich das ganz große Werk sein, das dir aus den Händen fließt. Nicht für die Öffentlichkeit muß es bestimmt sein, aber für dich und ein klares Verhältnis zu dir selbst. Du kannst dich der Möglichkeit öffnen, deine Gefühle sichtbar zu machen, dich dem Reich der Formen und Farben, dem Zauber der Geschichten und rituellen Zeremonien nähern.

Zehnter Aspekt weiblichen Seins
DIE ALTE WEISE

Ich prüfe. Ihr Tier ist die Ziege.
Sie gibt dir die Fähigkeit zur Verkörperung.

Sie ist Gelassenheit. Sie sagt: „Meine Kinder, ich wache über euch, schlaft weiter einen guten Schlaf." Sie hütet euer Recht zu ruhen, bevor mit der Morgendämmerung eure Trauer und euer Elend zurückkehren. Sie bewacht auch die Zeiten der Trauer und des Elends, aber sie erspart sie euch nicht, denn das kann sie gar nicht. Die alte Weise halten wir uns gern auf Distanz, und die, die sagen, sie hätten sie so richtig lieb, sagen dies nur, um ihre Furcht vor ihr zu verbergen. Es ist nicht angebracht, sich vor ihr zu fürchten. Auch Ehrfurcht ist nicht die Haltung, die der alten Weisen in dir den Raum verschafft, den sie verdient hat.

Die alte Weise kennt die Geheimnisse des Universums und hütet die Strukturen der irdischen Welt. Sie hat eine andere Auffassung von Zeit, als die Menschen es allgemein gewöhnt sind. Sie denkt in Jahrtausenden und weiß, daß die viertausend Wochen eines durchschnittlichen Menschenlebens unserer Zeit nicht besonders viel sind. Sie versteht etwas davon, daß Energie die Kraft der Strukturen braucht, um für uns wahrnehmbar zu sein. Sie ist es, die dir erzählt, daß du das Flußbett brauchst, damit das Wasser zum Meer hin fließen kann. Sie kann dich beruhigen, indem sie dir zeigt, daß der Sturm, der um das Haus tobt, nur ein Sturm ist und nicht zwangsläufig die Percht.

Sie ist eine Tochter dieser Erde und wohnt schon ziemlich lange auf dem Bauch ihrer Mutter. Darum kennt sie sich aus. Sie kennt alle Wege und alle Sackgassen. Sie weiß die Abkürzungen und die gefährlichen Stellen, wo der Treibsand dich tückisch in die Tiefe zieht, aber auch, wohin du gehen mußt, um die Schönheit eines einzigartigen Sonnenuntergangs erleben zu können.

Sie macht dich darauf aufmerksam, daß ein Weg in einzelnen Schritten gegangen wird und daß du nichts überspringen kannst. Darum ist sie die Kraft des folgerichtigen Scheiterns. Aus diesem

Grunde haben manche Angst vor ihr, denn sie verwechseln sie mit der Ursache für das Scheitern. Das ist ebenso töricht, als bestrafe eine die Überbringerin einer schlechten Nachricht für die Schlechtigkeit dieser Nachricht. Die alte Weise ist zu alt, um so nebensächliche Dinge wie Niederlagen und Siege, Erfolg oder Scheitern wirklich wichtig zu nehmen.

Sie weiß, daß einem Schritt stets ein anderer voranging, auf dem er beruht, und daß sich die Kette von Glied zu Glied fortsetzt, ohne daß jemals ein einzelnes Kettenglied fehlen könnte. So kann sie von Spur zu Spur fortschreiten und so bis zum Ursprung der Dinge gelangen. Auf diese Weise kann sie aber auch den nächsten, noch nicht gemachten Schritt voraussehen. Darum ist sie eine Historikerin, eine Archäologin. Darum ist sie eine Wahrsagerin.

Sie ist ernst und erfahren. Das schüchtert manche ihrer Töchter und Enkelinnen ein. Sie verteilt die Verantwortung gleichmäßig auf alle ihre Töchter. Deshalb sind die Töchter sich manchmal nicht sicher, ob sie geliebt werden. Ihre Geduld ist nicht freundlich, sondern erwartend. Sie läßt dich eine Erfahrung wieder und wieder machen, wenn sie den Eindruck hat, daß du es nicht ernstnimmst.

Sie hat aber auch in einem ganz anderen Bereich große Kompetenz. Die alte Weise ist eine große Lehrmeisterin. Wenn du praktische Anleitung brauchst, ist die alte Weise die richtige, um dir zu zeigen, wie es geht. Die praktische Alltagswelt hat sie lange als Zentrum ihres Lebens gehabt. Ihr Blick auf diese Belange ist jedoch ein anderer als der der Bäuerin, der Wissenden oder der Händlerin. Sie ist das Gedächtnis. Sie sorgt dafür, daß die Frauen jeder Generation das Rad nicht neu erfinden müssen, indem sie ihr Wissen weitergibt und allen, die es wollen, zeigt, wie es schon immer gemacht wurde. Sie weiß, was hinter den Dingen steckt, und erklärt dir jederzeit auf ihre Weise die physikalischen Gesetze.

Wir können es Tradition nennen, aber es hat etwas mit der Identität aller Frauen zu tun. Und darum mit ihrer Würde und ihrer Selbstachtung und mit der Sicherheit, auf den Schultern vieler Ahninnen zu stehen, die vor uns da waren und das ihre getan haben.

Die alte Weise ist nicht nur das Gedächtnis der Familie, sie ist das Gedächtnis der Familie, der Sippe, des Stammes. Sie ist die

Richterin, die in Streitfällen entscheidet, denn wenn sie auch für manche eine einschüchternde Erscheinung ist, so ist sie doch aufgrund ihrer Verläßlichkeit eine, die das Vertrauen aller hat. Sie ist gerecht, denn auch für Parteilichkeit ist sie zu alt. Sie ist die Stamm-Mutter, wie sollte sie eine ihrer Nachkommen bevorzugen, wenn doch alle ihre Kinder sind. Die alte Weise, die Groß-Mutter ist der Schoß der Welt.

Dennoch spinnt sie. Du kannst sie also auch in ihrer Ernsthaftigkeit nicht berechnen. Fang also gar nicht erst an, sie in den Griff bekommen zu wollen oder sie gar zu omisieren, das heißt aus der großen Mutter eine liebe Omi zu machen, die du um den Finger wickeln kannst. „Ich spinne", antwortet die Alte auf die Frage von Dornröschen, was denn das liebe Mütterchen da oben mache. Und kurz darauf lag Dornröschen ganze hundert Jahre im Tiefschlaf. Das war wahrscheinlich so etwas wie soziales Aikido. Daran sollte jede denken, bevor sie der nächsten alten Frau blöd kommt.

Während die alte Weise selbst auf einer Anhöhe sitzt, von wo aus sie das Geschehen der Welt überblickt, geht die Dynamik ihrer Energie beinahe unbeweglich dahin wie die großen Flüsse dieser Erde, wenn sie fast schon Delta sind. Der Niederrhein ist von dieser breiten Schwere und auch die Elbe zwischen Hamburg und Cuxhaven.

Ich habe ihr die Ziege als Begleittier zugeordnet. Es war das Bild der alten Frauen meiner griechischen Heimat, das ich dabei vor Augen hatte. Die Ziege war in Griechenland wie auch hier in der Südoststeiermark früher das Tier der alten Bäuerinnen. Zwischen Ziegen und Frauen gibt es innige Freundschaften, die auf einer bewußten Symbiose und echter, gleichwertiger Partnerschaft beruhen. Die Ziege ist eigenwillig und genügsam. Sie ist schlau und hat ein bemerkenswertes Gedächtnis. Sie klettert auf den Anhöhen herum, dort, wo die weise Alte ihren Sitz hat. Vor allem aber leben Ziegen das Prinzip der Stamm-Mutter.

Ich habe auf dem Schlangenberg seit einigen Jahren eine etwas ungewöhnliche kleine Ziegenherde. Ungewöhnlich, weil ich die Sprößlinge meiner Ziegen Bella, Lisi und Viktoria behalten habe, obwohl sie sämtlich Böcke sind. Es wurden einfach alle Ziegenmänner kastriert. So umging ich das Schlachten dieser für eine

Nutzherde überflüssigen Männer. Auf diese Weise sind sie richtig nette, friedliche Gesellen geworden, aber das ist in diesem Zusammenhang nicht so wesentlich. Sie haben mich auf etwas aufmerksam gemacht, das sich bei einer Nutzherde nicht offenbaren kann, weil die Kleinen früh von ihren Müttern getrennt werden. Die Kinder der Ziegenmütter bleiben ihren Müttern ein Leben lang in Liebe und Aufmerksamkeit verbunden. Ziegen haben ein ausgeprägtes Familiengefühl, und Familie heißt bei ihnen immer, alle Nachkommen einer Stamm-Mutter. So war es völlig klar, daß die weise Alte und die Ziege als Stamm-Mütter ihrer Clans zusammengehören.

Wenn du dich mit der Ziege als Symboltier verbindest, wirst du ein Gefühl dafür bekommen, wie es ist, die Mutter des ganzen Stammes zu sein. Du wirst die Einsamkeit und Eigenwilligkeit empfinden und spüren, wie Ziegenenergie dich buchstäblich trägt, indem die Ziege dir alles Leid und alle Schwere lindert. Ich sitze zuweilen im Stall bei meinen Ziegen und kann dabei förmlich alle Last von mir werfen. Du hörst sie wiederkäuen, hörst es in ihren Bäuchen kollern, schaust ihnen beim Atmen zu, und alles wird auf einmal leicht und frei, weil vieles einfach nicht mehr wichtig ist.

Der Ernst des Lebens, so wie ihn die alte Weise repräsentiert, kann eine derartige Intensität erlangen, daß es schon wieder völlig gleichgültig ist. Das ist der Zeitpunkt, wenn du glaubst, daß die Schwere niemals mehr aufhört; wenn es nichts mehr gibt, was die Dinge leichter machen könnte. Es ist die Zeit des Frostes, wenn kein Anzeichen darauf hinweist, jemals könnte wieder ein Frühling kommen. Ewiges Eis. Da gibst du auf. Da läßt du los. Du fügst dich in das Unvermeidliche und wendest keine Mühe und Anstrengung mehr auf, um es ertragen zu können. Du akzeptierst, daß die Welt niemals mehr anders als grau sein wird. Aber eines Tages trittst du vor die Tür, und die Luft riecht einen Hauch anders als sonst. Das ist dann der Augenblick, an dem der Föhn von Süden weht, und mit einigem Glück bringt er Tauwetter.

Die alte Weise ist eine Kraft, die von vielen Frauen mit großer Ambivalenz betrachtet wird. Weise sein wollen viele gern, weise werden dagegen ist ihnen dann doch oft zu anstrengend. Vielleicht, wenn es in einem Wochenendseminar zu erlangen ginge, aber nicht zu Pfingsten und möglichst auch nicht in den großen

Ferien. Dahinter steht die Angst vor dem Altsein und die Angst vor der Welt der Strukturen, Vorschriften, Gesetze und Regeln. Vor allem meine uranische Generation hat damit ihre Probleme, denn sie liebt den Gehorsam nicht.

Es ist notwendig, sich den Strukturen zuzuwenden. Die alte Weise wird darauf pochen, daß du dich ihr zuwendest, und die Mittel und Wege, die sie findet, wenn du dich verweigerst, haben es in sich. Als Stamm-Mutter ist sie ein bißchen transpersonal, und das heißt, sie ist Argumentationen und Diskussionen nicht sonderlich zugänglich. Wenn du dich ihr öffnest, hat sie viele Geschenke für dich. Vielleicht kennst du das leichte, wunderbare Lebensgefühl, wenn alle Rechnungen bezahlt sind und alle Termine bei der Zahnärztin hinter dir liegen. Das Haus ist geputzt, die Suppe gekocht, die Post rechtzeitig abgeschickt. So ist es, wenn eine sich freudig den Strukturen zuwendet und sie nicht als feindlich betrachtet oder sich ihnen verweigert.

Das kannst du auch auf größere Dimensionen übertragen. An mich sind die Erwartungen der alten Weisen über die Welt der Bäuerin herangetreten. Und natürlich bin ich mit der arglosen Romantik und naiven Ignoranz einer echten Stadtfrau an die Dinge herangegangen. Das war der große Augenblick, an dem die alte Weise eine Chance gesehen hat, mich etwas über das Leben und seine Strukturen zu lehren. Sieben Jahre habe ich damit verbracht, alles, was ich im Raumschiff Stadt gelernt hatte, wieder zu verlernen und auf der Erde anzukommen.

Die Erde ist eigentlich ein Ort, wo eine sich um ihren eigenen Scheiß zu kümmern hat – und das ist in des Wortes Bedeutung gemeint. Du mußt wissen, woher das Wasser kommt und wohin es geht; was du machst, wenn ein Tier erkrankt; wie es sich anfühlt, wenn du beim Mähen der Wiese versehentlich eine Schlange geköpft hast; wie du deine Sau nach Hause bekommst, die beim Nachbarn mit verletzten Füßen im Schober hockt und sich weigert, auch nur einen Schritt zu tun. Was ursprünglich als privates Refugium geplant war, entwickelte sich von allein zu einem Zentrum, in das Frauen wegtauchen, die für eine Weile kein Patriarchat mehr sehen können. Die Verantwortung machte Quantensprünge. Ich nahm sie an, wuchs in sie hinein und trage sie gern. Das war ja nicht nur eine Frage von Ideen und ihrer Finanzierung. Es war eine ganz praktische Verantwortung, bei der es um Häuserbauen, Essen, Schlafen und Insektenstiche geht. Heute kann ich geradeheraus sagen: Ich weiß, wie ein Tipi gebaut wird, auch wenn meines eher wie eine griechische Taverne aussieht. In den seelischen und geistigen Sphären meines Lebens war mir dies eine große Hilfe, als ich die Transformation der letzten Monate zu überstehen hatte, als es um mein Seelen-Tipi ging. Aber wir können mit der alten Weisen noch weiter ausholen. Ihre Kräfte sind eine große Stütze und Ermutigung, wenn es darum geht, das ganz große Frauen-Tipi wieder aufzubauen. Amazonenenergie allein ist nicht genug. Wir brauchen unsere Ahninnen und ihre Weisheit dazu.

Elfter Aspekt weiblichen Seins
DIE PRIESTERIN

Ich sehe. Ihr Tier ist die Adlerin.
Sie zeigt dir den Weg in die Anderswelt.

Sie kann sein wie die Geier-Wally. Vielleicht auch wie Mutter Teresa. Aber erwarte nicht, daß sie wie Isis persönlich in Erhabenheit dahergeschritten kommt, die silbernen Flügel ausgebreitet, die Hände zum Segen erhoben. Und täte sie es, dann raff die Röcke und lauf, so schnell du kannst. Daß wir so undefinierbare Vorstellungen von der Priesterin, der religiösen Repräsentantin haben, kommt daher, daß wir es mit dem am eifersüchtigsten verteidigten Bereich der Männerdominanz zu tun haben. Es ist die Eifersucht des Diebes, mit dem der Mann die Religion bewacht und den Frauen jeden Zugang zu den Machtpositionen verwehrt. Nonnen, ob christliche oder buddhistische, sind keine Priesterinnen. Nonne bedeutet übersetzt kastrierte Sau. Das benennt, wie Männer spirituelle Frauen sehen.

Die Eifersucht der Diebe ist nicht nur deshalb unerträglich und verwerflich, weil die Männerreligionen aller Kulturen Leid und Terror, Unterdrückung und Haß über die Menschheit und andere Kinder der Göttin gebracht und ursächlich an der seelischen Deformierung zahlloser Lebewesen beteiligt sind, sondern weil sie die Trägerinnen des weiblichen Prinzips daran hindert, einen existentiellen Aspekt klar und offen auszuleben.

Die Priesterin ist eine Reisende zwischen den Welten, eine mächtige Frau. Ihre Macht ist nicht von dieser Welt, vielleicht auch nicht von der anderen, sondern rührt von der Fähigkeit, in beiden sein zu können und in keiner von beiden sein zu müssen. Sie sagt: „Die Erde muß man kennenlernen, um sie zu lieben. Aber die Göttin muß eine lieben, um sie kennenzulernen." Das ist ihre Botschaft und ihr Geschenk an dich.

Daß beide Welten ein Teil von ihr sind, macht es ihr manchmal schwer, sich auf ein irdisches Leben mit Haut und Haar einzulassen. Sie ist nicht sehr ehetauglich, aber sie ist eine glühende

Schwester und Teil der großen Frauengemeinschaft. Die Liebe zu einem einzelnen Gegenüber erscheint ihr zu eng, zu fokussiert. Ihre Liebe braucht einen größeren Raum als die Zweieinhalb-Zimmer-Wohnung.

Sie hilft dir, den Unterschied zwischen Wahnsinn und Ekstase kennenzulernen. Das ist sehr wichtig, denn es gibt Reisen in die Anderswelt, die ganz und gar nicht spirituell sind, sondern das Ergebnis des psychotischen Zusammenbruchs des gesamten Ich, also der helle Wahnsinn. Das ist ein quälender und leidvoller Zustand. Das hat etwas damit zu tun, daß das Ich nur ein Pseudo-Ich werden konnte und keine ausreichende Stabilität entwickelt hat, um den Kräften aus der Anderswelt geerdet entgegentreten zu können.

Und eine ausreichende Erdung brauchst du, wenn du beginnst, zwischen den Welten zu wandern. Du begegnest Kräften, die weitaus größer sind als der Papst oder der Bundeskanzler. Wenn du zu dem Personenkreis gehörst, der im Fachjargon „schizoid" genannt wird und in etwa der Beschreibung des Pseudo-Ich entspricht, kannst du dich dem Aspekt der Priesterin nur vorsichtig und langsam nähern und solltest dafür sorgen, daß Frauen vom Schlag der alten Weisen darauf achten, daß du geerdet bleibst, wenn du auf Reisen in die Anderswelt gehst.

Die Priesterin weiß, wann es an der Zeit ist, sich in den heiligen Raum zurückzuziehen, ja sie weiß, wie du diesen heiligen Raum überhaupt erst erschaffen kannst. Sie kennt die Tore in die Anderswelt und hilft dir zu verstehen, was dort geschieht und wie du dich vor ungebetenen Berührungen mit Kräften schützt, denen du nicht gewachsen bist.

Die Zeremonien, die die Künstlerin erschaffen hat, nimmt sie als Sicherheitsband. Das ist der berühmte Faden der Ariadne. Sie folgt den von der Künstlerin vorgegebenen Formen und erfüllt sie mit Leben, mit Energie. Sie ist das Wasser, das in dem Flußbett fließt, das von der alten Weisen repräsentiert wird.

Die dynamische Bewegung dieser Energie ist gewunden wie ein Labyrinth. Aber sie ist nicht erdig noch steinig. Sie ist fließend wie reine Energie, aber sie folgt den labyrinthischen Formen, die für sie gemacht zu sein scheinen. Bedeutsam dabei ist, daß die Kraft dieser Bewegung nicht nur nach innen geht, sondern auch wieder nach außen. Auf dem gleichen Weg, in der gleichen Form. Die Priesterin ist nicht die, die dich im Inneren des Labyrinths, im Temenos, erwartet. Das ist vielleicht die weise Alte oder die wilde Frau oder beide.

Sie ist der energetische Fluß hinein und hinaus. Die, die singt und trommelt, wenn du hineingehst. Die Priesterin bewahrt das Heilige, das der Form der Künstlerin das Besondere, den strahlenden Glanz verleiht. Die Betonung liegt auf dem Wort bewahren und bedeutet, beleben, beseelen und nicht konservieren.

Sie hat die Kraft zu verändern, aber diese Kraft ist nicht transformatorisch, sondern eher reformatorisch. Es geht ihr bei den Veränderungen um das kosmische Selbst, so daß sie dir hilft, daß du über das persönliche Schicksal hinauswächst und Verbindung zum kosmischen Selbst bekommst. Ihre Hilfe dient nicht der Linderung deines Leids. Die Priesterin ist keine Sozialarbeiterin. Sie mag sich die seelsorgerische Mühe nicht machen, denn sie fühlt universell. Sie setzt Kraft frei, wie der Wind, der Bewegung ins Meer bringt.

Die Priesterin in uns zeigt dir, daß der Sinn des Lebens nicht in Ehe, Karriere oder einem Haus auf dem Land oder dem nächsten Urlaub besteht. Sie schafft die Verbindung zum Kosmos, zum kosmischen Selbst. Sie ist es, die uns die Sprache der Tiere, Bäume, Pflanzen, Steine und Wasser lehrt. Sie läßt dich wissen, daß die Göttin dich nicht richtet, wenn du ihren Tempel betrittst, sondern dich empfängt. Und dieser Tempel der Göttin ist die ganze Erde, der Kosmos, das Universum.

Auf diese Weise lenkt sie deine Aufmerksamkeit von dem Bemühen, den Anforderungen der weisen Alten zu genügen, auf die Wahrheit, daß das Flußbett auch etwas braucht, das in ihm fließt. Sie verhindert, daß die Form den Inhalt dominiert. Mag auch das Flußbett bestimmen, wohin das Wasser fließt, es ist doch das Wasser, das die Wallungen deines Herzens beruhigt, wenn du am Ufer sitzt, und nicht der Schlamm und die Steine im Untergrund.

Diese Wahrheit verneint die Bedeutung der Formen und Strukturen nicht, sondern führt deren Wahrheit weiter. Sie beläßt es nicht dabei, denn das würde Stillstand und Starre bedeuten, das Ende aller Lebendigkeit.

Sie besitzt eine große Überzeugungskraft und Charisma, und das braucht sie auch, denn sie bereitet die Ankunft der Mutter vor.

Sie ist Verheißung der Vollkommenheit. Auf der spirituellen Ebene ist sie das, was auf der gesellschaftlichen Ebene die Denkerin ist. Sie stellt Zusammenhänge her. Nicht sie ist die Vollkommenheit, sie ist die, die sie erkennt und den anderen davon erzählt. Wenn die Priesterin in dir nicht lebt, kannst du den Zauber der Verheißung nicht spüren. Dann bleibt deine Welt eine, in der das Wunderbare sich nicht ereignen kann, worin auch immer es bestehen mag.

Sie sieht sich als Gleiche unter Gleichen, ihr ist eine hierarchische Religion wesensfremd. Sie kann sich als Bevollmächtigte der Gruppe sehen, aber nicht als ihre Anführerin wie vielleicht die Amazone, die Königin oder die Weise Alte.

Das Tier, das ich der Priesterin zugeordnet habe, ist die Adlerin. Ein Tier, das außerhalb des Mythos kaum noch Raum zum Leben findet. Das ist einer der Gründe für meine Wahl. So entspricht die Adlerin symbolisch der Priesterin, die sich nicht ausleben darf. Aber die Adlerin ist auch das Wesen, das so weit hinauffliegen kann, daß es den ganz großen Überblick über die Welt erhält. Von der Adlerin gibt es die Geschichte, in der jemand einen Vogel findet, und weil er nicht weiß, was für ein Vogel das ist, nimmt er ihn mit nach Hause und steckt ihn zu den Hühnern ins Gehege. Da sitzt der fremde Vogel nun Jahr für Jahr, und eines Tages kommt eine Vogelkundlerin vorbei. Sie schaut in den Hühnerstall und sagt: „Wie kommt denn die Adlerin in den Hühnerstall?"

Wenn ich diese Geschichte erzähle und hinzufüge, daß die menschlichen Hühnerställe des Patriarchats voller Adlerinnen sind, die es nicht wissen und verzweifelt versuchen, eine brave Henne zu werden, dann lachen viele, weil sie erkennen, daß viele Eheprobleme auf der Verbindung einer Adlerin mit einem Gockel beruhen. Aber bis eine Adlerin die ersten Flugübungen macht und bis sie dann auch wirklich losfliegt, kann sehr viel Zeit vergehen. Für eine Weile hoffen die Adlerinnen, daß es genug an Heilung ist zu wissen, daß sie Adlerinnen sind. Das ist verständlich. Es ist nicht leicht für eine Adlerin, außerhalb der Hühnerställe noch Lebensraum zu finden. Und sehr schwer, ein Nest zu bauen, wenn die Eier schon gelegt sind oder die Kleinen gar bereits geschlüpft.

Aber eines Tages drängen sich universelle Fragen in dein Bewußtsein. Die Adlerin will fliegen. Sie will wissen, wie es sich anfühlt, sich ganz nach oben zu schrauben und sich von den thermischen Strömungen tragen zu lassen. Das ist der Zeitpunkt, wenn die Priesterin in dir ihr Leben beginnt.

Die Priesterin lebt vom Wissen. Nur Menschen, die nichts wissen, müssen alles glauben. Sie beginnt sich zu öffnen und läßt sich berühren – von der Göttin, dem kosmischen Selbst, wie immer du es nennen magst. Sagen wir, sie nimmt ein erstes Bad im Meer der Ewigkeit und kehrt mit wunderbaren Geschichten in die Welt zurück. Geschichten von eigenartigen Lebewesen, die im Meer leben und darin nicht ertrinken, obwohl sie keine Fische sind. Oder sie fliegt und lernt vom Wind unter ihren Flügeln. Oder sie läuft über das Feuer, und ihre Füße verbrennen nicht. So weiß sie von den Dingen, die sich nicht beweisen lassen, weil sie nicht aus der Welt stammen, in der die Wahrheit wiederholbar sein muß, um wahr zu sein.

Das Werden der Priesterin ist ein langer Weg. Wenn du dich ihr zuwendest, wirst du erfahren, daß du deine größte Angst und deinen größten Schmerz hinter dir gelassen haben mußt. So ist es also ratsam, daß die Heilerin bereits in dein Leben getreten ist.

Die Priesterin gibt dir Haltung, und damit ist nicht die gemeint, die wir einnehmen, wenn wir uns zusammenreißen oder panzern. Es ist der Halt, Zusammenhalt, der aus dem Zusammenhang kommt. Sie sagt: „Nur die ist wirklich blind, die das Sein durch die Taten gewahr wird und glaubt, nur die greifbare Erfahrung oder die Ausnutzung eines bestimmten Vorteils seien wirklich und wesentlich." So ist die Priesterin in dir am klarsten wahrzunehmen, wenn der Augenblick gekommen ist, da du das Labyrinth durchschritten, deinen Weg in den Temenos gefunden hast und darin dir selbst begegnet und anschließend denselben Weg zurückgegangen bist, der nun auf einmal nicht mehr der Weg zurück, sondern der Weg hinaus ist. An der Schwelle des Ausgangs aus dem Labyrinth, im Delta des Flusses, wo das Wasser schon salzig vom Meer ist, wirst du die Priesterin treffen. Du wirst sehen: Sie ähnelt eher der Geier-Wally als der Isis.

Zwölfter Aspekt weiblichen Seins
DIE MUTTER

Ich bin all-eins. Ihr Tier ist Delphin.
Sie gibt dir die Freiheit.

Die Mutter ist dein Zuhause, deine Geborgenheit, deine Sicherheit. Sie ist dein Innen und dein Außen. Sie ist das Prinzip des Lebens. Jedes einzelne Lebewesen im Universum ist gleichzeitig geboren, noch im Uterus und auf dem Weg zur Geburt. Und wenn es ein weibliches ist, gebiert es sich außerdem gerade selbst. Das ist leicht nachzuvollziehen. Während du existierst, zweifellos existierst, bist du doch möglicherweise nichts anderes als eines der vielen Kinder innerhalb eines gigantischen Uterus namens Universum und damit auf dem Weg in eine andere Welt, die du betrittst, wenn du dich fertig entwickelt hast und also endlich stirbst. Die Vergangenheit ist nichts anderes als eine Geburt, deine Geburt. Im Kreislauf der Aspekte weiblichen Seins wandelst du dich von einem Aspekt zum nächsten. Und jede Wandlung ist, als ob du dich selbst noch einmal zur Welt bringst – eine Geburt in einer Geburt in einer Geburt.

Diesen Prozeß des Seins in der Welt, der vielleicht ein Sein in den verschiedenen Welten ist, kannst du nicht beschleunigen. Du kannst ihn nicht verhindern. Du kannst ihm nicht entkommen. Das ist auch ein bißchen beängstigend, denn es führt in die Auflösung, in die Unendlichkeit, denn dieses Universum ist vielleicht das Kind im Uterus eines anderen Universums. Andererseits ist es auch wieder beruhigend, denn dann brauchen wir uns ja auch nicht so abzumühen, die Kontrolle zu behalten.

Wir Frauen im Patriarchat verbinden mit dem Prinzip Mutter Ambivalentes. Wo es um die Mutter geht, gibt es viel Liebe, viel Haß, viel Bemühen und viel Vergeblichkeit. Das Bild, das Frauen im Patriarchat sich von der Mutter machen, ist zu klein. Maria ist die zu junge, zu kleine, überforderte Mutter, die ihr Kind vergöttert, denn sonst müßte sie den Quälgeist erwürgen, der sie daran hindert zu wachsen, der allein durch seine Anwesenheit dafür sorgt, daß sie sich selbst nicht mehr gehört, weil die Bedürfnisse eines anderen Wesens, dieses Kindes vorrangig vor ihren eigenen sind. Wir Töchter, die wir von diesen ambivalenten Müttern aufgezogen worden sind und sowohl diesen Müttern als auch unseren eigenen Kindern die gleiche Ambivalenz entgegenbringen, schrecken vor dem gewichtigen Begriff „Mutter" nicht ohne Grund zurück.

Der Aspekt des wahren Selbst, der hier mit Mutter bezeichnet ist, entspricht nicht dem Prinzip Verantwortung aus der dreifachen Wandlung des Frauenweges (junge Frau, Mutter, alte Frau), also Mutterschaft und Mutterkraft als Ausdruck von Verantwortung auf Frauenart. Er ist universeller. Daher sind wir auch auf zu schmalen Pfaden unterwegs, wenn wir uns von der Ambivalenz befreien und beginnen, gute Mütter zu werden. Es geht um mehr als das eigene Leben, nicht nur die eigenen Kinder sind gemeint.

Die Dynamik der Energie des Aspekts der Mutter ist die der völligen Auflösung. Es ist die Ankunft im Meer. Es geht nicht mehr um das Loslassen. Es geht um die vollkommene Bedeutungslosigkeit von Grenzen, Vereinzelung, oben und unten, Halten und Loslassen. Solange es noch um das Loslassen geht, geht es auch um die Angst vor dem Ertrinken. Der Aspekt Mutter ist die Erfahrung, daß du gar nicht ertrinken kannst. Diese Erfahrung kannst du erst machen, wenn du das Meer erreicht hast und in ihm aufgegangen bist.

Ich habe ihr daher als begleitendes Tier den Delphin zugeordnet. Delphine sind Lebewesen, die die Rückkehr ins Meer erfolgreich vollzogen haben. Sie sind laut Wissenschaft Säugetiere, die sich von einem Leben auf dem Land enttäuscht gezeigt haben und es vorzogen, sich wieder dorthin zu entwickeln, von wo einst alles Leben gekommen ist. Delphine sind besonders gut geeignet zu zeigen, daß es irgendwann im Leben nicht mehr darum geht, loszulassen, weil sie gar nichts haben und – das ist noch wichtiger – auch gar nichts benötigen, mit dem sie etwas festhalten können. Delphine sind das Symbol dafür, daß du mentale und seelische Qualitäten entwickeln mußt, wenn Materielles nicht mehr zur Verfügung steht, beziehungsweise nichts mehr besagt.

Das Totenkleid hat keine Taschen, sagen wir und wollen damit darauf hinweisen, daß alles Irdische, Besitz, Status, Ehre, eitler

Tand und dummes Hindernis, vergänglich und in Wahrheit wertlos ist. Der Delphin sagt dir, daß das eigentlich schon zu Lebzeiten gilt, denn der Reichtum besteht im Leben selbst und in der Fähigkeit zu nutzen, was da ist. Er sagt es dir in Heiterkeit, macht einen Sprung durch die Luft und verschwindet wieder in den Fluten. Da unten bleibt nichts an einem Fleck, darum kann auch niemand etwas besitzen. Aber es schwimmt halt immer wieder mal was vorbei, mit dem sich wunderbar spielen läßt.

Wenn alles eins ist, dann ist jedes Alleinsein unwichtig. Dann ist auch jedes Beisammensein unwichtig. Dann rechnest du ohne Taschenrechner, weshalb du auch wieder mit Taschenrechner rechnen kannst, weil du es ja auch ohne kannst. Denn es ist alles eins. Und das bedeutet, daß die Mutter dich damit vor Abhängigkeiten schützt und jeden Zwang zum Zwang aufhebt.

Die Mutter ist dein Zuhause, deine Geborgenheit, deine Sicherheit. Ihre Aufgabe ist, dich in die Freiheit zu entlassen. Du kannst nicht bei ihr bleiben. Darum schickt sie dich fort. Das ist der Inbegriff der Geborgenheit. Es ist alles eins. Sie ist so groß, daß du stets innerhalb ihrer Grenzen bist, ganz gleich, wie weit du fortgehst. Sie ist auch die Raben-Mutter, die dich aus dem Nest schmeißt, denn sie liebt dich über alles.

Es ist der Augenblick, in dem das Kind den Leib der Mutter verläßt, der charakterisiert, worin die wahre Erlösung besteht, wenn wir das Prinzip des Lebens als Prinzip der Mutter verstehen. Sie schenkt dir das Leben und zerstört damit eine Symbiose, die ihr beide glücklich miteinander gelebt habt, als du in ihrem Bauch warst und sie dein Universum. Aber darauf kommt es an. Sie treibt dich aus. Du verläßt sie. Sie ist dich endlich los. Du bist sie endlich los. Ihr seid beide frei. Und könnt euch nun begegnen von Angesicht zu Angesicht.

In der Welt der Patriarchen sieht es in Fragen der Erlösung ganz anders aus. Wenn der Vater sein Kind loswerden will, nagelt er es ans Kreuz.

Die Mutter muß ihre Kinder loslassen, muß sie ihrem Schicksal überlassen und kann nichts mehr für sie tun, es ist alles geschehen. Die Entwicklung nimmt ihren Lauf, die Schöpfung ist getan. Sie ist die urewige Mutter. Maria, Mari, Mare, das Meer. In einem solchen Element sind die Ordnungsprinzipien nicht so leicht erkennbar wie auf dem Land, das bis in kleinste Parzellen eingeteilt werden kann. Innen und Außen, oben und unten haben daher für die Mutter der Welt eine andere Bedeutung. Begriffe wie Oberflächlichkeit und Tiefe heben sich auf.

Wenn das Prinzip Mutter in dein Leben tritt, mußt du lernen zu verlernen. Alles, was Form und Namen hat, ist jetzt nicht mehr von Bedeutung. Die gesamte eigene Vergangenheit und die aller Zeiten und aller Lebewesen werden nun überdacht. Alle Erfahrungen aller Wassertropfen fallen in das Meer zurück.

Die Mutter sagt: „Das ist nicht das Ende. Es ist eine weitere Geburt." Das ist ihre Botschaft. Ihr Geschenk ist sie selbst. Sie sagt auch: „Ist das Leben nicht schön?"

Wenn der Aspekt der Mutter in dir erwacht, geht es keineswegs um das reale Kinderkriegen oder nicht. Es sind eher die Zeiten, in denen du zu verstehen beginnst, daß das Leben zyklisch verläuft und jedes Ende der Anfang von etwas Neuem ist. „Das Leben ist groß, ich bin es auch", sagt die Königin. Die Mutter stimmt zu und ergänzt: „Das Leben ist noch größer und weiter als du. Und das macht dich nicht kleiner, sondern auch größer und weiter."

Die Mutter muß wissen, daß sie nicht das Ende in einer Kette von Aspekten ist, sondern eines von vielen Bildern in einem Kreis. Auf den weiblichen Aspekt der Mutter folgt die Amazone, jene Gestalt, die einst in grauen Vorzeiten entstand und sich zu wilden, kämpferischen Gemeinschaften zusammenzuschloß, als die großen Mutterreiche unter dem Ansturm der Eroberer untergingen.

Dreizehnter Aspekt weiblichen Seins
DIE WILDE FRAU

Ich vollende. Ihr Tier ist die Sau.
Sie gibt dir die Unbezähmbarkeit.

Auf dem Meer der Ewigkeit fährt ein heruntergekommenes Schiff herum, das von einer sehr alten Piratin gesteuert wird. Sie ist kein schöner Anblick und riecht auch nicht gut. Und so soll es auch sein. Sie ist die freie Radikale. Die Spielverderberin. Die Unsymmetrische. Die Unbezähmbare. Eine Störenfrieda. Die wilde Frau. Sie ist nicht nett, nicht nachsichtig. Du kannst sie nicht bezaubern, nicht beschwatzen. Sie nennt Schwächen schwach und Stärken selbstverständlich. Sie ist nicht imstande, es irgendeiner leicht zu machen. Sie lebt nach dem Gesetz der Furien. Darunter dürfen wir uns nicht die bösartigen Geister vorstellen, zu denen sie im Lauf des Patriarchats gemacht wurden, sie sind vielmehr die alten matriarchalen Schicksalsgöttinnen. Furien, Moiras, Nornen. Wilde Frauen kommen oft dreifach daher. Wilde Frauen sind wenig beeindruckbar und reichlich nachtragend. Sie sind nicht nur auf dem Meer der Ewigkeit zu finden. Es gibt wilde Frauen zu Wasser, zu Land, in der Luft, und auch durchs Feuer springen sie zuweilen.

Die wilde Frau ist die dreizehnte Fee. Das liebe alte Mütterchen, das da oben in der Kammer saß, als die junge Dornrosa einem ihr selbst unerklärlichem Drang folgend an ihrem fünfzehnten Geburtstag die Tür zu dieser Kammer öffnete. Dieses Mütterchen, das sich so plötzlich und nachhaltig in eine hocherhobene schwarze Gestalt verwandelte, daß jede *drag-queen* vor Neid erblaßt wäre. Sie ist die Wolfsfrau, der Rotkäppchen begegnete. Können wir uns vorstellen, was die wilde Frau beim Anblick der sieben Zwerge gesagt hätte? Wie sie mit den Eltern von Hänsel und Gretel Tacheles geredet hätte?

Sie ist die dicke Frau ohne Gesicht, die sogenannte Venus von Willendorf, aber auch IxChel, die stolze Königin der Nacht, ebenso wie sie Pele ist, der ausbrechende Vulkan, Hekate, die Hüterin der unterirdischen Quellen, oder Baba Yaga mit ihren hinterlistigen Fragen. Sie ist die alte Indianerin mit dem Sack voller Knochen. Tochter der Finsternis, mit Blut beschmiert und feuerspuckend. Sie kann Öl ins Feuer gießen und hat eine Neigung, Unruhe zu stiften, die alles in Bewegung setzt. Sie ist das Chaos, die Finsternis, die Frau – wie die Definition des Pythagoras für das weibliche Prinzip lautete.

Die wilde Frau ist der Punkt im Kreis, daher ist ihre Bewegung konzentriert ruhend, sich durch Potenzierung ausdehnend. Sie ist es, die die Karten des Lebens immer wieder neu mischt und austeilt. Sie entert den Bereich jeder anderen Frau und belebt ihn mit ihrer unberechenbaren Unbezähmbarkeit.

Der Amazone begegnet sie als Rossebändigerin, die ihr haarsträubende Geschichten erzählt von den alten Zeiten, als sie vom Schwarzen Meer aus durch Kleinasien zog und wie sie damals auf einer kleinen Insel die geheimen Riten der Pferdegöttin Epona vollzogen, in denen ein weißes Pferd eine große Rolle spielte. Die Bäuerin erlebt sie als geheimnisvolle Reisende, die plötzlich an ihrem Gartenzaun steht und Bilder von der Wüste in ihr Herz senkt. Die Denkerin glaubt zuerst an einen Virus im Computer. Aber dann steht sie plötzlich mitten im Labyrinth und fühlt den kalten Lehm auf ihrer Haut trocknen.

Die Liebende begegnet einer leibhaftigen Wölfin und stürzt mit ihrer ganzen Seele in deren Augen. Die Königin geht mit den Löwinnen auf die Jagd. Die Wissende beginnt eine berührende Liebesgeschichte mit einem Baum. Die Händlerin handelt nach den eigenen Vorstellungen und kauft den Männern den Planeten Parzelle für Parzelle ab. Die Heilerin wird von einer Schlange gebissen. Sie untersucht die Wunde und schöpft aus ihr die Wahrheit.

Die Künstlerin singt Lieder von Frauen, die vergessen waren. Die alte Weise zählt alle Namen der Göttin auf, auf daß sie in die Welt zurückkehren. Sie ruft Kali, die große Erneuerin. Die Priesterin malt rote Vulven auf die Kirchentüren. Die Mutter schaut auf den abgewrackten Kahn, der auf dem Meer herumfährt, und auf die alte Piratin, die sich ein Pfeifchen angezündet hat. Sie setzt sich neben sie, und dann haben die beiden für lange Zeit nichts anderes zu tun als nichts zu tun.

Die wilde Frau kann viel für dich tun, auch wenn es keine transformatorischen Kräfte sind, mit denen sie dir in die Veränderung hilft. Sie ist Moira, das Schicksal, der mythische Hintergrund, die, die jedem Aspekt weiblichen Seins aus ihrem Zentrum heraus etwas zufallen läßt, diese gewissen unabsehbaren Folgen, die am Ende ganz folgerichtig sind. Moira, die alte und heilige Gestalt.

Die wilde Frau hat große Bedeutung für uns, denn sie tritt immer dann als hilfreicher Aspekt auf, wenn die patriarchale Anpassung die Grenze des Erträglichen erreicht hat. Wir alle brauchen ungefähr zwanzig bis dreißig Jahre, um die Gesetze unserer Gesellschaft zu verstehen und zu verinnerlichen. Und den Rest des Lebens benötigen wir, um wieder zu verwildern.

Unter Gesetz verstehe ich die Gebote, die helfen, daß wir am Leben bleiben. Das beginnt damit, daß wir unseren Schließmuskel beherrschen, das schöne Händchen geben, auf der richtigen Straßenseite fahren, unsere Rechnungen bezahlen. Mit unseren Aggressionen umgehen, die vielfältigen Formen der Selbstzerstörung vermeiden, Höflichkeit, Umsicht und Angemessenheit und so weiter. Das sind wichtige Dinge. Aber es gibt Zeiten, da meldet sich die wilde Frau und beginnt unangenehme Fragen zu stellen.

Die wilde Frau sagt: „Unser aller Weg führt wieder in die Wildnis." Sie holt dich in die Mitte des Kreises und bittet dich, alle zwölf Aspekte anzuschauen. Dann dreht sie dich um und um, bis dir ganz schwindlig ist. Sie schreit: „Behalt die Augen offen. Schau hin. Welche bist du?" Und wenn alle Aspekte, alle inneren Bilder weiblichen Seins zu einem verschwimmen, dann singt sie – was heißt singt, sie grölt – von den Zeiten, als es noch ein Abenteuer war, als Piratin die Meere zu befahren, und lauter kleine Schweine springen unter ihren Röcken hervor. Und sie sagt: „Schau nicht so. Wußtest du nicht, daß ich Circe bin, Kalypso von der Insel, die euch alle in Schweine verwandelt?" In dem Augenblick stellst du fest, daß dir ein Rüssel gewachsen ist, die Ohren ganz spitz und dicke schwarze Borsten auf prallem rosa Fleisch. Wurde auch Zeit.

Seit ich vor Jahren „Die wilde Frau" geschrieben habe, wollen Frauen von mir wissen, wie sie denn nun wirklich ist, die wilde Frau. Sie fragen nach den Gesetzen der Furien und gehen davon aus, daß es sich um hitzige, laute, wenig freundliche Kräfte handelt. Das ist, glaube ich, ganz anders. Das Unbezähmbare in uns kann auch die Anmut einer Gazelle haben. Oder lustig und fast ein wenig harmlos wie der Anblick eines Igels sein. Ich habe ihr als begleitendes Tier die Sau zugeordnet, um deutlich zu machen, daß es sich zwar um eine Kraft der Unbezähmbarkeit handelt, daß aber diese Kraft auch freundlich, lustig, anmutig und zuzeiten auch ganz still sein kann.

Meine Sau Lupita ist intelligent, freundlich und sehr gesellig. Aber sie ist völlig unbezähmbar. Sie versteht mehr menschliche Sprache als ein Hund. Aber wenn sie nicht will, ist sie einfach eine dumme Sau und durch nichts auf der Welt dazu zu bringen, auch nur zu erkennen zu geben, daß sie ein kluges Mädchen ist. Hier auf dem Schlangenberg ist sie die Kraft, die immer wieder und immer wieder auf neue Weise die Grenzen aller Erfahrung sprengt. Sie ist bei uns dafür zuständig, das Unerwartete zu tun.

Darum lag es nahe, daß sie zur Begleiterin der wilden Frau ausgewählt wurde. Aber im Grunde begleiten sie alle wilden Tiere. Wenn sie mit ihnen ist, können wir davon ausgehen, daß jedes Tier freiwillig mit ihr geht und keine Unterwerfung notwendig war, um es zu zähmen. Sie spricht mit ihnen. Sie lebt mit ihnen.

Auch die Moira, die Furie ist nicht zwangsläufig der laute Typ. Als Erinnya wird sie so wütend und zornig dargestellt, weil sie am Ende der matriarchalen Zeiten allen Grund hatte, zornig zu sein. In der „Orestie" wird erzählt, wie es war. Da wird Orest, der seine Mutter Klytämnestra ermordet hatte, für den Muttermord nicht bestraft, sondern freigesprochen. Das war bis dahin in der Antike die Unverzeihlichkeit, die über allem stand. Muttermord wurde sühnbar. Das Ende der Muttermacht war da. Vaterrecht wurde über Mutterrecht gesetzt. Darüber gerieten die Erinnyen, die alten Schicksalsgöttinnen, in große Wut, die bis heute angehalten hat.

Die wilde Frau ist alt, sehr alt, weitaus älter als alle patriarchalen Mythen. Nach dreitausend Jahren Vaterrecht ist sie wieder aufgetaucht. Sie war nicht umzubringen, nicht totzuschweigen. Sie hat Spuren hinterlassen, in den Höhlen von Lascaux und Altamira, in Geschichten und Brauchtum. Aber auch ohne diese Spuren wäre sie wieder aufgetaucht. Ganz plötzlich. Eines Tages. Niemals hätte Moira die Sache mit dem Patriarchat auf sich beruhen lassen. Dazu ist sie viel zu wütend über das, was geschehen ist.

Das Schicksal ist nachtragend, was gleichbedeutend mit vorausschauend ist.

III.

AUSSEN

In jedem Hafen
kannst du
was erleben

Wahr-Sagen,
Tatsachen schaffen
und andere Spiele
mit der Wirklichkeit

Erstes Kapitel
WIE FRAU IHR SEIN IN DIE WELT BRINGT

Es gibt eine Geschichte, in der ein Ritter in die Welt hinausziehen muß. Seine Aufgabe besteht darin, herauszufinden, was die Frauen eigentlich wollen. Er reist durch alle Länder. Er fragt zuerst alle Männer, die er trifft. Dann fragt er alle Frauen, die er trifft. Wie wir bereits vorausahnen, findet er es nicht heraus. So kehrt er unverrichteter Dinge nach Hause zurück und erringt nicht die Hand der schönen Prinzessin. Die Prinzessin hat ihm später freundlicherweise das Geheimnis verraten. Aber er hat es bis heute nicht verstanden. Noch immer glaubt er, daß die Vergeblichkeit seiner Bemühungen der Beweis dafür ist, daß Frauen nicht wissen, was sie wirklich wollen. Die Geschichte erzählt aber noch mehr. Nämlich daß die meisten Frauen – wenn nicht alle – entgegen allgemeinem Vorurteil wissen, was sie wirklich wollen. Die Geschichte erzählt sogar, was es ist. Und das hat etwas damit zu tun, daß keine es dem Ritter gesagt hat.

Was die Frauen wirklich wollen, ist Macht. Wenn du angesichts dieser Aussage erschrickst, wenn du abwehrst, wenn du es leugnest und nicht wahrhaben willst, lacht die wilde Frau und schickt dich fort. Für ein paar Jahre noch hast du vielleicht die Chance auf ein angepaßtes Leben, das du unbehelligt von den beunruhigenden Wahrnehmungen aus deinem Inneren führen kannst. Aber eines Tages ist alles wieder da. Dann näherst du dich den Wendepunkten deines Lebens, und es zieht dich hinaus aufs Meer. Vielleicht hast du Träume, in denen eine alte häßliche Piratin eine Rolle spielt. Oder du träumst von Pferden, Bienen, einer Schlange. Erinnerst dich plötzlich an alte Zeiten, in denen du noch wußtest, was du wirklich willst. Du schaust dich um, und das, was bis dahin gemütliche, geborgene Sicherheit war, erscheint dir auf einmal fadenscheinig wie eine zu lange getragene Jeans. Jetzt kommen die wirklich interessanten Zeiten deines Lebens. Zeiten der Macht.

Hätten die Frauen in der Geschichte von dem bemühten Ritter ihm erzählt, daß es Macht ist, die sie wollen, wäre sie ihnen auch schon entglitten und damit unerreichbar geworden. Sie hätten dem

Ritter mit dieser Information Macht über sich selbst gegeben. Das ist vielen Frauen nicht bewußt, daß die Macht der Sphinx in ihrem Geheimnis begründet liegt. Eine mächtige Frau muß den Unterschied zwischen Offenheit und Preisgabe lernen. Denken wir nur an die Anwältin, die mir erzählte, sie habe soviel zu tun, daß sie ihre Akten nicht mehr findet. Das ist eine Frage der Bewußtheit. Es geht ja nicht um die Omertá, das Schweigegelübde bei der Mafia, wenn eine Frau zu lernen hat, wann sie besser den Mund hält, wenigstens so lange, bis sie weiß, wovon sie spricht.

Zu gegebener Zeit hat die Prinzessin dem armen Ritter ja verraten, was die Frauen sich wünschen. Aber eben erst, als sie es für richtig hielt, und vor allem hat sie es ihm gesagt, und damit war es gut. Sie saß nicht noch nächtelang mit ihm zusammen, um es ihm wieder und wieder zu erklären. Ihre Erwartung, daß er sie und ihre Beweggründe verstehen möge, war gleich null. Das ersparte ihr nicht nur den Zustand leiser Verzweiflung, den alle kennen, die ahnungslos und gutwillig in die Falle der heimlichen SpielmacherInnen rennen. Es beließ ihr Selbst im Zentrum des Kreises und damit sie selbst samt Ich und allen bewußten und unbewußten Instanzen im Zustand der Eigen-Macht. Die wiederum verschafft dir Bewußtheit, Erkenntnis deiner Selbst.

Die meisten Frauen nähern sich den Wendepunkten in ihrem Leben wie Schlafwandlerinnen und kreisen dort wie eine Schiffsplanke im Strudel, der sie nach unten zieht. Sie fühlen sich hilflos, machtlos. Das finden sie dann auch wieder nicht gut, denn es ist mit großer Angst verbunden. Es kostet viel Kraft, dem Sog nach unten zu widerstehen. Es ist vergeblicher Kraftaufwand. Der Sog ist stärker, denn es geht um das Gefühl von Hilflosigkeit und Machtlosigkeit. Das ist die Voraussetzung für Macht. Du mußt dich verlieren, um dich zu finden. Besser ist es natürlich, wenn du dich den Wendepunkten in großer Bewußtheit und Klarheit nähern kannst. Aber an dem Gefühl von Hilflosigkeit und Machtlosigkeit auf dem Weg nach unten ändert es nichts. Sonst kommst du ganz unten nicht an, und das ist die Voraussetzung, um wieder aufzutauchen. So wirst du nun einmal das Alte los und gibst dem Neuen, Unbekannten in deinem Leben Raum.

Du mußt überdies wissen, wie du die Macht erlangst, wie du sie dir erhältst und wie du sie für dich und andere so nutzt, daß es allen wohl ergeht. Denn das ist der Unterschied zwischen hierarchischer Männermacht und der Macht der dreizehn Aspekte weiblichen Seins. Die Definition weiblicher Macht geht von dem Symbol des Kreises mit einem Punkt in der Mitte aus. Von diesem Standpunkt aus kannst du keine Hierarchien aufbauen, wohl aber Machtpositionen. Wenn nun auch der Unterschied zwischen hierarchischer Männermacht, die über andere herrschen muß, und egalitärer Frauenmacht, die andere in ihren Kreis hineinzieht und so zur Stärkung aller beiträgt, oft genug deutlich gemacht worden ist, erscheint es mir dennoch angebracht, darauf hinzuweisen, daß die Definition weiblicher Macht sehr wohl die Führungsposition kennt. Diese erwächst aus Autorität und Kompetenz.

Autorität kannst du im Kreis von Frauenmacht nur haben, wenn du als solche Anerkennung findest. Du kannst es nicht erzwingen, nicht erschwindeln, nicht erarbeiten. Anerkennung für das, was du bist und tust, erhältst du nicht auf die altbekannte patriarchale Weise. Du kannst noch so fleißig sein, noch soviel Aufwand betreiben, noch so sehr nach oben buckeln und nach unten treten. Auf diese Weise wirst du vielleicht Abteilungsleiterin, aber keine anerkannte Autorität. Die setzt Kompetenz voraus. Kompetenz ist mehr als Professionalität. Die Wissende ist nur die *consigliera* der Königin. Diese wiederum wird nur geliebt, wenn sie auch liebt. Es gibt so etwas wie Gerechtigkeit in den Resultaten der Beziehungen. Auf die Dauer bekommen wir nicht mehr, als wir zu geben gewagt haben. Das dürfen wir nicht mit dem buchhalterischen, aufrechnenden Blick verwechseln. Die mächtige Frau, deren Selbst sich durch die dreizehn Aspekte in ihrem Inneren offenbart, sieht das eher berechnend, und das ist ein bemerkenswerter Unterschied. Denken wir an den Aspekt der Händlerin und die Dynamik ihrer Lebensenergie. Es ist dieses Aufdrehen des von der Wissenden gebündelten Lasers, dessen Kraft sich drehend fächert wie ein Kreis, der immer weiter und weiter wird. Hier nehmen wir dieses Bild als Ausdruck einer Kompetenz, die ganz selbstverständlich die Anerkennung der Autorität zur Antwort bekommt.

Betrachten wir den Kreis der dreizehn Aspekte, so wird deutlich, daß kein Aspekt die Kompetenz der anderen Aspekte in Frage stellen will, kann und wird. Keine muß alles können oder etwa alles gleich gut können. Alle anderen sind auf die Kompetenz jedes einzelnen Aspekts angewiesen. Es ist leicht nachzuvollziehen, daß dies nur funktioniert, wenn jeder Aspekt selbstbewußt und sich seines Wertes bewußt ist. Wir könnten auch sagen, in seinem eigenen Zentrum ruht. Auf diese Weise können alle Kräfte sich aufeinander beziehen. Hier nun beginnen die feinen Unterscheidungen der Sprache in bezug auf die Begriffe „in Beziehung treten" „bezogen sein auf" und „eine Beziehung haben". Zentrierte Kräfte treten in Beziehung zueinander. Sie beziehen sich auch aufeinander, d.h. sie leben in Bezogenheit. Aber sie haben keine Beziehung miteinander, d.h. sie sind nicht abhängig voneinander. Sie projizieren nicht.

Bezogenheit aufeinander bedeutet Anerkennung der Tatsache, nicht allein zu sein, freiwillige Verantwortung für sich selbst zu tragen und dabei andere nicht zu vergessen. Wenn wir es dabei belassen, daß die Königin sagt: „Wenn jede an sich denkt, ist an alle gedacht", dann müssen wir bedenken, daß das zwar wichtig, aber nicht alles ist. Es ist auch notwendig, an andere zu denken, denn wir sind nicht nur eigen-mächtige, sondern auch soziale Wesen.

Bezogenheit hat etwas damit zu tun, mit anderen in Verbindung zu bleiben und dennoch frei zu handeln. Auf diese Weise entstehen Leitsysteme, die einen großen Austausch an Kräften ermöglichen, weil der Kontakt nicht abbricht. Um aufeinander bezogen zu sein, müssen Frauen zuerst in Beziehung zueinander treten. Wenn du dir nun den Kreis der dreizehn Aspekte in deinem Inneren vorstellst, wird es dir leichtfallen zu bemerken, daß der Begriff „in Beziehung zueinander treten" der Konjunktion, also dem Nebeneinander zweier Aspekte entspricht. Eine Beziehung haben die beiden schließlich miteinander, wenn sie sich in der Opposition gegenüberstehen. Dann hängen sie aneinander, und ihre Beziehung hat etwas Ausschließliches, wie es solche polaren Verhältnisse nun einmal an sich haben. Zwischen diesen beiden Beziehungsformen gibt es jede Menge Bezogenheit auf andere Aspekte weiblichen Seins. Mit einigen ergeben sich dreieckige Verbindungen, mit anderen läuft es auf ein Viereck hinaus. Wir kennen sogar interessante Bilder der Bezogenheit, die einem Pentagramm ähneln. Das ist ein Wechselspiel, dessen Botschaft lautet: Nichts bleibt, wie es ist, weil alles sich bewegt, aber nichts wird jemals wirklich anders. Das ist am Ende auch beruhigend.

Dieses Prinzip deines Innenlebens läßt sich gut und konstruktiv auf deine Lebensansprüche und auf Frauengemeinschaften und ihre besonderen Bedürfnisse nach eigenen Strukturen übertragen. Dies ist ein weites Feld, auf dem sich ganz neue Denk- und Seinsformen entwickeln lassen. Ich bin sicher, daß wir eines Tages die brauchbaren Früchte der Arbeit femininistischer Juristinnen genießen werden, die imstande gewesen sind, dieses Modell der dreizehn Aspekte weiblichen Seins in anerkanntes Gesellschaftsrecht umzusetzen, das es uns ermöglicht, Frauenprojekten den angemessenen Rahmen zu geben, damit sie nicht auf patriarchale Korsetts zurückgreifen müssen, die am Ende alles wieder kaputtmachen, was wir an umwälzenden Ideen in die Welt setzen.

Das Bedürfnis nach eigenen, weiblichen Interessen dienenden Strukturen macht vor allem eines deutlich: Die Strukturen der Außenwelt, die du vorfindest, sind patriarchale Strukturen. Das erscheint den meisten als so selbstverständlich, daß sie vielleicht kaum verstehen werden, warum ich dies so betone. Anderen erscheinen sie so unerträglich, daß sie mit ihnen nichts zu tun haben wollen. In beiden Fällen ist es aber doch von Vorteil, sich mit den patriarchalen Strukturen auseinanderzusetzen. Denn patriarchale Strukturen zwingen dich, im Außenleben und in deinem Innenleben nach Regeln und Normen zu denken und zu handeln, die nicht die deinen sind und nicht dazu dienen, dir auf irgendeine Weise Gutes zu tun. Wenn eine sich darüber noch aufzuregen vermag, hat sie noch ein gutes Stück des Wegs vor sich. Ärger und Verdruß darüber sind solange gut, wie sie dazu dienen, aufzuwachen. Darüber hinaus sollte eine Frau diese Kräfte kanalisieren, damit sie die patriarchalen Strukturen verändern kann, anstatt zu lamentieren und ihre Kräfte im Fordern zu verschleißen. Besser, du lernst über die patriarchalen Strukturen, was es zu lernen gibt, damit du von der Reagierenden zur Agierenden werden kannst. Das heißt, du wendest die patriarchalen Gesetze dann in aller Gelassenheit an, um dein eigenes System zu etablieren. So werden aus patriarchalen Strukturen irgendwann matriarchale Strukturen.

Wenn Frauen ihr eigenes Sein in die Welt bringen wollen und immerhin schon so weit gekommen sind, daß sie die dreizehn

Aspekte weiblichen Seins zur Entwicklung stabiler weiblicher Identität genutzt haben, dann müssen sie die Kraft, die ihnen daraus erwächst, nutzen, um die Regeln, die das Patriarchat für Frauen vorgesehen hat, lustvoll und kaltblütig zu brechen. Denn genau darauf kommt es an. Die meisten Frauen haben das Gefühl, sich an die allgemeinen Regeln halten zu müssen oder sie auf ihrem Feld zu bekämpfen. Im ersten Fall handeln Frauen gegen ihre eigenen Interessen, im zweiten verbrennt ihre Kraft in der Vergeblichkeit des Versuchs, einen Ochsen melken zu wollen.

Es ist etwas Seltsames daran, daß Frauen so erpicht sind, Regeln einzuhalten und Sicherheit und Frieden für höherwertig zu erachten als Chaos und Freiheit. Vielleicht ist es gerade dieses Prinzip der Autorität im Kreis von Autoritäten, das sie dafür so anfällig macht. Das ist schade, denn für die Anerkennung der Einhaltung aller Regeln erhalten wir höchstens eine Rente, aber niemals die Wonnen der Früchte, die uns die Eigen-Macht einbringt, wenn nichts und niemand uns reglementiert und wir nur unser eigenes Maß bestimmen lassen.

Hariet Rubin weist in ihrem Buch „Machiavelli für Frauen" darauf hin, daß Frauen in den Zeiten, wenn alle üblichen gesellschaftlichen Regeln außer Kraft gesetzt oder zusammengebrochen sind, zu den erstaunlichsten Gestalten mutieren. Sie werden Widerstandskämpferinnen, Spioninnen, Aktivistinnen, Handwerkerinnen, Generaldirektorinnen. Wir sollten nie vergessen, daß Regeln uns reglementieren. Im Fall von Frauen und Patriarchat ist das ein Gefühl wie Miederhöschen, Stöckelschuhe, enge Röcke, lange Fingernägel und komplizierte Frisuren. Sieht alles ganz nett aus, aber wenn es darauf ankommt, bist du damit höchstens dekoratives Ornament. So richtig ausholen kann eine nicht, wenn sie ständig reglementiert, das heißt in ihrer Kraft zurückgehalten wird.

Überleg nur mal, wieviel deiner Lebensenergie täglich an Gedanken und Gefühle gebunden ist, die sich mit der Akzeptanz oder Fragwürdigkeit deiner äußeren Erscheinung beschäftigen. Hinzu kommt die Menge an Lebensenergie, die du benötigst, um den Boden gesellschaftlicher Anerkennung nicht zu verlassen und die Erwartungen von Eltern, Arbeitgebern, GattInnen, FreundInnen und NachbarInnen in bezug auf weibliches Sein zu erfüllen. Dann rechne noch die Energie dazu, die dafür draufgeht, für alle die mitzudenken und mitzufühlen, die von deinem Sein oder deinem Tun betroffen sind. So eingeengt kommen wir nicht weit. Weiblichkeit wird seit einigen tausend Jahren als Bedrohung angesehen. Darum sah das Patriarchat sich offensichtlich genötigt, sie mit eigentümlichen Regeln klein und eng zu halten. Wir dürfen nicht vergessen, daß Regeln immer den Vorstellungen derer dienen, die sie erlassen haben. Das macht diese Regeln so verwerflich für uns Frauen. Im Kreis der dreizehn Aspekte weiblichen Seins passen wir einfach nicht mehr in diese Kategorien und schaffen schlichtweg neue, unsere.

Der Kreis der dreizehn Aspekte ist ein Kreis von Kräften, die dir aus der Archesphäre zufließen. Das sind große Kräfte, die nach kräftigem Ausdruck verlangen. Du kannst davon ausgehen, daß allein schon dadurch das eine oder andere Reglement zur Eindämmung von Frauenkraft platzt und dir damit mehr Raum zum Sein verschafft, als du je für möglich gehalten hast. Das wahre Selbst ist es, das dir diese Kräfte zufließen läßt, so daß es dir möglich ist, das Leben nicht mehr als Überlebenskampf zu begreifen, sondern als dein sich ausdehnendes Universum. Aber es ist völlig klar, damit sind erst die Voraussetzungen geschaffen, die in ein lustvolles Leben nach weiblichen Kriterien führen.

Meine Sehnsucht, daß die Frauen-Universen in Ausdehnung sich vermischend dieser Welt hinzufügen mögen, was dieser Welt so dringend fehlt, ist unendlich groß. Es ist alles vorhanden. Die Schleusen müssen nur geöffnet werden. Und dann muß eine wissen, wie sie sich mitteilt, einbringt und nicht umbringt. Es gibt einiges zu lernen, das dir in den Häfen, die du auf der sai-vala anläufst, für dich nutzen kannst. Ich spreche von dem Wunder der Kommunikation. Kommunkation ist der Fluß von Geben und Nehmen auf allen Ebenen menschlichen Seins.

Die Regeln des Patriarchats, die verhindern, daß Weiblichkeit den Raum einnimmt, der ihr zusteht, sind alle die, die Polarität erzeugen und uns darin festhalten. Du brauchst die polaren Verhältnisse nur zu verlassen. Versuch gar nicht erst, dich warm anzuziehen und auszuharren. Auf diese Weise kannst du nur verlieren, dein Sein kommt auf diese Weise niemals in die Welt, und die Verhältnisse werden immer nur die sein, die du vorfindest, und keine, die du schaffst. Ziehst du jedoch alles in deinen Kreis hinein, kannst du verändern, was verändert werden muß. Plötzlich bist du es, die die Regeln aufstellt.

Ich will dies mit einigen Geschichten erläutern, in denen es um das Maß aller Dinge geht. Vielleicht sind die Geschichten wahr, vielleicht erfunden. Es spielt in diesem Fall keine besondere Rolle. Da gibt es die Geschichte einer Frau, die viel verlor, weil sie zuviel bekam. Diese Frau benötigte Supervisionsstunden für ihre Ausbildung. Weil sie für sich nur das Beste wollte, ging sie zu einer Lehrerin, die zu den Besten zählte. Sie bat um Stunden, sagte aber gleich, daß sie nur sehr wenig Geld dafür zahlen könne. Die Lehrerin überlegte nicht lange und sagte zu. Nach einigen Monaten berichtete die Frau der Lehrerin, daß sie ihren Kolleginnen erzählt habe, daß sie bei der Lehrerin Stunden nähme. Und bei der Gelegenheit, sagte sie, habe sie der Kollegin gesagt: Wo sonst bekomme ich soviel Wissen für sowenig Geld. Da wußte die Lehrerin, daß sie selber noch einmal eine Schülerin werden mußte, und begann viel über Wertschätzung zu lernen. Niemals wieder war der Preis ihrer Stunden unter ihrem Wert.

Ich erzähle diese Geschichte immer wieder, weil sie etwas darüber sagt, wie Frauen ihr Sein in die Welt bringen. Die Reaktionen meiner Zuhörerinnen sind mindestens so interessant wie die Geschichte. Eine sagt: „Die Frau wollte damit ihr Qualitätsbewußtsein ausdrücken." Eine andere: „Das ist schade, nun müssen andere Frauen, die wenig Geld haben, mehr zahlen und kommen nicht mehr in den Genuß sozialer Preise." Eine dritte: „Die Frau muß lernen, die Lehrerin wertzuschätzen, drum finde ich richtig, wenn sie in Zukunft den vollen Preis für eine Stunde zahlt."

Ich bin der Ansicht, daß die Frau gar nichts lernen muß, die Lehrerin dagegen noch sehr viel. Sie muß lernen, sich selber wertzuschätzen, das löst alle Probleme aller Beteiligten. Wenn sie ihr Maß bestimmt, dann steht der Wert ihrer Arbeit fest. Wenn andere diesen Wert erkennen können, können sie ihn anerkennen (oder auch nicht). Wenn nun die nächste Schülerin kommt, die weniger Geld hat, als eine Stunde kostet, wird sie sich etwas einfallen lassen müssen, um ihrer Wertschätzung Ausdruck zu verleihen. Die lernende Lehrerin wird wissen, wann der Ausgleich geschaffen ist.

Die zweite Geschichte, in der es um das eigene Maß geht, spielt in der bunten Szene der Frauenseminare. Auch hierbei geht es wieder um das Äquivalent Geld. Das ist zwar eine vergleichsweise primitive Form der Energie, aber wir sind alle daran gewöhnt, und darum läßt sich mit ihr vieles deutlich machen. Und als kleiner, aber nicht unbedeutender Nebeneffekt läßt sich an Geldgeschichten lernen, wie eine die wichtigsten patriarchalen Regeln bricht und gegen weibliche austauscht. Die wichtigsten patriarchalen Regeln in bezug auf Frauen sind immer rund um das Geld und seine Schein-Bedeutungen aufgestellt.

Die bunte Szene der Frauenseminare handelt mit einer sehr empfindlichen Ware, die sich ständig wandelt und schwer greifbar ist. Es ist das Wissen um das, was Frauen stark macht. Selbstverständlich gibt es Ware unterschiedlicher Qualität. Und das ist gut so. Denn es gibt auch unterschiedliche Ansprüche und Bedürfnisse. Aber eins steht fest: Jede Ware hat ihren Preis. Den Preis bestimmen verschiedene Leute. Da sind einmal die Veranstalterinnen solcher Seminare. Das sind in der Regel Frauen-Institutionen, die vom Fluß öffentlicher Gelder abhängig sind, und der ist ein dünnes Rinnsal, wenn es um Frauen-Angelegenheiten geht. Dann ist da die Referentin, die die Ware praktisch produziert. Und dann die Teilnehmerinnen einer solchen Veranstaltung, die nur dann kommen, wenn sie es sich leisten können und wollen. Jede bewertet die Ware anders. Das hängt vom Standpunkt und Blickwinkel der einzelnen ab. Die Referentin lebt davon. Tut sie es nicht, ist es also nur eine Nebenbeschäftigung, wird sie ihre Seminararbeit anders einschätzen, als wenn sie eine sogenannte Professionelle ist, aber auf jeden Fall braucht sie Geld. Die Veranstalterinnen wollen möglichst lange mit ihrem dünnen Frauenkultur-Rinnsal auskommen. Die Teilnehmerinnen wollen, daß ihnen noch Geld für einen Pullover oder ein Cher-Konzert bleibt. Mit dem Wert der Ware hat es bei allen dreien nichts zu tun, sondern mit ihren jeweiligen Interessen.

Welchen Wert wir der Ware Seminar beimessen, zeigt sich erst, wenn der Konflikt da ist. Das ist der Segen des Unfriedens. Es läßt sich wunderbar daran lernen. Nehmen wir also an, das Seminar fällt aus, weil sich nur eine oder zwei Frauen angemeldet haben. Nehmen wir weiter an, daß die Referentin nicht gerade die Volkshochschulleiterin aus derselben Stadt, sondern eine Frau aus einem entfernteren Ort ist, von dem aus sie anreisen muß. Die

Teilnehmerinnen, die gar nicht erst welche geworden sind, haben es in diesem Fall leicht. Sie sind raus aus dem Konflikt. Aber die anderen kommen jetzt zum Handkuß. Die Veranstalterin will kein Honorar zahlen für etwas, das nicht stattfindet. Die Referentin hat einen Verdienstausfall mit und ohne Reisekosten, je nachdem. In einer patriarchalen Lösung finden sich Streit und Hader. Denn die patriarchale Lösung findet auf der Ebene der rationalen Fakten statt, während auf der emotionalen, der Beziehungsebene destruktiver, polarer Krieg geführt wird, eine Art Tauziehen. Das ist ein häßlicher Krieg, der Wunden schlägt und viele geweinte wie ungeweinte Tränen mit sich bringt. Die Argumente der Veranstalterinnen könnten sein: Wir sind auf den Verzicht des Honorars angewiesen, denn wir haben zuwenig Energie, Kraft, Materie, Geld, um unsere Seite der Abmachung einzuhalten. Wir bieten dir zum Ausgleich das Lob, daß du dich solidarisch mit uns erklärt hast.

Die Referentin könnte dagegen halten: Wie komme ich dazu, eure Mißwirtschaft mit meinem Verzicht auf mein Honorar zu finanzieren. Lernt gefälligst euer Handwerk, liebe Projektfrauen. Wenn sie einen Sinn für Sarkasmus hat, wird sie ihnen ein Seminar zum Thema „Frauen und Geld" anbieten. In jedem Fall kann bei diesem Streit höchstens herauskommen, daß eine Seite ihr Recht bekommt, was der anderen nicht gefallen wird.

Ich denke, es ist auch in diesem Fall die Referentin, die die schlechteren Karten hat. Das heißt, sie ist es, die die eigene Ware nicht wertschätzt. Solange sie für volle Häuser gesorgt hatte, waren die Veranstalterinnen begeistert. Sie hatte das für Wertschätzung ihrer Arbeit gehalten, was es aber keineswegs war, sondern lediglich Bestätigung der Existenzberechtigung der Veranstalterinnen. Indem sie die Wertschätzung aus dem Außen erwartet hatte, war sie aber nicht da, denn sie war nicht in ihr. Warum sollen andere etwas wertschätzen, was du selber nicht zu schätzen weißt?

Was kann nun eine Frau, die ihre dreizehn Aspekte weiblichen Seins beieinander hat, tun, um eine eigen-mächtige Lösung zu finden? Wie kommen die dreizehn Aspekte zum Zuge und ihr Sein in die Welt? Ich wähle aus naheliegenden Gründen den Standpunkt der Referentin und will zeigen, wie sie lernen kann, ihre Ware wertzuschätzen. Dies ist die eigentliche Ursache für diesen unangenehmen, aber lehrreichen Konflikt.

Die alte Piratin läßt mit Hilfe ihrer Zahnlücke einen gellenden Pfiff ertönen. Der Reihe nach erscheinen die Bäuerin, die Denkerin, die Liebende, die Königin, die Wissende, die Künstlerin, die alte Weise und die Händlerin. Sie blicken wahrscheinlich alle ein wenig spöttisch auf diese bemühte, aber nicht besonders gute Schülerin des Lebens. Schauen wir, was sie ihr zu bieten haben, um ihr etwas über den Selbstwert beizubringen.

Die Bäuerin hat. Und nicht nur das, sie genießt, was sie hat und was daraus erwächst. Wenn die Referentin nun antwortet, daß das, was sie anzubieten hat, ja nichts Materielles ist, auf das eine ja vielleicht stolz sein könne, dann gibt ihr die Denkerin den kleinen Tip, daß auch Träume greifbarer Stoff sind. Die Liebende macht sie darauf aufmerksam, daß nur die Dinge wirklich belohnt werden, die in Liebe getan werden. Die Künstlerin gibt ihr die Erfahrung der Ehrung als eine Form der Anerkennung. Die Wissende erzählt ihr von Meisterinnenschaft, und die alte Weise fragt sie, ob sie den Wert der Zeit kennt. Die Händlerin dann gibt ihr das Maß.

Was kann eine Schülerin des Lebens mit solchen Botschaften anfangen? Ich will alle die ansprechen, die jetzt gern eine präzise Anweisung hätten, nach der sich lernen läßt, wie eine mit ihrer Arbeit wertschätzend verfährt. Präzise Anweisungen kann es nicht geben, denn dazu müßte eine patriarchalen Gehorsam entwickeln, um sie zu befolgen. Die matriarchal konzentrierte Frau kann nichts tun, als sich selbst zu erlauben daß die Botschaften der inneren Aspekte ihr Bewußtsein und ihr Herz erreichen können. Der Rest entwickelt sich. Am Ende wird die Referentin die Möglichkeit haben, in Zukunft bessere Verträge abzuschließen, die ihr eine Entschädigung bei Verdienstausfall beschaffen. Aber das ist ja in Wahrheit nicht der Punkt. Wenn sie Wertschätzung für ihre Arbeit fühlt, wirklich fühlt, dann ist es anderen unmöglich, dies nicht zur Kenntnis zu nehmen. Dazu müßte sie nicht einmal sprechen. Es zeigt sich in ihrer Körperhaltung, ihrer Aura (sprich sie umfließende Energie und Ausstrahlung), ihrer Stimmlage und so weiter.

Um ein weiteres praktisches Beispiel geht es in der nächsten Geschichte. In dieser haben sich zwei Frauen zusammengetan und sich ein Stück Land mit zwei kleinen Häuschen darauf gekauft. So weit, so gut. Nach einigen Jahren ist die Beziehung zu Ende. Die Frauen gehen auseinander. Was geschieht nun mit dem Stück Land und den beiden Häuschen? Die Optionen sind folgende: Beide bleiben wohnen und wandeln ihre Beziehung in Freundschaft. Beide gehen fort und bieten das Anwesen zum Verkauf. Oder nur eine geht fort. Die andere bleibt und zahlt die eine aus. Um die Geschichte spannender zu machen, schließen wir die erste Option aus, denn die beiden sind sehr zornig aufeinander. Eine Freundschaft kommt nicht in Frage. Die zweite Option entfällt auch, denn daraus läßt sich nichts lernen. Behaupten wir also, daß die beiden auf ihrem Stück Land etwas geschaffen haben, das unbedingt erhalten bleiben muß, und daß dies nur sichergestellt ist, wenn eine von beiden dort bleibt. Wir wählen also die konfliktträchtige dritte Option. Der Streit beginnt. Gestritten wird darum, wann und wieviel diejenige, die fortzieht, an Geld bekommt, damit das Stück Land in den Besitz der Bleibenden übergeht. Die Fortziehende will die Hälfte des Werts und zwar sofort, möglichst noch gestern. Die Bleibende weiß nicht, woher sie es nehmen soll, und braucht Zeit, um das herauszufinden. Auch erscheint ihr aus Gründen, die wir gleich kennenlernen werden, die Hälfte des Werts zu hoch. Polarer geht's nicht.

In der patriarchalen Form des Konflikts fliegen die Fetzen. Da werden Ordner mit Baugenehmigungen gestohlen, da werden Anwälte fett. Behauptungen werden aufgestellt und widerlegt. Neue Behauptungen folgen. Werden wieder widerlegt. Behauptungen, Gegenbehauptungen. Drohungen ausgesprochen. Prozesse geführt. Es wird aufgerechnet, und zwischen beiden steht ein großer Tisch. Beide Frauen haben das Gefühl, daß sie gegenseitig über denselben gezogen werden. Wieder ist es nur scheinbar die klare Welt der Fakten, die zählt. In Wahrheit tobt ein Vernichtungskrieg auf der emotionalen, der Beziehungsebene. Selbsterniedrigende versteckte Boshaftigkeiten, Formen der passiven Aggression und Verlagerung des Zorns durch Projektion auf die andere. Sie wird zur bösen Frau erklärt. Die mit der geringeren Beißhemmung gibt Tempo und Art der Waffen vor. Sie ist das Messer. Die andere reagiert. Sie ist die Wunde. Das ist eine Tragödie, über die alle untröstlich sein sollten, denn sie vernichtet alle Liebe, die zwischen beiden Frauen vielleicht einmal gewesen ist.

Dieser Fall ist den zahllosen unschönen Trennungen heterosexueller Ehen ganz vergleichbar, bei denen es um Unterhalt, Sorgerecht für die Kinder und andere Kriegsschauplätze geht. Alles, was es an konstruktiven patriarchalen Lösungen gibt, ist der Einsatz von Mediatoren. Das ist zwar besser als offener Krieg, aber leider verhindern sie auch, daß die Streitenden etwas lernen. Im offenen Krieg verlieren beide Parteien, weil die Person mit der geringeren Beißhemmung und der größeren Macht über die andere gewinnt. Mediatoren sorgen dafür, daß beide Parteien zwar nicht verlieren, aber auch nicht gewinnen. Das ist weniger schmerzhaft, aber der Groll rast im Untergrund weiter und frißt an beiden.

Ganz anders sieht es aus, wenn es ein Machtkampf nach Frauenart ist. Die Frau mit den dreizehn schlafenden inneren Aspekten sorgt dafür, daß beide Parteien gewinnen. Das geht so:

Nehmen wir einmal an, es handelt sich um die Bleibende, wobei es genausogut die Fortziehende sein könnte. Die Bleibende also tut zuerst einmal das, was eine in Zeiten der Not immer tun sollte. Sie kocht ein gutes Essen. Sie hält einen guten Wein bereit. Und lädt viele Freundinnen zu einem großen Fest. Singen und tanzen, gut essen und feiern, wenn die Not am größten ist, ist das Beste, was du tun kannst, um die schlafenden Aspekte zu wecken, die helfen können.

Sie bittet alle dreizehn um Hilfe bei einer guten Lösung. Die Amazone erklärt sich bereit zu kämpfen. Sie sagt: „Sobald die Königin mir ein Zeichen gibt, bin ich bereit.“

Die Denkerin steht der Amazone zur Seite und sagt: „Dein Wille zum Sieg ist viel wert. Aber denk gut darüber nach, welche Strategie dich zum Sieg führt.“

Die Liebende sagt: „Vergiß nicht, deine Gegnerin ist deine Schwester. Tu ihr nicht weh.“

Die Königin sagt: „Tu ihr nicht unnötig weh, und tu ihr nicht willentlich weh.“

Die Heilerin sagt: „Du kannst erst dann gewinnen, wenn du bereit bist, alles zu verlieren.“

Die alte Weise sagt: „Sei vorsichtig mit dem, was du tust. Das Problem besteht nicht darin, das Stück Land zum richtigen Zeitpunkt und für den richtigen Wert zu erwerben. Das Problem ist, was machst du, wenn du es erworben hast. Wirst du diese Verantwortung allein tragen können und wollen? Frag dich das jetzt, denn wenn du es erworben hast, ist es zu spät.“

Die Wissende sagt: „Es ist eine kosmische Gerechtigkeit, daß wir in Wahrheit immer nur soviel bekommen, wie wir zu geben gewagt haben."

Die Händlerin sagt: „Meine Krähe hat eine Karte gezogen. Schau was darauf steht."

Die Frau blickt auf die Karte und liest: „Du kannst das Maß der Dinge solange nicht bestimmen, solange du es nicht kennst. Wie sollst du wissen, wieviel ‚Soviel wie nötig' ist, wenn du niemals die Erfahrung gemacht hast, wieviel mehr als genug ist?"

Da geht die Frau hin und schreibt einen Brief. Darin steht:

Liebste, Du kannst nur soviel bekommen, wie du zu geben gewagt hast. Es ist eine alte Weisheit. Ich habe lange und sorgfältig darüber nachgedacht, wieviel Anteil an unserem gemeinsamen Stück Land ich daher verdient habe. Ich habe herumgerechnet und bin mir dessen bewußt geworden, wieviel an Lebenskraft ich dir gegeben habe und wieviel du mir gegeben hast. Jede hat der anderen soviel gegeben, wie sie konnte. Jedoch habe ich festgestellt, daß ich dir mehr gegeben habe als du mir.

Dann habe ich auch noch mein Gefühl befragt, und es sagte mir, daß wir beide dem Land soviel Liebe gegeben haben, wie jede konnte. Aber ich wußte plötzlich, daß meine Liebe zu diesem Stück Land größer war und ist als deine.

Ich bin zu folgendem Ergebnis gekommen. Ich habe zwei Drittel des Anwesens verdient. Du jedoch nur ein Drittel. Dies entspricht meinem inneren Wissen. Ich will nicht mehr, als ich verdient habe, aber auch nicht weniger, denn das ist eine Frage meiner Wertschätzung, der Wertschätzung meiner und deiner Person, meiner und deiner Arbeit, deiner und meiner Liebe.

Weil ich aber nicht weiß, wie du darüber empfindest, und weil ich darauf vertraue, daß auch du mit deinem inneren Wissen ebenso Kenntnis davon hast, wieviel eine jede von uns verdient hat, überlasse ich dir die Entscheidung. Darum darfst du bestimmen, wann und mit welcher Summe ich dich auszuzahlen habe. Du kannst das ganze Anwesen geschenkt bekommen. Du kannst es mir schenken. Du kannst die Hälfte haben oder ein Drittel, wie ich meine, daß es dein Verdienst ist. Du hast es jetzt in der Hand.

Denk gut nach und triff dann deine Entscheidung. Ich werde mich daran halten, koste es, was es wolle. Deine Liebste.

Ich lasse in dieser Geschichte offen, wie die Liebste sich entschieden hat und ob sie ebenfalls der Ansicht ist, daß die eine zwei Drittel und sie selbst nur ein Drittel verdient hat. Es geht nicht darum, eine richtige Lösung zu finden, denn alle Lösungen, zu denen die zwei kommen können, sind richtig. Die Briefschreiberin hat ihre Gegnerin in ihren Kreis geholt und dort mit ihrer eigenen Eigen-Macht gestärkt, so daß sie eine Entscheidung treffen kann, die auf der Erfahrung von „Ich kann mehr als genug haben" beruht und keinem Druck unterliegt, der Geist und Seele nicht ruhig leben und entscheiden läßt.

Der Unterschied zu patriarchalem Sein ist die Abwesenheit von Zerstörung. Welchen Anteil jede auch beanspruchen mag, er wird gerecht sein und keinen Groll hinterlassen. So führt das fruchtbare Chaos, das entsteht, wenn eine jede das eigene Maß bestimmt, zur wahren Freiheit. Was es bewirkt hat, war Kommunikation. Das Prinzip von Geben und Nehmen. Wobei jedes Geben und jedes Nehmen auf der ihm zugehörigen Ebene erfolgte. Wir halten unsere Fähigkeit zur Kommunikation für eine sehr selbstverständliche Sache. Das liegt nahe, können doch schon Kinder von zwei Jahren sprechen. Aber in Wahrheit ist sie ein unglaubliches Wunder, wie wir noch feststellen werden. Über dieses Wunder gibt es viel zu erfahren und viel zu entdecken.

Zweites Kapitel
KOMMUNIKATION IST EIN ANDERES WORT
FÜR BERÜHRUNG, VIELLEICHT AUCH MAGIE?

Frauen in den Zeiten der Macht kommunizieren nach Prinzipien, die sie selber bestimmen, aber sie müssen mit den patriarchalen Strukturen arbeiten, denn die sind nun einmal der Ausgangspunkt. Die Prinzipien der voll aspektierten Frau richten sich nach ihrem Bedürfnis, Tatsachen zu schaffen und andere davon nicht mehr zu verschonen. Wenn sie die Welt der Polaritäten verlassen will, hat sie die Möglichkeit, dieser lebensfeindlichen Sache das Prinzip „mehr oder weniger" entgegenzusetzen. Dazu kann sie dem hierarchischen Machtgefüge, das immer mehr Inkompetenz produziert, ihre Kommunikation der Bezogenheit entgegensetzen, die auf Kompetenz beruht und schon allein deshalb jeder Hierarchie überlegen ist.

Hierarchie produziert Inkompetenz, weil die Fähigen nach oben befördert und die Unfähigen auf ihrer Stufe der Hierarchie belassen werden. Das geht solange, bis alle auf der Stufe der Unfähigkeit sitzen. Dieses sogenannte Peter-Prinzip (weil es ein Herr Peter formuliert hat) noch einmal als Beispiel erläutert: Zwei werden als Sachbearbeiter eingestellt. Der gute Sachbearbeiter wird zum Obersachbearbeiter befördert. Der schlechte bleibt auf seinem Posten. Jetzt gibt es zwei Obersachbearbeiter. Der eine ist gut in seinem Job. Er wird zum Gruppenleiter befördert. Der andere bleibt Obersachbearbeiter. Und so weiter. Ganz oben, wo nicht mehr befördert wird, sitzt dann der unfähige Chef.

Dieses Prinzip ist, seit Frauen in der Arbeitswelt in nennenswerter Zahl vorkommen, noch einmal abgewandelt, weil die Tatsache, weiblichen Geschlechts zu sein, gleichbedeutend mit nicht beförderungsfähig ist. Frauen haben daher versucht, immer 150 % von dem zu leisten, was ein Mann leistet, um so gut zu werden, daß sie befördert werden. Das hat ihnen in der Regel keine Beförderung eingebracht, denn es gibt im Patriarchat noch das Machtspiel zwischen Mann und Frau – oder sollte ich besser sagen Mann gegen Frau. Hier kann die Frau in den Zeiten der Macht ansetzen.

224

Sie kann aber auch in allen anderen Bereichen ihres Lebens, zum Beispiel in Beziehungen ansetzen, wie das Beispiel der zwei Frauen mit ihrem Stück Land im vorigen Kapitel gezeigt hat. Was sie dazu außerdem benötigt, ist eine gewisse Bereitschaft zu Überraschungen und Wundern. Wunder, an die wir uns gewöhnt haben, sind keine Wunder mehr. Manchmal ist das gut, manchmal nicht. Das Wunder des eigenen Innenlebens offenbart sich in den Zeiten der Transformation und Augenblicken der Stille, wenn das Tohuwabohou der Außenwelt zurücktritt und wir gewahr werden, was sich da in uns so alles abspielt. Aber die meiste Zeit sitzen wir auf unserem Schiff, mit dem wir über die sai-vala segeln, und nehmen es als ganz selbstverständlich, daß wir die sind, die wir sind. Das ist gut so. Meisterinnenschaft besteht darin, es zu können, ohne sich dessen ständig bewußt zu sein.

Die Reise selbst, das sogenannte Leben ist ebenfalls ein Wunder, das sich mit der Zeit abnutzt. Denken wir nur daran, was uns als Kinder alles in Erstaunen zu versetzen vermochte. Heute, als Erwachsene, sind wir immer seltener in diese Schwingung zu versetzen. Dies ist eine Frage der Bereitschaft, sich auf die Dinge einzulassen, die wir nicht kennen, denn nur aus diesen spricht das Wunderbare noch zu uns.

Denn diese Reise über die sai-vala ist auch in späteren Jahren nicht ohne Abenteuer, und das ist nicht einmal metaphorisch gemeint. In den Ländern unseres Kulturkreises kann bei vielen der Eindruck entstehen, Abenteuer des Lebens kannst du zwischen vier und zwölf Jahren auf einem gleichnamigen Spielplatz erleben und zwischen achtzehn und achtzig für teures Geld subtil und professionell organisiert, was hinterher nachzulesen ist als Buchtitel „Wie ich die Eishölle auf dem Monte Sowieso überlebte". Manchmal auch als Diavortrag, wovor die Göttin aber nun wirklich schützen möge. Diese konstruierten Abenteuer für die Großen und die Kleinen mögen die Illusion nähren, daß unser Zeitalter keine wirklichen Abenteuer mehr bereithält außer denen des sozialen Abstiegs nach dem Personalabbau bei deinem Arbeitgeber. Das halte ich für eine irrige Vorstellung.

Die Reise über die sai-vala ist das größte Abenteuer, das es gibt. Und es ist äußerst professionell, praktisch höheren Orts organisiert, dabei noch kostenlos. Das heißt, das stimmt nicht ganz. Sie kostet dich deine Naivität, deine Illusionen und deine Hoffnung auf Sicherheit. Das ist nicht nur bedauerlich. Je älter du wirst, je länger du unterwegs bist, um so weniger werden die Ängste und die Besorgnis, ob du die Akzeptanz der anderen verlierst. Akzeptanz und andere patriarchale Belohnungen für Anpassungsleistungen sind nicht wirklich etwas wert. Du fängst an, auf derartige Belohnungen zu pfeifen wie die alte Piratin auf ihrer Zahnlücke, wenn du die Vierzig hinter dir hast. Der Wahlspruch, „was du an Ansehen verlierst, gewinnst du an Wohlbefinden", verleitet viele zum Lachen. Erst jenseits der Fünfzig ist es eine Lebenshaltung.

Als ich jünger war, erntete ich als Reaktion auf meine Spinnereien oft den leicht erpresserischen Versuch, mich zu bremsen. Dann sagten meine Mutter, meine Ehemänner, meine Ehefrauen: „Du wirst selber sehen, wie weit du damit kommst." Ich habe es gesehen. Heute kann ich sagen, es kommt eine ganz schön weit damit. Wie im Traum, den ich an den Anfang dieses Buches gestellt habe, habe ich mein Schiff erreicht und bin weit herumgekommen auf dieser Reise. Auf der sai-vala geht es ja nicht nur darum, auf diesem riesigen Wasser herumzufahren. Das wäre mit der Zeit auch ein wenig einseitig, um noch als Abenteuer genossen zu werden. Du wirst viele Häfen anlaufen. Und in jedem Hafen geht es anders zu, wird eine andere Sprache gesprochen.

Das Wunder der Sprache ist eines, das wir ebenfalls nicht mehr als solches erkennen, und das ist ganz und gar nicht gut. Mit Sprache meine ich nicht die der Wörter allein, sondern jede Art und Weise, mit der eine Frau ihr Sein in die Welt des Außen bringt und alles, was sie findet, in sich hineinnimmt. Unser Bedürfnis nach Da-Sein ist untrennbar an das Bedürfnis nach Kommunikation gebunden. Kommunikation bedeutet die Sehnsucht nach Beziehung und Sinn, nach Nähe, Berührung und Austausch.

Jede Kommunikation in diesem Sinn bedeutet Veränderung. Das ist der Grund, warum wir uns zwar nach Berührung und Austausch sehnen, es aber dennoch einfallsreich und häufig sehr erfolgreich verhindern.

Da gibt es die Geschichte, wie die Meisterin ihre Schülerinnen um sich versammelt und sie etwas über das Wunder der Veränderung durch Kommunikation lehren will. Sie sagt: „Das Wunder offenbart sich nur, wenn ihr nicht sprecht." Das Pseudo-Ich schweigt auf der Stelle. In seinem Inneren sagt eine Pseudo-Meisterin: „Das Wunder offenbart sich nur, wenn ihr nicht sprecht." Das demütige Ich sagt: „Ich werde nicht sprechen." Das aufgeblasene Ich sagt zum demütigen Ich: „Du bist dumm. Du hast gesprochen." Das kindliche Ich sagt: „Die Meisterin ist schuld, daß ich Angst habe, denn ich habe Angst, wenn es still ist." Das manipulative Ich sagt: „Ich habe die Bitte nicht verstanden. Kannst du es mir noch einmal erklären, bitte?" Das aufgeregte Ich sagt: „Ich habe als einzige nicht gesprochen!"

Die Meisterin geht in eine Ecke und weint bitterlich. In einer anderen, abgeklärteren Version geht sie um die Ecke und macht sich ihr Wunder schweigend allein.

Das ist ein ziemlich trüber Teich, den wir da aus dem großen wilden Ozean machen. Wenn wir in solchen schwierigen Gewässern stecken, also in Situationen, die aus unserer selbstbeschränkenden, risikofeindlichen Art herrühren, ist das, als würden wir uns an der immer selben Stelle kratzen, auch wenn es nicht mehr juckt. Bis es blutet. Dann haben wir nicht nur unser Problem nicht gelöst, sondern noch eins mehr am Hals. So etwas läppert sich in einem energetisch gestauten und gestauchten Leben.

Die Angst vor Veränderung ist weit verbreitet und groß. Wie wir ja wissen. Viele von uns treffen früh den Entschluß, kein Messer zu werden aus Angst, daß dann vielleicht jemand auf dieser Welt beschließen könnte, Wunde zu werden. Andererseits wird uns der Entschluß, eine Wunde zu werden, die eifrig nach dem Messer sucht, durchaus schmackhaft gemacht. Die Erfahrung, eine Wunde zu sein, verschafft dir die Erfahrung der Begrenztheit. Diese ist beruhigend und mag sie noch so schmerzhaft sein. Vielleicht liegt in diesem Gedanken nicht nur die Erklärung für die Existenz von Masochismus, sondern auch der im Patriarchat als typisch weiblich erklärten Haltung der Passivität und Handlungsvermeidung. Eine Handelnde, also aktiv Kommunizierende, Agierende steht vor einer unermeßlichen Weite ihrer Möglichkeiten, da nichts vorgegeben ist, wie es der Fall für die Re-Agierende, die Antwortende, die Passive ist. Diese erfährt die Grenzen der Welt durch die andere, die Agierende. Die Wunde erfährt ihre Begrenzungen durch das Messer.

Unbegrenztheit macht Angst. Jeder Anblick der Weite flößt Grauen ein. Weitläufige Fluren, ausgedehnte Ebenen, ein unübersehbarer Garten, das offene Meer ohne den Anblick von Ufern zerstreuen den Blick, der sich an nichts festhalten kann. Die Einschränkung des Maßlosen ist das Bedürfnis des Wassertropfens, nicht als Dunst verlorenzugehen. Die Künstlerin muß verhindern, daß sich ihr Geist verirrt. Das Reich der Königin benötigt Grenzen.

Es kommt der Augenblick im Leben jeder Frau, da hat sie Gelegenheit wahrzunehmen, daß der Schmerz als Preis für die Sicherheit eines begrenzten Lebens zu hoch ist, mag sie dem Bild von der Wunde und dem Messer folgen oder eine andere Metapher für ihr Leben als gebrandmarktes Selbst vorziehen. Wenn sie den Weg zu sich selbst gefunden hat und wenn die Bilder in ihrem Inneren begonnen haben, zu ihr zu sprechen und sich ihr zu offenbaren, dann ist es an der Zeit, sich in die Weite der Welt zu begeben. Dann ist es nicht nur Zeit, in See zu stechen, sondern die Navigation zu erlernen und die Sprachen, die in den Häfen in all deiner Mütter Länder gesprochen werden. Denn es ist sinnvoll, sich für die Reise auch auf diese Weise vorzubereiten. Mit der Wahrnehmung des Kreises der dreizehn Aspekte weiblichen Seins ist es da noch lange nicht getan.

Denn wenn auch Innen und Außen aus der Sicht des kosmischen Selbst, eventuell auch aus der Sicht des wahren Selbst, eins sind, so ist das Außen doch zweifellos vorhanden und verlangt, daß dein Sein sich zeige.

Dies tut es nun mittels des bereits erwähnten Wunders namens Sprache, Kommunikation, Berührung. Es ist die reine Magie, d.h. eine Form der gelenkten Energie. Sprache ist eine große Macht. Sie schafft Wirklichkeit. Sie gibt Leben. Sie kann töten. Sie bringt Menschen dazu, in Kriege zu ziehen und unvorstellbare Greuel zu begehen. Sie kann dich zum Lachen bringen und die Liebe in die Welt holen. Ich weiß das, ich lebe davon, Sprache zum Zaubern zu verwenden. Manchmal landet sie dann wie hier zwischen zwei Buchdeckeln und schickt dich – hoffentlich – in neue Welten. Andere Sprache – Körpersprache, Gestensprache, Beziehungssprache – kann und tut das auch, wie wir noch sehen werden.

Sprache, gleich welcher Art, ist notwendig, um die emotionale, soziale und intellektuelle Intelligenz einer Frau wachsen zu lassen.

Das emotionale, soziale und intellektuelle Wachstum einer Frau sind drei völlig verschiedene Dinge. Dennoch sind sie voneinander abhängig oder besser gesagt aufeinander bezogen, um Identität herzustellen. Die inneren Strukturen einer Frau, ihr inneres „Flußbett", bestimmen die Art und Weise und das Maß dieses Wachstums. Weitere Faktoren, die es bestimmen und formen, sind im Außen zu finden. Dieses „Außen" besteht aus unveränderlichen Koordinaten, wie zum Beispiel soziale Herkunft der Eltern, geographischer Standort, historische Epoche, Begegnung mit anderen Personen und deren Interaktionen und so weiter. Eine große Anzahl von Faktoren, die uns zufallen und uns damit beeinflussen. Dazu kommen so folgenreiche Tatsachen wie Geschlechtszugehörigkeit, körperliche Merkmale und der Gencocktail, der über den gesundheitlichen Weg einiges vorgibt. So gesehen ist unser Leben weitaus weniger frei, als es uns gefallen mag.

Mich hat das die ersten vierzig Jahre meines Lebens zu einer darüber beunruhigten Einzelgängerin gemacht, die nicht so sicher war, welchen Vertrag sie mit dem Akt ihrer Geburt unterschrieben hatte. Für eine Frau sind die Machtverhältnisse im Patriarchat ja kaum geeignet, Selbstsicherheit und natürliche Lebensfreude im Herzen zu entwickeln. Für eine Lesbe sind überdies die sozialen wie religiösen Gepflogenheiten und die dazugehörigen Liebesbräuche in einem solchen System mehr als irritierend. Dazu kam, daß die wilde Frau mir in Gestalt von Urania am Aszendenten nur eine begrenzte Eingliederung in die Zivilisation des Patriarchats gestattete. So bin ich einen Hauch von Verwilderung nie ganz losgeworden. Das ist ja nicht nur lustig, sondern auch bedrückend. In unseren jungen Jahren sind wir nicht gern anders als die anderen. Und ich war es gleich mehrfach. Das gefiel mir nicht besonders. Irgendwie hatte ich mir das alles ganz anders vorgestellt, bevor ich ein fliegender Wassertropfen wurde.

Ich las meinen Schmerz und meine Selbstmißbilligung in die Reaktionen meiner Mitmenschen hinein und versuchte krampfhaft, mein Verhalten so anzupassen, daß sie glücklich über meine Existenz wurden. Ich muß nicht erst groß erzählen, daß das schiefging. Aus solchem Stoff sind sämtliche Frauentragödien dieser Welt gemacht, womit ich sagen will, daß es genausowenig klappte, auf diese Weise ein glückliches Leben zu führen wie das Skifahren in einer Badeanstalt im Sommer zu erlernen. Ich schwankte, als verunglückte Inkarnation meine Zeit abzusitzen oder mein Leid zu lindern, zumindest jedoch zu verstehen, was das Ganze zu bedeuten hatte.

Während ich als tief beunruhigte Einzelgängerin das eigene Leid bewältigte, entwickelte ich allmählich die Fähigkeit, anderen auf ihrer Lebensreise behilflich zu sein. Das Zaubermittel war Kommunikation. Angesichts des vielzitierten Zeitalters der Kommunikation, in das wir ja inzwischen angeblich eingestiegen sind, klingt das wie eine Binsenweisheit. Das ist es aber nicht. Es lohnt sich, dies genauer zu betrachten.

Ich werde oft gefragt, welche Methoden ich anwende, wenn ich eine Frau auf ihrer Reise zu sich selbst begleite und sie über die Schritte, die sie weiterbringen könnten, berate. Meist weiß ich keine Antwort, weil ich fürchte, sowieso mißverstanden zu werden. Wenn ich sage, ich benutze die Sprache, ist es schon zu spät. Ich sitze bereits in der Schublade mit der Aufschrift „Gesprächstherapie". Und das ist in den Augen der meisten Fragenden so, als würde eine heute noch mit der Gänsefeder schreiben. Wenn eine nicht mindestens drei Methoden aufzuweisen hat, die aus mindestens drei ebenso blödsinnigen wie nichtssagenden Wortschöpfungen bestehen, gilt es nicht. Hat sich jemals eine gefragt, was unter dem Begriff „systemische Familientherapie" genau zu verstehen ist?

Dabei habe ich mit dieser sonderbaren Wortschöpfung nur eine von unzähligen Versuchen, etwas Besonderes zu sein, herausgegriffen. Die anderen sind auch nicht besser. Da wimmelt es von sprachlichen Verbiegungen wie „körperzentriert", „klientenzentriert", „neurolinguistisch" und „bioenergetisch" „kinästhetisch", „Transaktionsanalyse", „Gestalttherapie" und „klinische Psychologie". Sprache kann viel. Sie kann sogar nichts sagen.

Sie ist eine gewaltige Macht, und das meine ich wörtlich. Sprache ist die täglich millionenfach benutzte Waffe, mit der Menschen andere Menschen psychisch und sozial grausam morden. Am Ende verkürzt es tatsächlich das biologische Leben. Und keine der MörderInnen wird jemals als solche gesehen. Wir kennen das alle und nennen es Spielchen spielen, was eine herzlose Verharmlosung eines Sadismus ist, mit dem verwüstete Seelen andere zu verwüsteten Seelen machen. Spielchen spielen wir, wenn wir Sprache dazu benutzen, anderen Schuldgefühle, Angst und Scham beizubringen. Scheinbar bewegen wir uns auf der Inhaltsebene von Kommunikation. In Wahrheit jedoch sind wir auf der Beziehungsebene unterwegs, und zwar ohne das zu erkennen zu geben. Und das macht die Sache so verabscheuungswürdig. Die mächtige Frau, die sich der Kraft ihrer dreizehn Aspekte sicher ist, wählt die Macht der Sprache, um die Welt zu verändern. Daran ist vor allem die Denkerin beteiligt, die sich damit in ihrem ureigenen Element befindet. Sprache auf allen Ebenen der Kommunikation wird von der mächtigen Frau ganz wertneutral betrachtet. Das heißt, sie benutzt sie nicht als Gefäß und Transportmittel für Werte und Normen, sondern es ist ihr alles an Kommunikation recht, das lebensentfaltend ist. Lebensentfaltende Kommunikation ist jede, die dafür sorgt, daß Menschen sich selbst definieren und ihre Talente, Begabungen, Bedürfnisse und Emotionen entdecken, erfahren und ausdrücken können. So gehört zur Kommunikation eine gewisse egozentrische Haltung und außerdem eine gewisse alterozentrische Haltung. Egozentrische Kommunikation verläuft nach dem Lustprinzip. In dieser Haltung suchen wir uns selbst, und das ist existentiell notwendig. Du benötigst sie zur Bildung und Förderung deiner emotionalen Intelligenz.

Alterozentrische Kommunikation ist nur unter Menschen möglich, die ein ausreichend stabiles Ich entwickelt haben. Sie ist beispielsweise eine Voraussetzung für die sozial bedeutungsvolle Konsensbildung. Alterozentrische Kommunikation fördert die soziale Intelligenz. Beide Formen der Kommunikation sind wesentlich. Sie bilden keine polare Opposition. Die Denkerin steht für die egozentrische Kommunikation. Die Wissende bildet deine alterozentrischen Kommunikationstalente aus. Beistand erhält sie von der Priesterin, der Händlerin, der Künstlerin.

Alterozentrische Kommunikation hat nichts mit der Frauen eingetrichterten Sichtweise zu tun, sich als Hälfte zu empfinden und immer für die imaginäre andere Hälfte mitzudenken und mitzuhandeln oder sie geizig und hassend auszuschließen. Eine solche Haltung geschieht nicht aus deinem Zentrum heraus, sondern entfernt dich aus diesem. In Wahrheit denkst du dann vor allem und zuerst an die imaginäre andere Hälfte und dann an dich. So etwas ist eine gestörte Kommunikation. Wir jedoch sind an Formen der heilen Kommunikation interessiert, um unser Sein auszudrücken. Die Frage ist, was denn heile Kommunikation ist.

Heile Kommunikation spricht nicht über Menschen, sondern mit Menschen. In einer solchen Kommunikation ist allen Beteiligten bewußt, daß nicht über Menschen gesprochen werden kann, sondern nur über Eindrücke, die wir von Menschen, Situationen und Ereignissen haben. Diese Art der Kommunikation urteilt nicht, sondern beschreibt Verhalten und Gefühle.

Wohin möchtest du dich heute entwickeln, welche willst du heute werden? Das ist eine andere Frage als: Was ist dein Problem? Im ersten Fall sprichst du von deinen Gefühlen, Wünschen, Vorstellungen. Im zweiten Fall sprichst du über dich. Für ein Problem gibt es nur die Lösung einer Lösung. Im anderen Fall ist alles drin, das die Bezeichnung Entwicklung und Entfaltung verdient hat.

Wenn wir davon ausgehen, daß Kommunikation das Mittel ist, mit dem sich Geben und Nehmen regulieren läßt und mit Hilfe dessen Berührung und Austausch erreicht wird, dann ist es an der Zeit, daß wir uns betrachten, welche Ebenen der Kommunikation dir welche Möglichkeiten dafür bieten.

Dir stehen als voll aspektierter Frau alle Möglichkeiten offen. Du kannst auf der sai-vala nicht nur jeden Hafen anlaufen, den du willst. Du kannst dort auch machen, was du willst. Du bestimmst das Maß. Die Weite der Möglichkeiten, die sich dir bieten, solltest du nun nicht mehr mit Furcht betrachten.

Sofern du Sprache als Kommunikationsform wählst – und wie könntest du sie nicht wählen –, bist du in einem Bereich unterwegs, der viel von dir verlangt.

Wir Frauen des westlichen Patriarchats leben ja in der illusionären Annahme, daß wir uns nicht verstecken müssen, nicht eingesperrt leben, verborgen unter Schleiern wie es unsere Schwestern des orientalischen Patriarchats häufig müssen. Ich bin der Ansicht, daß wir keinerlei Grund haben, uns über unsere orientalischen Schwestern mit ihren Kopftüchern und Schleiern zu erheben. Wir sind in mancher Hinsicht nicht besser dran. Sprachlich sind wir so gründlich versteckt worden, daß es uns gar nicht mehr gibt. Luise F. Pusch und Senta Trömel-Plötz haben uns da in den letzten Jahrzehnten die Augen geöffnet. Aber nicht nur das Patriarchat hat mit seiner männlichen Sprache alles Weibliche verschwinden lassen. Wir verstecken uns selbst auch recht gut, indem wir dazu neigen, nicht genau zu sagen, welche wir sind und was wir wollen.

Um das zu verdeutlichen, will ich ein Rätsel stellen. Da sitzen einige Leute gemütlich in einer Kneipe beisammen. Es wird spät. Es wird sogar sehr spät. Zum Schluß ist der letzte Bus weg. Taxis sind auch keine zu bekommen. Da sagt eine der Personen: „Jetzt weiß ich gar nicht, wie ich nach Hause komme." Erste Frage: Welches Geschlecht hat diese Person? Zweite Frage: Was sind die wahren Absichten dieser Person?

Warum sagen Frauen nicht deutlich, was sie wollen? Die Antwort, daß sie es ja sowieso nicht bekommen oder dies zumindest befürchten, kann ich nicht gelten lassen. Es hat, wie ich glaube, etwas mit Sichtbarkeit zu tun. Und diese Sichtbarkeit hat etwas mit einem gestörten Fluß von Geben und Nehmen zu tun.

Wenn eine der Welt nicht mitteilt, daß es sie gibt und was das bedeutet, dann gibt sie nicht. Wenn sie nicht gibt, in diesem Fall keine klaren Informationen gibt, schafft sie keine Voraussetzungen zum Handeln. Diejenigen, denen sie vorenthalten werden, bleiben handlungsunfähig. So ist es also eine Machtfrage, ob eine Frau sich deutlich ausdrückt oder nicht. Das heißt, sie ist in diesem Fall zwar bedürftig, aber mächtig. Mit dieser Macht ist sie aber nur heimliche Teilnehmerin des patriarchalen Hierarchie-Spiels. Darum bleibt sie bedürftig, auch wenn jemand sich anbietet, sie nach Hause zu fahren. Denn sie hat nicht wirklich bekommen, weil nicht gern, bewußt und freiwillig gegeben wurde.

Du solltest bis hierhin begriffen haben, daß du geben und nehmen mußt, um im Leben zu sein. Sprachen – d.h. Kommunikation auf allen Ebenen – sind das Mittel, über das du zuerst zu lernen hast, wie du gibst und nimmst. Es gibt da den alten weisen Spruch: „Eine Frau muß wissen, was sie will, sonst muß sie nehmen, was sie kriegt." Das liefe darauf hinaus, daß die Frau in der Kneipe klar und deutlich sagt, sie wünscht, von X oder Y nach Hause gefahren zu werden. Dies ist, wenn es in einer klaren Frage formuliert wird, ebenso richtig. Aber der Spruch läßt sich auch noch abwandeln, um mehr Weisheit zu erzeugen:

Eine Frau muß wissen, was sie will und wie sie es bekommt. Sie muß wissen, was sie geben will und wie sie es gibt.

Wenn sie einmal soweit gekommen ist, hat sie ja beruhigenderweise dreizehnfache Rückendeckung. Als voll aspektierte Frau kann ihr nichts geschehen. Von nun an gilt für sie der Wahlspruch: Wer mich ärgert, verletzt oder beleidigt, bestimme immer noch ich. Also raus mit der Sprache. Bahne deinem wahren Selbst einen Weg in die Welt.

Drittes Kapitel
ALLES, WAS GESCHIEHT, GESCHIEHT GLEICH SIEBENFACH

Die Frau in den Zeiten der Macht, also die voll aspektierte Frau, die Tatsachen schaffen will, weiß, daß sie dies mit Hilfe von Kommunikation erreichen wird. Was sie häufig noch nicht weiß, ist, daß sie dabei mehr Möglichkeiten hat, als allgemein bekannt sind. Die meiste Zeit führen wir ein Leben mit sehr eingeschränkter Kommunikation. Wir sind selten fähig zu erkennen, daß alles, was geschieht, gleich siebenfach geschieht. Wir sprechen Sprache und glauben, es handele sich einerseits um eine wenig effiziente Methode und andererseits um etwas, das klar und präzise ist. Aber so ist es ganz und gar nicht. Die Sprache kann unendlich viel, letztlich kannst du mit ihr sogar zaubern. In Wahrheit ist es gar keine Zauberei mit der Zauberei.

Alles, was geschieht, geschieht gleich siebenfach. Alles, was du sagen willst, sagst du siebenfach. Wenn die Kommunkation gestört ist, sagst du es nur auf einer oder wenigen Ebenen der Kommunikation. Die anderen Ebenen erzählen deinem Gegenüber ganz etwas anderes, und das stiftet nicht nur Verwirrung. Es verhindert, daß du bekommst, was du willst. Sprache ist also dann nicht sehr effizient, wenn die anderen Ebenen nicht auch sprechen dürfen.

So ist die klassische Form der Psychoanalyse deshalb so langwierig und zeigt so wenig befriedigende Ergebnisse, weil sie nur die Sprache zuläßt und alle anderen Ebenen ausschaltet. Die Patientin liegt auf der Couch. Die Analytikerin sitzt hinter ihr. Es gibt keinen Augenkontakt. Der Körper kann nichts sagen. Energetisch ist die Patientin auf Sparflamme hinuntergeschraubt, denn sie liegt wie ein Käfer auf dem Rücken. Selbst der sprachliche Austausch verdient diese Bezeichnung nicht, denn die Analytikerin federt das Gesprochene ins Bewußtsein der Patientin zurück. Ansonsten macht sie sich Notizen.

Sprache ist zuerst einmal die Ebene des Inhalts einer Information. Das gibt ihr die Eigenschaft, so klar und erfrischend wie Wasser zu sein. Sprache findet sich aber auch auf der Ebene der Bedeutung einer Information. Das ist die Meta-Ebene. Hier findet sich die Erklärung, was eine meint, die beispielsweise mitteilt, daß die Sonne scheint. Bleibt sie auf der reinen Inhaltsebene, ist die Bedeutung häufig ein Rätsel. Erst wenn die Meta-Ebene und andere dazukommen, sind wir imstande, lebendig und sinnvoll zu kommunizieren.

Wenn wir bei unserem Rätsel bleiben, dann kann diese Klarheit der Kommunikation durch Beharren auf der Inhaltsebene erzeugt werden. Auf der reinen Inhaltsebene müßten wir der Frau, die gesagt hat, sie wisse nun gar nicht, wie sie nach Hause kommt, antworten, daß wir es auch nicht wissen, und es dabei bewenden lassen. Die patriarchale Frau mit ihrer schwammigen Äußerung läßt uns raten, was sie denn wollen könne, und da können wir schnell fehlgehen, abgesehen davon, daß solche Dinge zeitraubend sind. So etabliert die Machtlose ihre Macht.

Meta-Informationen lassen sich nicht nur sprachlich ausdrücken. Die meisten Dinge, die wir nur hören, können wir kaum glauben. Wir müssen häufig fühlen, um zu wissen. Dies geschieht auf zwei verschiedenen Ebenen. Die eine ist die Ebene der Befindlichkeit. Die andere ist die bereits mehrfach erwähnte Beziehungsebene, die ebenfalls etwas mit Gefühl zu tun hat. Darüber hinaus existiert noch die Energie-Ebene, die vor allem herzerfrischend unwissenschaftlich ist. In diesem Bereich tätig zu werden, macht aus dir eine Magierin. Wenn du die Kunst der gelenkten Energien so gut gelernt hast wie die Kunst der Sprachmagie, dann kannst du wirklich Großes bewirken.

Damit dich aber nicht der Größenwahn packt, bremst dich die Ebene deines persönlichen Schicksals wieder ein wenig ein. Darüber erfährst du etwas, wenn du anfängst, Geschichten für wahr zu nehmen. Die interessanteste Geschichte ist die, deren Ursprung du im 12. Haus deines Horoskops verborgen findest. Eigentlich findest du sie im Kreis deines gesamten Horoskops. Es ist deine eigene, und sie ist eine Geschichte, die vor sehr langer Zeit zu erzählen begonnen wurde. Die, die die Geschichte erzählt, ist vielleicht eine Wahrsagerin? Jede gute Astrologin wird bei dieser Formulierung protestieren. Aber das liegt meiner Ansicht nach daran, daß viele Astrologinnen ziemlich verschrobene Ansichten über das Wahrsagen haben. Wenn ich heute weiß, daß der nächste Sommer ganz bestimmt kommt, dann bin ich ebenso eine Wahrsagerin, wie es eine gute Astrologin ist, die die Symbolsprache ihrer Branche gelernt hat und dir erklärt, was Urania dir in deinem Leben zu sagen hat. Gute Astrologinnen sagen in diesem Sinn wahr. Schlechte Astrologinnen verderben dir den Spaß am Leben, indem sie dir voraussagen, was keine wissen kann und muß. Auch Astrologinnen haben da letztlich ihr eigenes Maß und müssen lernen, das Maß der Kundin ebenso wahrzunehmen. Meines ist, daß ich wissen will, was mir Klarheit verschafft. Das geht mir bei gesundheitlichen Diagnosen ebenso wie bei astrologischen Analysen. Überdies kommunizieren wir natürlich auch als epochale Wesen. Eine Frau, die heute sagt, alle Männer sind Schweine, meint damit etwas anderes als Kalypso auf ihrer Insel zu ihrer Zeit. Das Flußbett ist heute ein anderes als damals, als Virginia Woolf sich ertränkte. Die Identität der Frauen erwächst auch aus den vergangenen Epochen, die vor unserer da waren. Und wir sorgen dafür, daß die Identität nachfolgender Generationen aus unserer Epoche erwächst. So bleiben wir mit Vergangenheit und Zukunft verbunden und lernen einen neuen Umgang mit Verantwortung.

Es ist gut, wenn Frauen auf allen sieben Meere zu Hause sind. Die voll aspektierte Frau drückt die Kraft der dreizehn Aspekte weiblichen Seins auf allen sieben Ebenen der Kommunikation aus und nutzt sie, um zu leben. Viele Frauen haben da große Hemmungen. Sie klammern sich an die Ebene der Inhalte, werden dabei beherrscht von den Dingen, die auf der Beziehungsebene vor sich gehen, und kommen selten in den Genuß, neue Verhältnisse zu schaffen.

Ich habe als kleine Kontrolle für die Motivation meiner Standpunkte folgenden Satz: „Wenn ich gewinne, gewinnen wir beide respektive alle. Wenn du gewinnst, verlieren wir beide respektive alle." Immer wenn ich diesen Satz sage und merke, daß er nicht stimmt, überprüfe ich noch einmal meine Motivation, meine Ansichten, meine Strategien. Wenn er stimmt, fange ich beruhigt an zu handeln.

Das ist manchmal gar nicht so einfach, zumindest benötigt eine immer wieder längere Zeit, um die Standpunkte zu wechseln. Aber mit der Zeit geht es immer leichter und wird immer klarer. Eines Tages ist dir dein Begehren nach Macht nicht mehr peinlich. Und deine Erfahrungen, sie anzuwenden, haben allen Gutes gebracht.

Viertes Kapitel
DIE META-EBENE

Frauen gehen in den Zeiten der Macht ungeniert in den Untergrund. Damit ist natürlich der Untergrund der Kommunikation gemeint. So wie eine Frau einerseits sich klar der Inhaltsebene von Sprache bedient und deutlich sagt, was sie meint und will, verfährt sie andererseits mit dem Untergrund der Inhaltsebene auf zweierlei Weise souverän.

Sie kann das, was im Untergrund herumsumpft und dazu benutzt wird, Macht über sie zu erlangen, in aller Seelenruhe ans helle Licht zerren und somit selber mächtig werden. Und sie kann ihrerseits die Meta-Ebene als Waffe einsetzen, um ihre Interessen durchzusetzen, ohne als Untergrundkämpferin erkannt und entlarvt zu werden.

Auf dieser Ebene geht es um das, was eine wirklich meint, wenn sie etwas sagt. Beispiel: Ich sage, hoffentlich haben wir bald Sommer. Die Gründe, warum ich dies sage, können unendlich viele sein und dem Satz jedesmal eine andere Bedeutung geben. Ich könnte genug vom Winter haben. Oder es könnte bedeuten, daß dann ein neuer Job auf mich wartet. Oder daß ich dann endlich meiner großen Liebe in Kanada begegnen werde.

Es ist diese Ebene, die, wenn sie nicht offengelegt wird, Menschen in den Wahnsinn treiben kann. Da gibt es die Geschichte von den zwei Freundinnen, von denen die eine gern etwas unternimmt, die andere aber nicht. Die Unternehmungslustige sagt beispielsweise, daß sie so gern in die Karibik fliegen würde. Und die andere antwortet, daß eine andere Freundin vor zwei Wochen in die Karibik geflogen und todkrank zurückgekommen sei. Diese Reaktion folgt einem unsichtbaren Muster. Solange die Unternehmungslustige darauf reagiert, indem sie andere und bessere Urlaubsziele vorschlägt, werden ihrer Freundin immer neue und Freude mordende Geschichten einfallen von anderen Frauen, denen an diesen Orten schlimme Dinge widerfahren sind. Wenn die Unternehmungslustige dann von einem Gefühl echter Verzweiflung und Traurigkeit beseelt ist, ist es passiert. Ob die Unternehmungslustige nun mit oder ohne Freundin fahren oder ob sie daheim bleiben und weiter Fernweh haben wird, ihre Chance auf verdiente Lebensfreude ist gesunken. Oder eine kauft im Auftrag einer anderen Briefumschläge. Die Briefumschläge sind die falschen, weil sie aus zu leichtem Papier gemacht sind. Die Einkäuferin entgegnet nun, daß sie früher immer solche Umschläge verwendet hätte und nie wären sie zu leicht für den Inhalt gewesen. Normalerweise beginnt auf diese Weise ein unfruchtbarer, rechthaberischer Streit, der völlig virtuell ist. In dessen Verlauf muß die eine nachweisen, daß die Umschläge wirklich zu leicht sind. Und die andere wird nachweisen müssen, daß sie es nicht sind. Am Ende werden beide persönlich und beschimpfen sich. Auf der Meta-Ebene sagt die Auftraggeberin unausgesprochen, daß sie sich eine eingearbeitete, mitdenkende Einkäuferin wünscht. Und die Einkäuferin ärgert sich, daß sie keinen präziseren Auftrag bekommen hatte.

Unter allem liegt noch eine weitere Meta-Ebene. Auf der hat ein kindliches Ich der Sorte, ich tue am besten alles selbst, denn ich bekomme nie, was ich brauche, mit einem demütigen Ich geredet, das einen Automatismus im Falschmachen entwickelt hat, weil es auf diese Weise seinen Frust ausdrückt.

Destruktiv wird es, wenn hinter der ersten Meta-Ebene eine zweite lauert, die aus verschiedenen Gründen undurchschaubar, aber aggressiv, lieblos oder haßerfüllt und völlig unberechenbar, weil ständig wechselnd ist. In Familien, die von einer Person mit Pseudo-Ich dominiert werden, der es gelungen ist, ein geschlossenes System aufzubauen, wird viel mit dieser zweiten Meta-Ebene gearbeitet. Das ist sehr gruselig, wie jede weiß, die so etwas einmal miterlebt hat. Am Ende wird eines der Familienmitglieder psychotisch, das heißt, das Ich-System bricht zusammen, der Bezug zur Wirklichkeit geht verloren, ein Wahnsystem wird aufgebaut. Wir könnten auch sagen, dieses Familienmitglied nimmt den gesamten Wahnsinn der anderen Familienmitglieder auf sich, damit diese scheinbar gesund bleiben können.

Die Offenlegung jeder Meta-Kommunikationen dient dem Schutz aller Kommunizierenden. Sie sorgt allerdings dafür, daß alle wieder ihren eigenen Anteil an Wahnsinn tragen müssen. Diese Art Wahrheit vertragen viele PsychotikerInnen nicht besonders gut, denn das Pseudo-Ich lebt davon, daß es nicht als solches erkannt wird. Dies ist seine größte Angst, denn dann könnte es berührt werden, was ihm wie ein Tod erscheint.

Wenn wir davon ausgehen, daß die voll aspektierte Frau so kommuniziert, daß sie polare Oppositionen verweigert und statt dessen andere in ihren Kreis hineinzieht, dann ist es grundsätzlich gut, wenn sie offenlegt, warum sie dies will und das tut, was es bedeutet, wenn sie jenes sagt und anderes zeigt. Aber natürlich darf sie nicht vergessen, daß es zwischen Offenheit und Preisgabe einen Unterschied gibt.

Wenn wir bei der Geschichte von den beiden Frauen und ihrem gemeinsamen Stück Land bleiben, sehen wir, daß die Briefschreiberin den Weg der Offenheit gewählt hat. Dennoch hat sie dafür gesorgt, daß sie sich nicht preisgibt. Sie baut keine Abwehr mehr auf. Sie powert nicht dagegen, wenn sie angepowert wird. Aber sie meldet begründet ihre Ansprüche an. Nicht alle ihre Beweggründe, die offen sind, sind auch offensichtlich. Sie nutzt die Metasprache dafür, daß beide gewinnen. Das heißt nicht, daß sie darüber mit ihrer Kontrahentin diskutiert. Sie selbst weiß es, und das muß reichen. Denn wenn es nicht so ist, wenn sie sich nur übler Tricks bedient hat, hat sie selbst bereits verloren. Und das verbietet ihr schon die Wertschätzung ihrer eigenen Person.

So geht sie von folgender Erkenntnis aus: In den zermürbenden Kämpfen vergangener Liebe, in denen es um Sieg und Niederlage geht, gibt die, die die geringere Beißhemmung hat, Tempo und Wahl der Waffen vor. Das Messer kann nur solange die freie Wahl der Möglichkeiten haben, solange die Wunde eine Wunde ist. Sie denkt noch einmal an den Wahlspruch: Wer mich ärgert, verletzt oder beleidigt, bestimme immer noch ich. Und davon ausgehend kommt sie zur Lösung des Problems und zur Art und Weise, wie dies zu geschehen hat.

Sie wird dem Messer nicht unbedingt mitteilen, daß sie aufhören wird, eine Wunde zu sein, sondern sie wird einfach damit aufhören. Von diesem Augenblick an hat sie die Welt der Begrenzungen, der Reaktionen verlassen und ergreift die Chance der unermeßlichen Weite aller Handlungsmöglichkeiten. Das ist der Weg in die Offenheit. Welches Ziel sie damit verfolgt, wird sie nicht preisgeben.

In anderen Fällen ist es durchaus sinnvoll, den gesamten strategischen Plan offenzulegen, um zu demselben Erfolg zu gelangen. Hariet Rubin erzählt in „Machiavelli für Frauen" über Jeanne d'Arc. „Auf ihrem ersten Marsch in feindliches Gebiet traf Jeanne auf einen jungen englischen Leutnant, gegen den sie am nächsten Tag kämpfen würde. Es war spät und schon dunkel, und der Leutnant hielt sie für einen Jungen, der mit seinem Freund (ihr Sergeant, der ebenso jung war wie sie) einen kleinen Ritt unternahm. Er fragte, ob der Fremde das ‚Mädchen von Orleans' gesehen habe. Ja, antwortete Jeanne, sie habe sie gesehen.‚Berichte mir von ihr', bat der Leutnant. Jeanne erzählte ihm alles über sich selbst, einschließlich ihres Planes, am folgenden Tag die Brücke hinter sich und ihren Leuten in Brand zu setzen, um den Feind auf der anderen Seite in der Falle zu haben. Ihr Sergeant traute seinen Ohren nicht – sie hatte ihre Strategie an den Feind verraten! Der englische Leutnant erhob sich. ‚Dann werde ich selbst die Brücke anzünden', erklärte er, ‚und das Fräulein von Orleans zu einem Zweikampf mit mir zwingen. Ihre Truppen sind den meinen ohnehin nicht gewachsen.' ‚Wenn Sie wollen', sagte Jeanne, ihr Gesicht im Dunkel verbergend, ‚kann ich heute nacht die Brücke für Euch in Brand setzen.' Der Leutnant nahm das Angebot an. Er würde seinen Leuten eine gute Nachtruhe verschaffen, so daß sie am nächsten Morgen zuversichtlich gegen die Feinde antreten könnten. Jeanne eilte zurück zu ihrem Lager, sammelte ihre Leute, ritt mit ihnen am Feind vorbei, überquerte die Brücke und zündete sie hinter sich an. Wie sie angekündigt hatte, saßen die Feinde in der Falle – gefangen in ihrem Lager und ihrer Einfältigkeit."

Meta-Kommunikation ist beispielsweise die, die ich in diesem Augenblick verwende, indem ich Geschichten erzähle. Wie in „Mama ante portas!" beschrieben, ist das Erzählen von Geschichten eine wirksame Sache. Es ist nicht möglich, eine Geschichte zu hören, ohne sie auf sich zu beziehen. Das kann die aspektierte Frau für sich nutzen und in der Geschichte all die Dinge unterbringen, die ihr Gegenüber beim Anhören eines ermahnenden oder gar anklagenden Informationsvortrags an sich abperlen lassen würde wie die Ente das Wasser, in dem sie schwimmt.

Eine der Geschichten, die das erläutern und zeigen, was frau so alles machen kann, habe ich in „Mama ante portas!" erzählt.

„Nehmen wir einmal an, eine Frau wollte ihrem Chef schon immer einmal sagen, was für ein Volltrottel er ist... Sie tritt in einem passenden Augenblick vor ihren Chef, schaut ihm durchdringend in die Augen und sagt: Stellen Sie sich vor, was mir eben auf der Straße geschehen ist. Da kam ein Mann auf mich zu und sagte: ‚Sie sind ein Vollidiot.‘ Ich habe ganz perplex zurückgefragt, ob er mich meine, und er hat gesagt: ‚Ja, ich meine Sie. Sie wissen ganz genau, daß ich Sie meine. Sie sind ein Vollidiot.‘ Ich bin dann einfach weitergegangen, damit ich pünktlich hier bin."

Diese Geschichte, in der eine Machtlose dem Mächtigen die Meinung sagt, ohne daß er erkennt, was ihm da geschieht, ist Meta-Sprache als Waffe. Sie zu benutzen, halten viele für eine Sache von Mut. Laß dir von der Amazone sagen, wozu Mut gut sein kann. Laß dir von der Königin zeigen, daß Mut nicht existiert, sondern nur die Notwendigkeit der Souveränität. Das ist kein Widerspruch, sondern einander ergänzende Kompetenz.

Nicht jede kann solche Dinge gleich gut, aber jede kann es lernen. Meta-Sprache als Waffe einzusetzen, läßt sich lernen, wie Wen Do als Mittel der Selbstverteidigung für Frauen erlernbar ist. Meta-Sprache als Mittel zur Selbstverteidigung ist meiner Ansicht nach auch ebenso notwendig wie Wen Do.

Nehmen wir die Tatsache, daß in gemischtgeschlechtlichen Diskussionen Frauen immer weniger Redezeit als Männer haben und regelmäßig und häufig unterbrochen werden, während umgekehrt auch nur der kleinste Versuch, sich verbal gegen Männer-Redeflut durchzusetzen, scharf zurückgewiesen wird. Du sparst in solchen Situationen Zeit und Nerven, wenn du lernst, als kommunikative Untergrundkämpferin unterwegs zu sein. Du könntest beispielsweise irgendwann, wenn es dir angebracht erscheint, leise aufschreien und auf die Füße des größten Unsympathlers zeigen. Dann sagst du: „Ich glaube, da sitzt eine dicke Spinne auf Ihrer Hose." Du kannst sicher sein, daß du alle Beteiligten damit aus ihrem Konzept gehebelt hast. Dies nutzt du cool für dich aus. In diesem Augenblick hast du eine Chance, deine Argumente auf der Inhaltsebene anzubringen. Niemand wird wissen, daß du den Mann gerade unterbrochen hast, um selber zu reden. Das wiederholst du noch einige Male. Zum Schluß brauchst du gar nichts mehr zu sagen, sondern nur nach unten zu blicken, und die ganze

Gruppe ist jedesmal raus aus dem Konzept. Du hast damit jede Menge Möglichkeiten, deine Meinung anzubringen. Wann und wo auch immer ich dieses praktische Beispiel erzähle, stößt es bei Frauen auf Ungläubigkeit. Sie finden es zwar als Geschichte ganz lustig, aber sie glauben es nicht. Wenn ich dann sage, daß ich diese Technik schon oft erfolgreich angewendet habe, wehren sie ab, indem sie mir den Mut bescheinigen, den sie nicht haben. Laßt es mich ganz offen sagen: Das ist der Trick der Frauen, die es sich in der zweiten Reihe der Frauenbewegung bequem gemacht haben. Ohnmacht hat ja auch einen gewissen Charme. Aber ab irgendeinem Zeitpunkt in deinem Leben kannst du das Anwenden solcher Techniken nicht mehr zurückweisen. Deshalb nicht, weil du bereits zuviel weißt, um die Ohnmacht der zweiten Reihe wirklich zu ertragen. Das ist so, als würdest du versuchen, nicht zu lesen, obwohl du lesen kannst.

Es ist notwendig, so etwas zu können, es ist – wie bereits gesagt – auch möglich. Was eine voll aspektierte Frau in den Zeiten der Macht braucht, ist ein unbewußtes, systematisches Repertoire an Interventionsmustern für Situationen, die in ihrem Leben wiederholt auftreten. Die Frage ist, woher sollen diese Interventionsmuster kommen, und wie kriegt eine sie dorthin, wo sie unbewußt sind? Die Antworten kommen vor allem von der Wissenden.

Es ist von großer Bedeutung, daß du dich daran erinnerst, was dir die mühsame Arbeit deiner Selbstfindung geschenkt hat. Es ist die Vielfalt, die dir die dreizehn Aspekte bieten. In der Kybernetik gibt es „das Gesetz der erforderlichen Vielfalt". Es besagt, daß in jedem sozialen und technischen System das Element mit dem größten Variationsbereich das kontrollierende Element ist. In deinem Inneren bist du es nun geworden. Jetzt ist es an der Zeit, im Außen zu entdecken, was du damit tun kannst und vor allem wie.

Was du dabei unbedingt wissen mußt, ist, daß jedes System, das der Kontrolle bedarf, ein System ist, das verliert, weil es dem, was es zu kontrollieren versucht, per se unterlegen ist.

Das Patriarchat ist ein solches System. Machtinhaber im Patriarchat sind immer nur solche, die die Vielfalt des Lebens eindämmen wollen, indem sie sie zu kontrollieren versuchen. Das besagt der Satz des christlichen Gottes: Macht euch die Welt bzw.

Natur untertan. Die Natur, sogar in Gestalt eines Grashalms oder in Gestalt einer einzelnen Frau, ist dem selbstverständlich weit überlegen. So manche mag das für einen Grashalm gelten lassen, kann es aber in bezug auf sich selbst kaum glauben. Nehmen wir das Prinzip der Psychiatrien. Alle, die sich dort aufhalten, weil sie auf der Gehaltsliste der Klinik stehen, sind denen, die dort aufgrund ihrer Symptome Wohnsitz genommen haben, stets hoffnungslos unterlegen. Psychiater müssen mit ihren Therapien immer hinter ihren Patienten herhaspeln. Patient handelt. Psychiater be-handelt. So ist es auch in der globalen Irrenanstalt namens Patriarchat. Die Unterdrückung der Frauen und der Versuch, sie unter Kontrolle zu bringen, ist aus der großen Angst der Männer vor der Macht der Frau entstanden. Du brauchst dir dessen nur bewußt zu werden und diese Macht dann anzuwenden. Es ist die Macht, die sich aus der Überlegenheit der Vielfalt ergibt.

Dies wird noch einmal dadurch gefördert, daß das, was die Kontrollorgane auszuschalten versuchen, genau das ist, was dem System fehlt. Darum ist das Patriarchat in seinen Machtzentren in Politik und Wirtschaft so gähnend langweilig, denn Weiblichkeit kommt dort in der Regel nur servil dienend oder als dekoratives Ornament oder in angepaßter Imitation von Männerverhalten daher. Wenn du dir dessen bewußt bist, daß alles, was du bist, etwas ist, das diesem lebensfeindlichen System an Kraft fehlt, dann sollte es keine Frage mehr von Mut sein, deinem weiblichen Selbst einen Weg in die Welt zu bahnen und dabei zu Mitteln zu greifen, die es dir ermöglichen, deinen Sieg auch zu erleben und zu genießen.

Alles, was du offen tust, wird den Kontrollinstanzen eines Systems ihre Existenzberechtigung geben, und das System erstarkt, indem es dich verfolgt. Daher tu es lieber im Untergrund. Wenn du das Patriarchat offen und konfrontativ als polares Gegenüber bekämpfst, wirst du dabei deine Kräfte aufreiben und das patriarchale System fett und stark machen. Hab dabei keine Angst vor dem Begriff „Untergrund". Es muß noch einmal darauf hingewiesen werden, daß eine feministische Untergrundkämpferin sich in keine destruktiven Kämpfe einläßt. Aus dem Untergrund der Meta-Kommunikation heraus zu agieren, ist zwar völlig unfair, aber niemals zerstörerisch. Es ist so unfair, wie es die Überlegenheit der Vielfalt nun mal mit sich bringt. Aber wenn dich das erschrecken läßt, bedenke, daß du dich nicht so klein machen mußt, denn so groß ist deine Überlegenheit auch wieder nicht. Ihre Motivation bezieht die eigen-mächtige Frau aus der Kraft der Vielfalt. Es ist diese Kraft, die sie aktiviert, und es sind die dreizehn Aspekte, von denen sie sich inspirieren läßt.

Kaiserin Nero kann immer nur dasselbe sein und tun: eine Künstlerin ohne Werk und ohne Leben sein und um von dieser Tatsache abzulenken, Rom niederbrennen. Ob Rom wieder aufgebaut wird oder Gras über alles wächst – beides ist der Zerstörung weit überlegen. Die voll aspektierte Frau in den Zeiten der Macht kann also vieles tun. Sie kann den Weg des Grashalms gehen oder den der Wieder-Erbauerin. Sie kann sogar noch ganz andere Dinge tun, die sie heute noch gar nicht weiß und die sich ihr erst offenbaren, wenn sie sich dafür öffnet. In Fragen des Patriarchats kann das dauern. Aber Rom wurde ja auch nicht in einem Tag erbaut. Ziel der aspektierten Frau kann letztlich nur sein, daß das Bewußtsein, alles, was zerstört wird, kann auch wieder aufgebaut werden, bereits erreicht, daß Zerstörung aufgegeben wird. Auf diese Weise zieht sie einen unsichtbaren Schutzkreis um die heilige Stadt, egal ob Rom oder Mekka. Vielleicht ist es auch München, Wien, Düsseldorf oder Magdeburg. Mein Schlangenberg oder unser ganzer wunderbarer Planet. Es gilt für die Welt der Seelenmörder und Schlachthäuser, für die Zwei-Zimmer-Wohnung mit Südbalkon und für das erträumte Haus im Grünen. Es gibt Macht, die arbeitet unsichtbar, und von der wird jetzt die Rede sein.

Fünftes Kapitel
DIE ENERGIE-EBENE

Die Frau in den Zeiten der Macht kann soweit in den Untergrund gehen, bis sie gänzlich unsichtbar geworden ist. Es ist möglich, auf der Energie-Ebene zu kommunizieren und dabei wahre Wunder zu vollbringen. Du kannst über glühende Kohlen laufen und mußt nicht leiden wie Schneewittchens Stiefmutter. Du kannst korrupte Bürgermeister absetzen, ohne einen Finger zu rühren oder mit irgend jemandem darüber zu sprechen. Du kannst erreichen, daß der übelriechende Kerl, der neben dir im Zug sitzt, aufsteht und geht, ohne daß du irgend etwas getan hast. Du kannst die Polizeigewerkschaft dazu bringen, daß sie ihre Männer nicht mehr zur Begleitung von Atommüll-Transporten schickt. Und das, ohne daß die überhaupt ahnen, daß es dich gibt. Du kannst Waldbrände verhindern und den lauten Motormäher deines Nachbarn absaufen lassen. Ganz nach Belieben. Nur eins kannst du nicht. Du kannst dich damit nicht wichtig machen.

Das klingt alles ziemlich unglaubwürdig, wenn nicht unmöglich. Möglicherweise ist es auch völlig unmöglich und alles eine Frage der Einbildung. Vielleicht solltest du dir aber auch für einige wenige Seiten in diesem Buch vorstellen, daß nichts unmöglich ist. Denn was machst du, wenn es doch funktioniert und du die einzige bist, die sich geirrt hat? Am Ende dieses Kapitels kannst du wieder zu deiner Skepsis zurückkehren.

Auf der Energie-Ebene zu kommunizieren, galt in meiner Jugend als zwar kurios, aber möglich. Was darunter verstanden wurde, fand nun wieder ich kurios. Jedenfalls gab es da Yogis und ähnliche Erscheinungen in fernen Ländern, die ab und zu in „Fox tönende Wochenschau" im Kino zu sehen waren und sich schmerzlos Nägel durch die Zunge steckten und ähnliche Dinge. Das ist zwar möglich und sicher auch beeindruckend, aber Energiearbeit unserer Zeit findet mittlerweile elegantere Formen des Ausdrucks. Dann gab es noch meine kartenlegende Mutter Athena und meine kaffeesatzlesende Großmutter Despina. Was die beiden taten, fand ich zwar sehr wirklich, nur mit meinem Leben hatte es nicht viel zu tun. Es standen immer mal wieder Kerzen und allerlei kleine Sachen um die Fotos unserer Toten, aber ich interessierte mich nicht für die Dinge, die da geschahen. Einmal murmelte meine Mutter kryptisch, sie sei durch die Kraft ihrer Gedanken imstande, jemanden umzubringen. Ich bekam Angst vor ihr und wußte nicht genau, ob ich mich fürchtete, weil sie eine Irre war oder eine mächtige Frau. Letztlich lief es auf jeden Fall auf Macht hinaus, denn ich fürchtete mich ja. Ansonsten war das alles für mich wenig greifbar.

Die Energie-Ebene ist im allgemeinen Verständnis etwas Irrationales, woran Spinnerinnen, Esoterikerinnen, Spiri-Frauen und Hexen glauben, aber nicht normale Menschen mit Verstand. Vor allem die, die sonntags in ein großes Haus gehen, wo sie unter Gesang Blut und Fleisch eines ermordeten jungen Mannes symbolisch zu sich nehmen, halten solche Leute für einen ziemlich verschrobenen Haufen. Es gibt schon Sonderbares in dieser Welt.

Es ist daher besser, wenn du dich dem Thema mit Distanz, kühlem Kopf und vor allem langsam näherst. Am besten gehst du damit nicht überall hausieren und erdest dich soweit, daß du weder von den Unsichtbaren noch von anderen Menschen verletzt werden kannst. Wenn du auf dieser Ebene zu kommunizieren beginnst, liegen lange Jahre interessanten Lernens vor dir. Das liegt nicht daran, daß es so schwierig ist, sondern eher daran, daß es so einfach ist. Das Problem mit der Magie ist, daß sie funktioniert. Auch Lesben, die sich mit dem Gedanken der Magie nicht so recht anfreunden können, werden die Problematik nachvollziehen können, wenn sie sich die in ihren Lebenszusammenhängen nicht bedeutungslose Frage stellen müssen: Was machst du, wenn sie ja sagt? Da gibt es viel zu bedenken und viel zu lernen.

Ich verweise an dieser Stelle beispielsweise auf mein Buch „Macht und Magie", denn das Studium und die Einhaltung der dreizehn Gesetze der Magie sind durchaus zu empfehlen.

Die meisten Frauen, die ich kennengelernt habe, wissen über Magie mehr, als sie selber wissen. Du bist als voll aspektierte Frau auf dieser Ebene bereits die ganze Zeit unterwegs, und dennoch gibt es einiges darüber zu sagen.

Auf dieser Ebene kannst du lernen, wie du andere buchstäblich in deinen Kreis hineinziehst und mit deinem Sein berührst. Ganz im Gegensatz zur landläufigen Meinung ist Magie, also die Kommunikation auf der Energie-Ebene, etwas sehr Praktisches und Handfestes. Wenn du glaubst, daß etwas nicht existiert, nur weil es unsichtbar ist, verweise ich auf die Existenz von Vitaminen, Viren und dem Internet und mache dich darauf aufmerksam, daß Magie viel realer ist. Ungefähr so real wie dein Atem. Oder eine telefonische Bestellung beim Pizza-Service. Oder der Zusammenhang zwischen beidem. Mit Magie kann die Frau in den Zeiten der Macht echte Tatsachen schaffen, über die sich alle, einschließlich sie selbst wundern und hoffentlich freuen.

Wenn du andere in deinen Kreis ziehen willst, mußt du ihn erst einmal schaffen. Einen Kreis schaffst du, indem du ihn ziehst. Daran erkennst du bereits, wie überaus praxisbezogen die Magie ist. Beginn mit einer kleinen, völlig realen Übung und stell dich irgendwo in einem Park in einen Kreis, den du gut sichtbar um dich herum gezogen hast. Dann warte ab, was geschieht.

Wenn dir das zu albern erscheint oder du schon erfahren und damit begriffen hast, daß ein gezeichneter Kreis etwas um dich herum verändert, weil er etwas begrenzt, kannst du den nächsten Schritt tun. Du beginnst, dir den Kreis zu denken. Schließ dabei nicht die Augen, sondern bleib entspannt und wach. Es geht hier nicht um eine meditative Übung, sondern um praktische Magie. Du ziehst den Kreis dreimal mit dem Uhrzeiger und wirst feststellen, daß die Welt außerhalb des gedachten Kreises wie weit entfernt von dir ist. Etwas Kühles ist um dich herum, das du auf der Haut fühlen kannst. Sogar das Licht verändert sich, wenn du dich in diesem Kreis befindest. Ein solcher Kreis ist gut geeignet, wenn du in Fußgängerzonen und überfüllten Zügen unterwegs bist. Aber du darfst nicht vergessen, ihn auch wieder aufzulösen, denn ein solcher Schutz macht auch ein wenig einsam.

Als nächstes ziehst du den Kreis dreimal gegen den Uhrzeiger und wirst feststellen, daß dieser Kreis dich anders zentriert. Es ist, als ob eine Kraft aus dir herausgeht und alles in diesem Kreis mit deinem Leben und deiner Lebenskraft füllt. Auch dies ist ein Schutz. Aber einer, der nicht durch die Abgrenzung erreicht wird, sondern durch die Öffnung aller Grenzen. Es ist, als ob du dein Wohnzimmer erweiterst. Alles, was sich im Kreis befindet, wird sich verhalten, als ob es sich um einen Besuch bei dir in deinem

Wohnzimmer handelt. Das ist etwas ganz Wunderbares. Es ist keineswegs vergleichbar mit dem Verlust von Lebensenergie, wenn andere Menschen dich quasi anzapfen und von deiner Kraft zehren. In einem solchen Fall wirst du bald mit Müdigkeit und Erschöpfung reagieren, während der hier beschriebene Kreis dir viel belebende Kraft zufließen läßt, die du sonst für deine psychische Abwehr aufbringen müßtest.

Nun kommt der nächste Schritt. Imaginiere den gebündelten Strahl Kraft, Licht und Energie der Wissenden in deinem Inneren und öffne ihn kreisend, bis das Ganze immer weitere Kreise zieht. Schick alle Gefühle, um die es dir geht, mit in diesen sich immer weiter ausdehnenden Kreis und erlebe, wie die Welt sich tatsächlich vor deinen Augen verändert.

Du kannst auf der Energie-Ebene mit jedem Menschen, jedem Tier, Baum, Pflanze und Stein in Verbindung treten und kommunizieren. Du kannst die unsichtbaren Kräfte, die von Göttinnen, Geistern, Sternzeichen repräsentiert sind, in deinen Kreis hineinbitten und mit ihnen in Verbindung treten. So kannst du deinem wahren Selbst begegnen und das kosmische Selbst darum bitten, dich zu leiten bei deinen Entscheidungen, mit denen du wiederum dein Leben bestimmst und leitest.

An dieser Arbeit sind viele Aspekte weiblichen Seins beteiligt. Allen voran die Künstlerin und die Priesterin. Vorsicht ist geboten, denn es ist eine Erfahrung, die viele bereits gemacht haben, die auf dieser Ebene kommunizieren, daß den beglückenden, erstaunlichen Berührungen mit dem kosmischen Selbst häufig Krisenzeiten folgen, in denen es darum geht, altes, verbrauchtes Leid aufzuarbeiten, um es loszuwerden. Das sollte eine bedenken, die sich in diese Welt begibt. Such dir daher also auch die Kraft anderer Aspekte, die dich ausreichend erden und dir genügend Verstehen in die Vorgänge schenken können. Und nimm dir Zeit für die mühsamen, aber sinnvollen Aufräumarbeiten, die sich hinterher immer mal wieder einstellen können. Wenn du es versäumst, zwingt das Leben dich in diese Aufräumpausen. Da ist es besser, du planst sie von vornherein gleich mit ein.

Im Grunde ist es überhaupt besser, sich nicht allein, sondern im Kreis vieler Frauen auf dieser Ebene zu bewegen. Dann wird die Verantwortung geteilt, und die Kräfte potenzieren sich. Das bedeutet, daß eine plus eine plus eine plus eine Frau nicht auch eine plus 2x Kraft ergibt, sondern interessanterweise vervielfacht sich die Kraft mehrerer Frauen, die etwas miteinander tun. Sind es große Dinge, die du vorhast, dann solltest du dir in jedem Fall mehrere Frauen suchen, die einen Energiekreis bilden. Auch dabei gibt es wieder einiges zu bedenken. Und auch dies deshalb, weil es ganz einfach funktioniert. Die größte Sorgfalt solltest du dem Wunsch oder den Wünschen widmen, die dich und die anderen Frauen dazu bringen, sich zu einem Energiekreis zusammenzufinden. Denk gut darüber nach, was die Erfüllung deines Wunsches alles nach sich ziehen kann. Bedenke, daß du nichts wünschen kannst, was du nicht selbst in deinem Leben lebst. Ich denke gerade darüber nach, was passieren würde, wenn der Papst sich wirklich aus der Energieebene heraus Frieden für die Welt wünschen würde. Dies ist nur so ein Gedanke von mir. Magie, das Geben und Nehmen auf der Basis von Energien, Lebensenergien, ist der vom Wollen getragene Gedanke, der sich zu Wirklichkeit verdichtet.

Dann überleg, welche Kräfte du rufen willst. Zieh um dich und die anderen Frauen einen Schutzkreis, und letztlich ist es gleich, wie herum du ihn ziehst. Wenn du ihn öffnest, mußt du in die andere Richtung gehen. Dabei kannst du sprechen oder singen. Du kannst auch schweigen. Wisse, was du dir wünscht, und wisse, was es wert ist. Da gibt es einen sehr mächtigen österreichischen Politiker, über den man in Insiderkreisen Dinge weiß, die ihn augenblicklich von der politischen Bühne fegten, wenn sie in der Öffentlichkeit bekannt würden. Es wäre leicht, dem mit einem magischen Energiekreis nachzuhelfen. Aber welche mag die Verantwortung auf sich nehmen für das, was nach einem solchen politischen Erdrutsch folgen kann? Manchmal ist es besser, nichts zu tun und den Dingen zu erlauben, ihren eigenen Lauf zu nehmen. Die Frau in den Zeiten der Macht soll sich vor der Machbarkeit hüten. Bald fräße sie die Hybris.

Kommunikation auf der Energie-Ebene muß aber nicht unbedingt immer gleich die ganz große Magie sein. Energien können auch anders kreisen. In meinen Seminaren bitte ich die Teilnehmerinnen stets, nach jeder Pause den Platz im Kreis zu wechseln, um so viele unterschiedliche Blickwinkel und Standpunkte einnehmen zu können, wie die Zeit der Veranstaltung erlaubt. Dabei sind vor allem die unsichtbaren Fäden interessant, die sich zwischen den sich gegenübersitzenden Frauen spinnen. In einem Kreis gibt es solche wechselnden Oppositionen wie auch alle anderen Aspektierungen aus der Astrologie. Und immer führen sie dazu, daß die so verbundenen Frauen einander sehr bewußt wahrnehmen, wie in der Astrologie aspektierte Planeten zur Bewußtheit führen. Weil alle ständig die Plätze wechseln, ist jede Frau zu irgendeinem Zeitpunkt mit jeder Frau auf irgendeine Weise verbunden. So nehmen alle einander viel bewußter wahr. Diese Bezogenheit spreche ich anfangs an, aber danach wird sie niemals mehr thematisiert, sondern sie läuft als Untergrundprogramm einfach mit.

Das Ergebnis dieser stummen Kommunikation besteht in der Wahrnehmung dessen, was normalerweise bei einer solchen Begegnung nur unterschwellig vorhanden ist und gar nicht erst den Weg in unser Bewußtsein findet. So kommt Wahrheit ans Licht. Alle Frauen erkennen in ihrem stets wechselnden Gegenüber und Nebeneinander, in einem Spiel über Nähe und Distanz, welche Spiegel ihnen das Leben vorhält. Es ist das Unsichtbare, das sichtbar wird.

Die Energie-Ebene ist die Ebene, in der Wunsch und Wille ihren Raum finden. Du kannst noch so glühend wünschen, planen und Lebensziele anpeilen. Hier auf dieser Ebene müssen sie zuerst imaginiert werden. Hier entscheidet sich, ob du erfolgreich bist, denn auf dieser Ebene existiert das Wissen darüber, was du wirklich willst, und das kann sich ganz erheblich von deinen bewußten Lebenszielen unterscheiden. Die Erfahrungen, die du auf diesem Gebiet machst, sind sehr körperlich. Es ist dein Körper, der dir mitteilt, ob du auf dem Holzweg bist oder ob alles im Fluß bleibt. Unser Leben entspricht immer unseren Gedanken. Sie manifestieren sich immer mit, durch und über unseren Körper.

Sechstes Kapitel
DIE BEFINDLICHKEITSEBENE

Die Frau in den Zeiten der Macht muß wissen, daß sie mit ihrem Dünndarm in Verbindung bleiben muß. Sie sollte auch zum Rest ihres leiblichen Seins den Kontakt nicht verlieren, nicht nur weil wir ohne Körper weniger glücklich sind als mit ihm, zumindest solange wir noch nicht gestorben sind. Sondern auch, weil diese Ebene dich erdet, ankert und in einer klaren Realität hält. Der Körper ist es, durch den du deine Gefühle wahrnimmst. Er ist die Grenze deines Ich und daher kostbar und wichtig.

Die Befindlichkeitsebene ist eine Kommunikationsebene der ganz besonders verinnertlichten Weise. Hier geht es um Gefühle, die einerseits ein wenig trivial sind, andererseits aber eine große, sogar schicksalhafte Rolle spielen können. Denn diese Ebene ist die Ebene der inneren Wahrheit. Wir könnten sagen, daß du, während du mit irgendeiner Person sprichst, gleichzeitig und unhörbar mit deinem Dünndarm telefonierst. Zumindest solltest du das tun. Denn gerade dein Dünndarm kann dir viel über dich erzählen und weiß häufig über so manche Situation, in der du steckst, mehr als du. Es gibt psychotherapeutische Techniken, die die verschiedenen Geräusche und Töne der Peristaltik als Zeichen für den emotionalen Zustand einer Person nehmen.

Deine innere Wahrheit teilt sich nicht nur dir, sondern auch anderen mit. So erzählt die Sprache deines Körpers deinem Gegenüber, ob du kongruent bist, d.h. ob das, was du gerade redest, auch das ist, was du meinst.

Während du nach außen das Bild einer souveränen Frau lieferst, die ganz klar weiß, was sie will, stehst du in Wahrheit vielleicht in Verbindung mit deinen Ängsten, die dich quälen, weil du nicht weißt, ob du alle offenen Rechnungen begleichen kannst, oder eine Grippe kündigt sich an, oder dein Liebeskummer nagt an dir.

Deiner Befindlichkeit näherst du dich vor allem in Langsamkeit. Ich gehe in der Beratung meiner Klientinnen manchmal so weit, daß ich sie bitte, mehrere Minuten in einer Körperhaltung zu verharren, bis sie bewußt imstande sind, alle Gefühle, die sich darin ausdrücken, ganz klar zu fühlen. Die sechs verschiedenen Ausdrucksformen eines patriarchalen Ich nach Pat Ogden machen sich auch körperlich bemerkbar. Das geht so weit, daß sich mit den Jahrzehnten in deiner Körperhaltung deine Lebenseinstellung ablesen läßt. Dies liegt daran, daß Gefühle, die sich nicht frei und ungehindert äußern können, Spannungen im Körper erzeugen. Auf diese Weise wirst du zur körperlichen Erscheinung deiner Gefühle und Lebenserfahrungen.

Verschiedene Psychotherapietechniken gehen von der Ebene der Befindlichkeit aus und versuchen, hier mit den Klientinnen zu kommunizieren. Das ist meist sehr effizient, wenn es darum geht, Kontakt zu den Bereichen in deinem Inneren aufzunehmen, die nicht gern von dir selbst kontaktiert werden, weil sie mit schmerz- und leidvollen Erinnerungen verbunden sind. Wir neigen ja alle ein wenig dazu, uns selbst zu belügen. Der Körper jedoch lügt nie. Und das können solche Techniken dir zunutze machen. Weniger effizient sind diese Techniken meiner Ansicht nach, wenn es um die sinnvolle Verarbeitung des Leids geht. Sie sind darum als Hilfe in die Transformation gut. In der Transformation können sie ein sicheres Feedback liefern, zu mehr taugen sie nicht. Vollends versagen sie, wie ich meine, wenn es an die Perspektiven geht, die eine entwickeln sollte, wenn sie aus der Transformation wieder auftaucht.

Auf dieser Ebene gibt es eine geschlechtsspezifische Sprache, und die sagt etwas darüber, wie wenig Raum Frauen in dieser Welt zugestanden wird. Für Frauen angemessene Körperhaltungen sehen geschlossene Beine, hochgezogene Schultern, an den Körper gelegte Arme und so weiter vor. Frauen nehmen sich körperlich zurück. Männer dagegen nehmen raumgreifende Haltungen ein. Sie sitzen und stehen breitbeinig, machen ausholende Armbewegungen und so weiter. Je ranghöher ein Mann ist, um so deutlicher ist das an seiner Körperhaltung und -sprache zu erkennen.

Es ist die Befindlichkeitsebene, auf der du das wahrnimmst und fühlst. Und auf der du diese Wahrnehmung dazu benutzt, dies zu verändern, deinen eigenen Raum einzunehmen, auch hier dein Maß bestimmen zu lassen und nicht das anderer. Du weist also zurück, daß dir irgend jemand auf dieser Welt etwas zuzugestehen hat, und machst dich breit. Du beanspruchst also auch nicht, sondern nimmst dir deinen Raum. Es gibt ausreichend Möglichkeiten, dies auszuprobieren. Ändere bewußt deine Körperhaltungen und spüre, welche Auswirkungen dies auf deine Befindlichkeit hat. Wenn du das nicht tust, wenn du deine Befindlichkeiten nicht soweit ernst nimmst, daß sie dir etwas über deinen Standort erzählen, dann verschaffen sich die Kräfte aus deinem Inneren und auch aus dem Außen nachhaltig Gehör. Dann wirst du vielleicht krank. Oder du hast einen Unfall. Es könnte auch sein, daß dich die unheimliche, schwer faßbare Angst überfällt, die von Fachleuten die Diagnosen „Panikattacke", „frei flutende Angst" oder „Zwerchfellhochstand" verpaßt bekommt.

Dafür hält das Patriarchat ein gewaltiges Gebilde namens „Gesundheitssystem" bereit. In Spitälern und ÄrztInnenpraxen, in Ambulatorien und Apotheken offenbaren sich die Wunder der medizinischen Wissenschaft. Du kannst unendlich viel auf diese Weise für dich tun. Und das ist noch nicht einmal nur Hokuspokus, der dir da per Skalpell und Pillen und Therapien aller Art geboten wird. Du mußt nicht mal den klassischen Weg der Schulmedizin gehen. Wir haben ja auch noch die modernen BarfußärztInnen, die HeilpraktikerInnen und TherapeutInnen. Die geben dir homöopathische Tropfen und Globuli, Bachblüten und Shiatsu-Massagen. Auch das ist wirksam, gut und richtig. Wenn du deine Lebensthemen bis auf die Ebene der Befindlichkeit, also die körperliche Ebene zu bearbeiten entschieden hast, wirst du nicht umhin kommen, dies mit Hilfe von Therapien zu tun, die mit dem Körper kommunizieren. Aber du kannst nicht annehmen, daß es damit auch erledigt ist. Die meisten Krebskranken besiegen das wild wuchernde Wachstum der Körperzellen nicht durch eine radikale Lebensumstellung und die Konzentration ihrer geistigen Kraft. Aber durch Operation und Chemotherapie allein geht es auch nicht. Gib also dem Körper, was er braucht. Sprich mit ihm auf körpereigene Weise. Hol dir aus dem Außen, was dir fehlt.

Aber solange du dich nicht mal wenigstens für eine Stunde in Ruhe irgendwo hinsetzt, am besten an einen Ort, wo du von MedizinerInnen aller Schulen nicht gestört und belästigt wirst, und dich nicht die wichtigste aller Fragen fragst, nützt dir die ganze schöne Medizin nichts.

Die wichtigste Frage auf dieser Ebene lautet: Was hat das, was ich da erleide, eigentlich wirklich zu bedeuten? Jetzt hat dein Selbst endlich eine Chance, sich auf der Ebene der Befindlichkeit zu äußern. Das Gute an dieser Ebene ist, daß du das, was du auf ihr erfährst, auch wirklich glaubst, denn es ist dein Körper, der da reagiert. Er ist das Wirklichste, das du haben kannst. Darum lernt es sich mit seiner Hilfe viel leichter als nur mit geistiger Erkenntnis und dem Studium von Fakten. Daß Krankheit die Körpersprache der Seele ist, ist schon länger bekannt. So gibt es also genügend Möglichkeiten für die Frau in den Zeiten der Macht, mit ihrer Befindlichkeit in Verbindung zu treten. Je nachdem, welches Mittel sie zur Kommunikation gewählt hat, wird sie Antworten bekommen. Unsicherheiten, welchen Antworten du vertrauen kannst, brauchst du nicht zu haben. Du wirst es ganz genau wissen, sobald du dich dir selber auf dieser Ebene öffnest.

So sollte eine Frau im Gespräch mit ihrer körperlichen Befindlichkeit sich grundsätzlich davon leiten lassen, daß es ihr gutgeht, sie sich also wohlfühlt. Aber sie kann nicht nur nach ihrem Wohlbefinden gehen. Manchmal führt das dazu, daß die Symptome verschwinden, der Körper also vorübergehend verstummt, aber eine wirkliche Kommunikation ist das nicht. Wenn du Panikattacken hast, darfst du nicht beruhigt werden. Deine Angst muß befreit werden. Das ist ein großer Unterschied. Alle dir nicht bewußten Kräfte deines Seins, also alle dreizehn Aspekte wollen dir etwas mitteilen. Weil du aber gar nicht daran denkst, ihnen zuzuhören, geschweige denn ihre Vorschläge für ein besseres Leben anzunehmen, machen sie sich mit Hilfe dieser Angstzustände bemerkbar. Danke also diesen beunruhigenden Zuständen und öffne dich den Botschaften aus deinem Inneren. Sie sind häufig nicht besonders angenehm, aber du kannst sie verkraften.

Siebtes Kapitel
DIE BEZIEHUNGSEBENE

Die Frau in den Zeiten der Macht weiß, daß der gefährlichste Platz auf der Welt die eigenen vier Wände sind. Damit will ich nicht auf die große Zahl der Unfälle in Privathaushalten hinaus, sondern darauf, daß der Ausschluß der Öffentlichkeit nicht nur dem Schutz vor dem Zugriff des Staates dient, sondern dem Mann die Freiheit gibt, zu tun und zu lassen, was er will und mit wem er will. Und das ist für die, mit denen er es tun will, nicht selten reichlich unerfreulich. Frauen sind weniger Täter als Mittäterinnen. Sie fungieren dann als die Frau fürs Grobe, während der Mann manchmal aus dem Hintergrund lenkt. Lesben sind davor keineswegs geschützt. Zum einen sind auch sie Töchter der Väter, zum anderen sind auch gleichgeschlechtliche Verbindungen von der patriarchalen, heterosexuellen Sozialisation geprägt, d.h. sie übernehmen häufig die Gepflogenheiten, die die Liebesbräuche im Patriarchat ausmachen, und die sind selten von Liebe getragen.

Die Beziehungsebene ist die Ebene der Privatheit, der Intimsphäre, deren Schutz sich die patriarchalen Staaten allesamt sehr rühmen. Darum wird ein solches Getöse gemacht, daß es auffällt. Wenn wir genau hinschauen, können wir feststellen: Das ist selbstverständlich ein Trick. Die Intimsphäre ist der Bereich, der Frauen, Kindern und Tieren Gewalterfahrungen in großer Zahl einbringt. Hinter verschlossenen Türen geschehen Vergewaltigungen, sexueller Mißbrauch, wird der Geringschätzung und dem Haß freier Lauf gelassen. Manchmal halten wir die Türen sogar dann verschlossen, wenn gar keine da sind. Das heißt, wir halten viel öfter den Mund, als wir sollten, wenn Unrecht geschieht.

Wenn es schon unerträglich ist, daß wir zu lernen haben, nachts nicht in Parks zu gehen und Orte wie Tiefgaragen, U-Bahnen etc. nach Mitternacht zu meiden, wenn uns unser Leben lieb ist, so ist doch der potentielle Todfeind neben uns im Bett eine unbestreitbare Tatsache, und das ist noch ungeheuerlicher. Wobei wir uns vor Augen halten müssen, daß dieser Todfeind auch weiblich sein kann.

Es muß nicht gleich eine körperliche Bedrohung sein, die von der Person ausgeht, die uns zu lieben vorgibt. Die Seelenmorde sind es, von denen ich hier spreche, die viel zahlreicher sind als körperliche Gewaltanwendung. Sie sind in ihren Folgen nicht minder schrecklich. Das ist nicht nur als private psychische Deformation einzelner TäterInnen anzusehen. Das Ganze hat durchaus Methode.

Das Patriarchat hat einen Kriegsschauplatz geschaffen, an dem seine Macht durch die Etablierung giftiger Beziehungen gefestigt wird. Dies ist ein heimlicher Krieg, und wie alles Heimliche ist er unheimlich. Die Seelenmorde in giftigen Beziehungen werden durch Manipulation der Gefühle verübt. Das Ergebnis nenne ich geistige Missionarsstellung. So werden Abhängigkeiten geschaffen, wird Verwirrung gestiftet, die den Opfern die Möglichkeit nimmt, als freie und selbstbestimmte Wesen zu handeln. Möglich ist dies meiner Ansicht nach, weil Frauen einerseits der emotionale Ausdruck nicht „wegerzogen" wurde, sie andererseits aber als emotional bedürftige Wesen zugerichtet werden. So wird die Welt der Gefühle einerseits etwas, das als zum eigenen Leben gehörend angesehen wird, andererseits ist der Mangel an emotionaler Versorgung in der Kindheit eine Quelle lebenslanger Sehnsucht nach Absättigung durch Berührung und Nähe. So werden Wesen geschaffen, die dafür sorgen, daß sie in Abhängigkeit von anderen leben müssen und die wie Kleinkinder in tödliche Seelennot geraten, wenn sie keine Person haben, von der sie abhängig sein können.

Es ist völlig klar, Abhängigkeit verändert die Qualität einer Beziehung ebenso wie emotionale Bedürftigkeit. Eine aufeinander bezogene Kommunikation zwischen zwei Gleichen ist auf diese Weise völlig unmöglich gemacht.

Auswege aus diesem Dilemma suchen Frauen auf sehr verschiedene, aber immer sehr ungesunde Weise. Sie haben selten die Chance, es besser zu machen, denn ihre emotionale Bedürftigkeit gaukelt ihnen vor, daß es kein Leben in Freiheit und Würde gibt. Die sechs Varianten patriarchaler Ich-Entwicklung seien hier noch einmal erwähnt. Der Ausweg kann immer nur der totale Ausstieg aus diesen giftigen Strukturen sein. Das habe ich in allen meinen Büchern immer wieder aufzuzeigen versucht.

Die meisten Frauen, wenn nicht alle finden diese Ebene der Kommunikation die wichtigste, eigentlich sogar existentiellste. Hier kommunizieren wir mit Hilfe unserer Gefühle. Aber sie ist auch in anderer Hinsicht von großer Bedeutung. Die Beziehungsebene ist das weite Feld der Projektion. Hier begegnest du den noch unerwachten Aspekten deines Seins in Gestalt von Menschen, die durch ihr Verhalten und die Probleme, die sie dir bereiten, dafür sorgen, daß die Aspekte pünktlich erwachen. Schau dir gut an, welcher Aspekt in seiner verzerrten Form durch dein Gegenüber zu dir spricht. Schau dir auch an, wer auf welche Weise schlecht mit dir umgeht. Was diese Personen dir in Wahrheit erzählen, ist, was du selbst tief in deinem Inneren für Ansichten über dich hegst. So ist eine giftige Beziehung grundsätzlich auch eine Chance, zu dir selber zu finden, und von daher nicht nur verwerflich. Dennoch ist es kaum sinnvoll, länger als bis zum Erwachen des erforderlichen Aspekts in einer solchen Beziehung zu verharren. Noch weniger sinnvoll ist es, Beziehungen von derselben Giftsorte zu wiederholen. Obwohl ich in diesem Punkt mit den Jahren nachdenklich geworden bin und immer weniger weiß, ob jemals irgend jemand anders beurteilen kann, was und welcher Lernschritt für welche Person wann angemessen ist.

Der Weg, zu einer echten Wertschätzung deiner Person zu gelangen, führt immer über die anderen und ihr Verhalten in bezug auf dich. Das zeigt sich auch in kleineren, nicht gleich existentiellen Beispielen. Wir haben auf dem Schlangenberg lange Zeit immer wieder Streit mit den Frauen gehabt, die ihre Teilnahme an einer Veranstaltung absagten und dafür eine Stornogebühr zahlen sollten. Das waren manchmal sehr wunderliche Reaktionen, die unser Anspruch auslöste. Wir wurden sogar beschimpft und angeschrien. Der Ärger hörte erst auf, als ich begriff, was aus ihren Reaktionen herauszulesen war. Sie besagten, daß wir offenbar selber das Gefühl hatten, die Stornogebühren unberechtigt zu berechnen. So rechnete ich mir also vor, wieviel Arbeit von wie vielen Frauen notwendig war, um bis dahin zu kommen, daß eine Frau einen Platz in einem Seminar belegt. Erst als ich dies berechnet hatte, konnte ich meine Arbeit und die der Mitarbeiterinnen so wertschätzen, daß ich mein Recht auf die Stornogebühr fühlen konnte. Von da an gaben die Frauen Ruhe.

Es ist nicht nur der private Bereich, in dem auf der Beziehungs-ebene kommuniziert wird. Die Werbung arbeitet mit ihr. Der Mann, der in der Bank dein Konto verwaltet, lernt auf teuren Wei-terbildungsseminaren, wie er sie einsetzen kann. Es ist ein feinge-sponnenes, beinahe unzerreißbares Netz, in dem wir patriarchalen Frauen zappeln.

Da gibt es das ungeschriebene Gesetz, wer wen wann wie oft und wo berühren darf, um durch diese Berührungen Hierarchie zu festigen. Jeder Ranghöhere darf die Rangniederen berühren. Dies geschieht in der öffentlichen Welt, im Berufsleben vor allem durch Berühren der Schultern, Oberarme und Rücken. Auch unter den Geschlechtern wird der Rangunterschied so festgelegt. Frauen werden von Männern häufiger berührt als umgekehrt. Wenn Frau-en Männer berühren, kann es sofort als Aufforderung zu einer sexuellen Begegnung gedeutet werden. Dabei gibt es auch nicht selten das Phänomen, daß Frauen sich sexuell verführerisch ver-halten, weil sie keine andere Möglichkeit kennen oder sehen, umarmt zu werden und Zärtlichkeit durch Berührung zu erfahren.

Die Kommunikation auf der Beziehungsebene erscheint uns häufig diejenige zu sein, in der wir wenig Macht und Einfluß auf die Dinge haben. Das ist aber ganz und gar nicht der Fall. Anstatt dich damit abzumühen, die anderen dazu zu bringen, sich zu ändern, kannst du diese Kraft dafür einsetzen, dich zu verändern. Verändern, indem du die polare Position nicht aus Abhängigkeit akzeptierst und jederzeit verlassen kannst.

Es ist daher ein weites Feld, daß die voll aspektierte Frau in den Zeiten der Macht bewußt entscheidet, für wen sie welche Projek-tionsfläche bietet und welche LehrerInnen sie aus dem Außen in ihr Leben ruft.

Achtes Kapitel
Die Schicksalsebene

Die Frau in den Zeiten der Macht lebt ihr Schicksal, und das ist ganz und gar keine Ergebenheit. Sie erkennt, daß sich in den Irrungen und Wirrungen ihres Lebens eine Geschichte verbirgt, die erzählt, d.h. gelebt werden will. Sie verwechselt es nicht mit den Abhängigkeiten, die wir auf der Beziehungsebene entwickeln und die dann zur Rechtfertigung als Schicksal bezeichnet werden. Das Wort Schicksal ist in den letzten Jahrzehnten ein wenig aus der Mode gekommen. Das ist bedauerlich, denn die Konstellation der dreizehn Aspekte weiblichen Seins steht in enger Verbindung mit deinem Schicksal. Schicksal ist das, was dir geschickt wird. In dem feinen Netz natürlicher Unfreiheiten, die dein Leben bestimmen, ist das Schicksal noch das freieste. Es ist nichts, was du mit bunter Farbe ausfüllen mußt wie beim Malen nach Zahlen. So vorgegeben ist es nicht, und trotzdem ist es eine Geschichte, die du mit Leben zu erfüllen hast. Es entschlüsselt sich dir aus den Lebensthemen, die dir immer wieder präsentiert werden. Keine Wahrsagerin kann dir voraussagen, welche du am Ende deines Lebens sein wirst. Aber die alte Weise kann dir die Wahrscheinlichkeiten erklären, die dir aus dem erwachsen, was du bisher erlebt hast. Und in diesem Rückblick findest du die Lebensthemen, mit denen du deine Erfahrungen zu machen hast.

Wenn du beispielsweise das Thema „Vertrauen" als Schicksalsthema vorgegeben bekommen hast, wird deine Lebensgeschichte von diesem Thema bestimmt sein. Daher wird auch deine Kommunikation davon bestimmt sein, denn ganz gleich, was in der Welt geschieht, für dich wird es immer etwas mit Vertrauen, seinem Bruch, seinem Mißbrauch und so weiter zu tun haben. So ist die Welt für den Dieb voller Diebe, aber auch für die Liebende voller Gefühl. Das hat etwas Tragisches und etwas Tröstliches. Was es von beidem für dich hat, hängt davon ab, welches deine Lebensthemen sind.

Wie schon erwähnt, ist es das zwölfte Haus in deinem Horoskop, das dir etwas über dein Lebensthema verrät, soweit es dir von deinen Ahninnen und früheren Inkarnationen vorgegeben ist. Aber auch die anderen elf Häuser können dir viel darüber erzählen, welche einmalige Geschichte dein Leben ist. Meistens sind wir in unsere Erfahrungen verstrickte Menschen, die darum keine Übersicht über ihr Leben haben und denen die Ordnung und Logik, nach denen sich diese Dinge entwickeln, meist nicht bewußt wird.

Dann empfinden wir die Konfrontationen, die uns aus dem Außen begegnen, als zufälliges Unglück und unsere Beziehungen zu anderen Menschen als Suche nach der ergänzenden Hälfte. Wenn du aber dein Leben als ein Großes und Ganzes begreifst, das vielleicht sogar größer ist, als es deine viertausend Lebenswochen vermuten lassen, dann wird dir das Geschenk des Begreifens zuteil. Dann wirst du zu einer aktiven Teilnehmerin an einem universellen Wunder. Statt Zufall gibt es dann Unvermeidliches, Geordnetes, Logisches, Sinnvolles, Notwendiges. So wendet sich die Not. Du kannst dich vor ihr nicht retten. Du kannst nur das einzigartige Ganze werden, dessen Potential schon immer da war, das aber ein ganzes Leben braucht, um auch nur teilweise zur Entfaltung zu kommen.

Manchmal, wenn es uns nicht so gut ergeht, zeigt sich das dunkle Gesicht des kosmischen Selbst. Zu anderen Zeiten, wenn wir unser Dasein lichter empfinden, geht es uns besser. Aber eigentlich sind das unzulässige Beurteilungen einer unergründlichen Weisheit. Im Grunde tut es nur dann weh, wenn wir uns sträuben und nicht einfach geschehen lassen. Alles kommt und geht wie Ebbe und Flut. Wie der Lauf der Mondin und wie dein Atem.

Kommunikation auf der Schicksalsebene kann darin bestehen, daß du herausfindest, welche Lebensgeschichte sich da Tag für Tag deines Lebens entblättert. Sie kann aber auch darin bestehen, daß du lernst, wie sich Schicksale verschiedener Menschen miteinander vermischen, verknüpfen, sich gegenseitig beeinflussen und fördern können.

Du bist mit allen Schicksalen, die vor dir da waren und indem sie deinem vorausgingen, deines mit bestimmt haben, zu allen Zeiten verbunden. Du bestimmst mit deinem Schicksal deinerseits die Lebensgeschichten derer, die nach dir folgen. Aber du bist nicht nur in vertikaler Linie mit allen verbunden. Schicksal hat nicht nur etwas mit Vergangenheit und Zukunft zu tun. Es besteht vor allem aus der Gegenwart. Und die stellt dir wesentliche Fragen.

Welche Lebensgeschichte paßt zu welcher Lebensgeschichte? Das ist eine folgenreiche Frage und vielleicht keine schlechte Ausgangsbasis für ein Leben miteinander. Möglicherweise ist es so, daß eigentlich alle zu allen passen, aber eine PartnerIn mit einer Lebensgeschichte, die dir verhilft, deine Lebensthemen in bewußter und hilfreicher Weise zu berühren, schenkt dir unter Umständen ein klares, wahres und wesentlicheres Leben auf deiner Wanderung über das Lebensrad, wenn du dich im Werden der Zyklen drehst.

Neuntes Kapitel
DIE HISTORISCHE EBENE

Die Frau in den Zeiten der Macht weiß, daß unsere Epoche der Beginn des Zeitalters der Frauen ist. Wer sonst sollte der Welt geben, was dieser fehlt, wenn nicht die, die es haben. Das Patriarchat kann es nur solange geben, solange Frauen das polare Gegenüber einnehmen. Auch hier gilt, daß uns aus dem Außen ein Spiegel vorgehalten wird, damit wir etwas erkennen. Dieser Spiegel zeigt uns, daß in dem Bild, das sich uns bietet, eine Aufforderung, eine Herausforderung enthalten ist. Wenn wir sie annehmen, kann es sich verändern. Es sind alle dreizehn Aspekte auf einmal, die bei diesem Anblick aufwachen, allen voran die wilde Frau. Die Zeiten waren noch nie so günstig. Die Zeit ist reif.

Gerade quillt an den Rändern der kontrollierten Weiblichkeit die Kraft über, die niemals unter Kontrolle gebracht werden kann. Die Hexen sind wieder da. Die Lesben sind wieder da. Die freien Frauen werden wieder immer mehr. Inzwischen können emotionale und geistige Abhängigkeiten als solche erkannt und zurückgewiesen werden. Um uns aus den Zentren der Macht, von den guten Jobs fernzuhalten, hat das Patriarchat die Latte für Frauen sehr hoch gelegt. Wenn eine nicht mindestens 150 % von dem leistete, was ein Mann leistet, hatte (und hat) sie keine Chance. Genügend Frauen haben sich darauf eingelassen. Und nun können wir das, was Männer können, besser als sie.

Haben sie wirklich geglaubt, sie könnten sich die Erde untertan machen? Haben sie das Prinzip der Polarität mit all seinen Folgen von Krieg und Zerstörung tatsächlich für das Herz der Wahrheit gehalten? Das Prinzip des Lebens auf diesem Planeten ist weiblich. Das weibliche Universum dehnt sich aus.

Ziehen wir sie also alle in unseren Kreis hinein, in dessen Zentrum der Platz ist, der uns gebührt.

Die Zeiten waren noch nie so günstig. Die Zeichen noch nie so deutlich. Als Millionen von Menschen im August 1999 die totale Sonnenfinsternis beobachteten, fürchteten nicht wenige, die Welt würde untergehen. Das stellten sie sich so vor, wie eine auf die materielle Welt fixierte Gesellschaft eben denkt. Sie dachten, ein großes Unglück, eine Naturkatastrophe würde sich ereignen. Ein Meteor auf die Erde fallen. Während dies nicht geschah, war eine wunderbare Sonnenfinsternis zu betrachten. Die Mondin trat in die Sonnenscheibe ein und bildete auf ihrer Wanderung über die Scheibe das Zeichen der Doppelaxt. So hatten einige wache Frauen Gelegenheit, mit anzusehen, daß dieses Zeichen vielfältige Bedeutung haben kann. Wie mir meine Astrologin zeigte, malte der Aufenthalt der einzelnen Planeten in diesem Augenblick ein interessantes Symbol an den Himmel. Da waren Mars, Pluto, Lilith und Chiron am östlichen Himmel vereint, denen Saturnia und Jupiter auf der westlichen Seite gegenüberstanden. Neben Sonne und Mond waren Venus auf der einen Seite und Merkur auf der anderen Seite zu sehen. Uranus und Neptun standen ihnen auf der polaren Achse im Norden gegenüber.

Das Symbol, das damit entstand, zeigt das männliche Prinzip in Gestalt des verletzten Kriegers Mars in Begleitung der dunklen Kaiserin Nero, denen Pluto das Geschenk der Transformation überbringt. Die Kräfte, die ihnen in Spannung gegenüberstehen und einen Gegensatz bilden, sind die alte Weise und die junge Amazone. Während der Vereinigung der beiden Prinzipien Sonne und Mond, die von traditionellen AstrologInnen als chymische Hochzeit bezeichnet wird, die wir auch als Aufhebung des polaren Prinzips durch Verschmelzung ansehen können, geben Venus als Weiblichkeit und Merkur als Wissen an, welche Qualitäten diese Verschmelzung beseelen. Ihnen gegenüber stehen die Mutter und Urania, das Prinzip der ozeanischen Freiheit und der plötzlichen Umwälzung, und schauen ihnen zu wie die beiden Alten aus der Muppet-Show.

Das ist nur ein Bild, ein Symbol. Es erzählt, daß eine auch auf der historischen Ebene kommunizieren kann. Diese Ebene ist die Ebene von Zeit und ihrem Fluß. Auf dieser Ebene denken und kommunizieren wir in Jahrtausenden. Das gibt unseren eigenen viertausend Wochen die wesentliche Dimension, das passende Maß. Aber wenn du glaubst, das sei wenig, denk daran: Mach dich nicht so klein, denn so groß bist du gar nicht.

Schlußgesang mit Begleitung
aller Schiffsirenen und Nebelhörner
DAS SCHIFF KOMMT AN

Wir sind am Ende dieser Reise angekommen. Das Schiff legt wieder an. Wo es anlegt, ist beinahe gleich. Das heißt, es gibt keinen richtigen Ort, an dem es ankommen könnte, denn alle Orte sind richtig. Du mußt nirgendwo bleiben und kannst immer und jederzeit weiterreisen. War alles ein Traum? Ist denn alles nur ein Traum? Viele Menschen haben Angst davor, daß sie unsanft erwachen könnten. Das äußert sich in der Angst, daß die Welt untergehen könnte. Aber das kann sie schon deshalb nicht, weil es oben und unten gar nicht gibt. Wir können ruhig weiterschlafen. Die alte Weise behütet unseren Schlaf, so wie sie morgen früh, wenn wir erwachen, unsere Trauer und unsere Freude behüten wird. Unter was sollte die Welt denn gehen? Sie bleibt also weiter bestehen, und während sie das tut, gehen viele Welten unter, und kaum sind sie verschwunden, wissen wir es schon gar nicht mehr.

Vor mir liegt das Foto eines kleinen Ortes auf Kreta, dem mein Herz und meine Liebe gehört. Als ich dieses Buch zu schreiben begann, sah es ganz so aus, als müßte ich mich auch buchstäblich dorthin auf eine Schiffsreise begeben. Ich sah mich in Triest an Bord gehen und wußte, daß ich auf Kreta herzlich in Empfang genommen worden wäre. Ein einsamer Winter auf Kreta. Das habe ich mir seit vielen, vielen Jahren gewünscht. Ich sah mich im Sturm ruhelos nach Liminaria wandern und wieder zurück. Mit Stavros über die Große Mutter reden. Mit Maria über die letzte Saison. Raki trinken. Manoli singen hören: *One Karafaiki before I go.* Ich hätte schreckliches Heimweh nach dem Schlangenberg gehabt.

So kam wieder alles anders, und ich konnte auf den Schlangenberg zurückkehren, dem mein Herz und meine Liebe noch viel mehr gehört. Hier habe ich den dunklen Winter überstanden, viel Eis und Schnee. Viel Kälte und Unbarmherzigkeit. (Ich werde mich nie daran gewöhnen.) Und mich der Reise über die sai-vala ge-

265

stellt. Es ist ein guter, ein sicherer Ort, um dies zu tun. Ich wußte es schon immer.

Was ich nicht wußte und erst erfahren mußte, ist, daß der Schlangenberg mir Heimat sein kann. Ich mußte ihn verlieren, um ihn zu finden. Und nun weiß ich: Ich habe diesen Ort verdient und er mich auch. Laßt alle Schiffsirenen ertönen, alle Nebelhörner tuten! Ich habe eine Schiffsreise völlig auf dem Trockenen gemacht. Die Vögel zwitschern. Der Frühling kommt. Wie aus weiter Ferne höre ich die alte Piratin singen: *Ein Wind weht von Süden und zieht mich hinaus aufs Meer. Mein Kind, sei nicht traurig, fällt auch der Abschied schwer.* Ich muß lachen und denke, daß ich nun alt genug bin, um mir solche Sentimentalitäten leisten zu können. Irgendwo auf einem der weiter entfernten Höfe startet jemand einen alten Traktor und fährt in der Abenddämmerung gemütlich tuckernd zum Fischen hinaus.

Was für ein Buch wäre es wohl geworden, wenn ich es in dem klapprigen kleinen Haus am Meer geschrieben hätte, das auf einem winzigen felsigen Kap steht und von drei Seiten wind- und wellenumtost seit Jahren darüber nachdenkt, wie lange es wohl noch hält? Wer weiß, vielleicht wäre es dort ein loderndes Buch über grüne Hügel und die Weisheiten des Wassermangels geworden.

Der Schlangenberg ist für viele Frauen ein Uterus, in den sie zurückkehren, um sich selbst neu zu gebären, um die ungestörten Wonnen des Werdens zu fühlen, die uns in den patriarchalen Strukturen entgehen. Dieser Uterus hat nicht die Geborgenheit einer Höhle, sondern die Erhabenheit ist sein Kennzeichen, d.h. er ist die Höhe. Gemeint ist die Höhe eines Hügels, von dem aus eine in die Weite schauen kann. Mit diesem Blick kann eine die Welt neu erschaffen.

Mit diesem Buch habe ich nicht nur versucht, dich auf diese Höhe zu holen, um dich auf eine weite Reise mitzunehmen, ich habe dich auch in mein Herz schauen lassen, habe dir einen weiten Blick erlaubt in meine Lernschritte, die mir die Kompetenz zu lehren geben. Das hat seinen Grund. Wenn die Guriani nicht lebt, was sie lehrt, werden ihre Wahrheiten niemanden nähren. Wenn sie die anderen nicht nährt, wird sie auch verhungern müssen. Denn alle sind immer mit allen verbunden.

In Wahrheit kann nichts gelehrt werden, aber es gibt immer etwas zu lernen, zu verstehen, jedoch nur, wenn wir nicht verlangen, daß es uns erklärt wird. Es kann etwas geschehen mit uns, aber nicht, wenn wir darauf warten, daß es von außen kommt. Jede bestimmt für sich selbst das Maß aller Dinge, und jede bekommt soviel, wie sie zu geben gewagt hat. So bleibt alles im Fluß. Auf diesem reisen wir dann mit unserem Schiff in das nächste große Abenteuer hinaus auf das weite Meer, den Wind immer im Rücken. Dabei ist es keine Frage: Keine von uns hat es nötig, sich über Wasser zu halten. Es geht ja sowieso immer alles drunter und drüber.

In buddhistischen Klöstern ist die Statue einer Frau zu sehen, die die Weisheit darstellt. Sie trägt in der einen Hand ein Buch. In der anderen trägt sie ein Messer.

Ich sage danke und lebt wohl.

Informationen über Veranstaltungen und Seminare
von Angelika Aliti:

TEMENOS
Postfach 22
A - 8093 St. Peter am Ottersbach

Zum Weiterlesen:

Angelika Aliti
Die sinnliche Frau

240 Seiten
ISBN 3-88104-312-8

Wenn Frauen von Liebe sprechen, dann ist das stets ein umfassender Begriff, der auch Sexualität beinhaltet, aber keineswegs an erster Stelle. Sinnlichkeit ist das Wort, das am ehesten geeignet ist, die emotionale Vielfalt und Fülle zu beschreiben, die Frauen mit Liebe – freier und unabhängiger Liebe – verbinden. Sinnlichkeit bedeutet hören, sehen, fühlen, riechen, schmecken. Wenn eine Frau liebt, dann stehen Körper, Seele und Geist in Flammen. Davon handelt dieses Buch. Es soll Frauen zeigen, wie groß ihr Liebespotential ist und wie reich ihr Leben wird, wenn sie es wagen, dieses Potential zu entfalten.

Verlag Frauenoffensive

Angelika Aliti
Macht und Magie
Der weibliche Weg, die Welt zu verändern

240 Seiten
ISBN 3-88104-300-4
mit 49 Symbolkarten, gezeichnet von Sonja Renner

Mit Hilfe dieser Symbole kannst du viel bewegen und verändern. Dein Leben wird dadurch anders werden, und es wird deine Lebenskraft sein, die dies zustandegebracht hat. Magie, das Wissen vom Spiel mit den unsichtbaren Kräften, ist so mächtig wie eh und je.

Angelika Aliti
Mama ante portas!
Wenn Frauen das Sagen haben

280 Seiten
gebunden mit Schutzumschlag
ISBN 3-88104-287-3

„Die Männer hatten dreitausend Jahre lang ihre Chance. Sie haben sie nicht genutzt. Jetzt beginnt die Zeit der Frauen."
Jeder Schritt in die geistige, seelische und ökonomische Unabhängigkeit führt Frauen der Freiheit näher, auch wenn ein freies Leben Unbequemlichkeiten mit sich bringt und mit Arbeit verbunden ist.

Verlag Frauenoffensive

„Highnoon in der Steiermark"

Angelika Aliti
Die Sau ruft
Offensive Krimi

192 Seiten
ISBN 3-88104-297-0

Ein skrupelloser Schweinemäster, ein versoffener Tierarzt, die verrückte Frieda vom Berg und ein junges Mädchen, das aus dem Heim beim Bauern zum Arbeiten gelandet ist, Jäger und Polizisten, die gemeinsame Sache machen, eine Tote im Dorfbach und ein riesiger Skandal mit verbotenen Antibiotika als Masthilfe für Schweine. Klar, daß die Schwarze Witwe und ihre Hausamazone Nina die Sache aufdecken.

Angelika Aliti
Kein Bock auf Ziegen
Offensive Krimi

192 Seiten
ISBN 3-88104-310-1

Samstagnacht, Disconacht. Auf der Landstraße von St. Peter nach Dietersdorf. Die junge Frau auf dem Beifahrersitz in dem kleinen roten Auto starb offenbar noch an der Unfallstelle... Es spielen mit: die Nachbarn, ein fundamentalistischer Pfarrer, ein Ring von sexuellen Mißbrauchern und Päderasten in einem Kloster. Als Putzfrauen getarnt, unterwandern die Schwarze Witwe und Nina das Ganze.

Verlag Frauenoffensive